大学生学业与职业生涯规划指导

主　编　喻　艳
副主编　陶　静　唐亭婷　杨美娜　陈媛瑞
参　编　李彬铭　黄巧丽　张洋洋　唐丽琼
　　　　李　培　黄　丽　廖伯强　何国萍
　　　　严春峰　骆春潮　廖　键
主　审　徐　凯　林佩静

西安电子科技大学出版社

内 容 简 介

　　本书根据党和国家最新的政策导向以及大学生就业创业发展趋势，结合当前的就业形势和就业环境，比较详尽地阐述了大学生职业生涯规划各个阶段的方式方法和应注意的问题等内容。本书共 10 章，具体内容包括：专业认知、职业认知、企业文化认知、自我认知、就业准备与求职技巧、就业能力与职业适应、创业基础知识教育、创业形势分析与政策解读、创业筹备、创业实施。本书根据教学目的和教育内容的需要，附有案例探析。通过案例探析，将知识由点连成串，且概念融于案例，易于学生将所学的理论知识融合到实践中。

　　本书可作为高等院校大学生就业与创业指导教材和讲座教材，也可作为就业、创业指导工作人员及其他人员的培训教材和自学参考书。

图书在版编目(CIP)数据

大学生学业与职业生涯规划指导 / 喻艳主编. —西安：西安电子科技大学出版社，2018.10
ISBN 978-7-5606-5119-4

Ⅰ. ① 大… Ⅱ. ① 喻… Ⅲ. ① 大学生—职业选择 Ⅳ. ① G647.38

中国版本图书馆 CIP 数据核字(2018)第 231658 号

策划编辑	陈　婷
责任编辑	唐诗佳　雷鸿俊
出版发行	西安电子科技大学出版社(西安市太白南路 2 号)
电　　话	(029)88242885　88201467　　邮　编　710071
网　　址	www.xduph.com　　　　电子邮箱　xdupfxb001@163.com
经　　销	新华书店
印刷单位	陕西利达印务有限责任公司
版　　次	2018 年 10 月第 1 版　　2018 年 10 月第 1 次印刷
开　　本	787 毫米×1092 毫米　1/16　印 张　14
字　　数	332 千字
印　　数	1～3000 册
定　　价	35.00 元

ISBN 978 - 7 - 5606 - 5119 - 4 / G

XDUP 5421001-1

如有印装问题可调换

本社图书封面为激光防伪覆膜，谨防盗版。

前　言

大学生是国家的重要人才资源，做好大学生就业工作，对于经济发展和民生改善，对于社会和谐和大局稳定都至关重要。20 世纪 90 年代高校扩招后，我国大学生就业形势日益严峻，大学生就业难的问题日渐突出。

2015 年 5 月，国务院办公厅下发了《关于深化高等学校创新创业教育改革的实施意见》（国办发[2015]36 号），明确提出 2015 年起全面深化高校创新创业教育改革；到 2020 年建立健全课堂教学、自主学习、结合实践、指导帮扶、文化引领融为一体的高校创新创业教育体系；各高校应面向全体学生开发开设研究方法、学科前沿、创业基础、就业创业指导等方面的必修课和选修课，并纳入学分管理，建设依次递进、有机衔接、科学合理的创新创业教育专门课程群。大学生就业创业指导不只是停留在思想引导、政策宣传、技巧点拨等传统内容上，也不应仅仅针对在校期间的几年短暂时光，而需要构建起覆盖整个大学过程以及辐射学生今后职业道路的课程模式，通过这类课程的学习，使大学生在认知、知识及技能方面达到综合提升，惠及整个人生阶段。

本书在深刻分析了教育部关于"大学生就业指导课程"、"创新创业教育"等文件精神的基础上，基于现今严峻的就业压力以及创业现状，结合我们的实际工作经验，比较详尽地阐述了大学生职业生涯规划各个阶段的方式方法和应注意的问题。全书共 10 章，每一章都附有案例，将概念融于案例，将理论知识融合到实践中，易于学生理解。本书可作为本专科院校大学生就业创业指导教材和讲座教材，也可作为就业创业指导工作人员及其他人员的培训教材和自学参考书。

本书由桂林电子科技大学的喻艳任主编，唐亭婷、杨美娜、陶静、陈媛瑞任副主编，徐凯、林佩静任主审，参编人员有李彬铭、黄巧丽、张洋洋、唐丽琼、李培、黄丽、廖伯强、何国萍、严春峰、骆春潮、廖键。具体分工如下：第一章由陶静完成；第二章由李彬铭和陈媛瑞共同完成；第三章由黄巧丽和严春峰共同完成；第四章由张洋洋完成；第五章由唐亭婷完成；第六章由唐丽琼和何国萍共同完成；第七章由廖伯强完成；第八章由黄丽和骆春潮共同完成；第九章由杨美娜和廖键共同完成；第十章由李培完成。全书由喻艳拟定编写大纲并负责统稿，徐凯和林佩静负责审稿工作。

　　本书在编写过程中参考了很多相关文献和就业创业指导资料，采纳了一些专家学者的研究成果，特此致以诚挚的感谢。由于时间仓促、编写水平有限，书中难免存在疏漏之处，恳请广大读者提出宝贵意见，以期进一步修订和完善。

编　者

2018 年 8 月

目 录

第一章 专业认知 1
  第一节 专业概述 1
  第二节 专业认知概述 5
  第三节 专业认知教育 16
  案例探析 18
第二章 职业认知 19
  第一节 职业的认知 19
  第二节 职业定位和发展 29
  第三节 职业道德的内容及其规范 34
  案例探析 36
第三章 企业文化认知 38
  第一节 企业文化的认识 38
  第二节 国内外企业文化概述 43
  第三节 企业文化的作用 46
  案例探析 53
第四章 自我认知 55
  第一节 自我认知与职业规划 55
  第二节 个人特质与职业匹配 57
  第三节 自我评价与职业规划 67
  案例探析 72
第五章 就业准备与求职技巧 74
  第一节 就业制度与就业形势 74
  第二节 就业准备 80
  第三节 求职技巧 86
  案例探析 94
第六章 就业能力与职业适应 95
  第一节 就业能力 95
  第二节 职业适应 102
  第三节 职场认知 108
  案例探析 115

第七章　创业基础知识教育 116

第一节　创业的内涵 116

第二节　创业精神 120

案例探析 121

第八章　创业形势分析与政策解读 124

第一节　大学生创业形势分析 124

第二节　创业政策解读 128

第三节　相关创业法律知识 130

第四节　大学生创业风险防范 144

案例探析 147

第九章　创业筹备 150

第一节　创业项目 150

第二节　创业模式 153

第三节　创业团队 158

案例探析 166

第十章　创业实施 167

第一节　创业资源整合 167

第二节　创业市场调研 176

第三节　创业计划书的撰写 182

案例探析 186

附录一　大学生创业计划书范本 188

附录二　高校毕业生就业创业政策百问(2018年版) 194

参考文献 218

第 一 章 专 业 认 知

　　高校是大多数学生踏入社会前的最后一站，在有限的学习时间里掌握扎实的专业知识，为将来的就业打下基础十分重要。但是，当代大学生普遍存在专业意识模糊、专业思想淡薄和学习主动性不高等现象。肯定、积极、清晰和系统的专业认知能促使大学生尽快适应大学的学习生活，树立明确的学习目标，培养、激发学习知识和掌握技能的精神与动力。

第一节 专 业 概 述

　　高等教育的本质是专业教育，学科专业在任何国家的高等教育体系和人才培养过程中都处于基础地位。作为一种独立的人才培养实体、组织和模式，专业是我国高校开展招生、组织教学、分配教育教学资源以及进行就业指导的根本依据。

一、专业的概念

　　专业既是一个教育学概念，又是一个社会学概念。作为教育学概念，专业指"专门的学业"，是高校根据《普通高等学校本科专业目录》所开设的学科门类和专业。作为社会学概念，专业指"专门的职业"，是经济社会各个领域发展所需要的各种专门知识和技能，以及与之相适应的职业岗位。根据《辞海》的界定，我国高等学校的专业是指根据学科分类和社会职业分工的需要所分的学业门类，是指"专门的学业"。如其所言，专业是高等学校或中等专业学校根据社会专业分工需要所分成的学业门类。中国高等学校或中等专业学校，根据国家建设需要和学校性质设置各种专业。各专业都有独立的教学计划，以体现专业的培养目标和规格。

二、专业设置

(一) 专业设置的概念

　　专业设置的概念是 20 世纪 50 年代从前苏联引进的，我国最早提及专业设置的官方文件是《教育部关于全国农学院院长会议的报告》(1952 年)。该报告称："根据各业务部门的具体需要并参照苏联的经验，在会议上着重讨论了专业的设置问题。所谓专业，是根据国家需要的某项专门人才的标准以培养专家的基础教学组织，每个专业都有其适合培养该项专门人才的教学计划，计划中排列该项专门人才所必须开的课程。几个相近的专业可以成立一个系。"自此以后，中央政府于 1963 年、1987 年、1993 年、1998 年先后发布了四个全国性本科专业目录。

我国的高等学校根据国家建设需要和学校性质设置各种专业。专业设置是指高等学校或中等专业学校按照学科分类或职业分工而设置各种专业的行为，以及由此形成的反映学校人才培养目标的专业结构。高校专业实质上是一种特殊的制度安排，是分门别类进行高深专门知识教学活动的实体单位。

(二) 我国高校专业设置政策的演变

新中国成立前，我国高等教育模式主要受美国影响，高校专业设置以学科和学术为导向，职业和应用的色彩很弱。以"通才教育"理念为基础的专业设置模式与当时中国经济社会状况不适应，高校培养出来的学术型人才与当时经济社会发展急需大量实用性人才存在很大的反差。新中国成立后，我国高校专业设置政策先后进行了四次大调整，每次改革都有相应的专业目录颁布，并以此作为专业设置与调整的指导性文件。按照我国专业发展的阶段特征可将高校专业设置政策的演进分为激进性制度变迁(1949—1976 年)与试误性制度变迁(1978—2009 年)两个阶段。

1. 激进性制度变迁(1949—1976 年)：计划体制时期专业的形成与发展

新中国成立之初，由于政权的更迭、国际政治意识形态的斗争以及旧中国不合理的高等教育结构，加上第一个五年计划时期的经济建设对各级各类人才的急切需求，导致重新设置与调整高等学校专业、由美国模式向苏联模式转变成为一种必然的选择。

2. 试误性制度变迁(1977—2009 年)：改革开放时期三次专业目录大调整

如何摆脱全能主义模式形成的"路径障碍"是"文革"结束后中国社会面临的头号问题。以邓小平为代表的领导集体采取了"路径障碍，试错反弹"的改革策略，即针对具体矛盾和困境，尝试提出某种解决办法，运用试误和经验式摸索，寻求路径创新的模式。这种试误性制度变迁使高等教育体制在没有经过革命性断裂的条件下，实现了新的结构创制。这是一种革命思维的告别和渐进思维的回归。

三、我国高校专业设置

(一) 我国高职专业设置

2012 年 11 月 1 日，教育部职业教育与成人教育司制定并出版了《高等职业学校专业教学标准(试行)》(图 1.1)，适用于独立设置的高等职业学校(含高等专科学校)及本科院校、独立设置的成人高等学校和有关高等教育机构举办的高等职业教育(专科)的专业教学及管理。标准中涉及 18 个大类的 410 个专业教学标准，在专业名称、专业代码、招生对象、学制与学历、就业面向、培养目标与规格、职业证书、课程体系与核心课程、专业办学基本条件和教学建议、继续专业学习深造建议等十个方面提出了具体要求。在培养目标和规格上定位在为生产、管理、服务一线，培养具有良好职业道德、专业知识素养和职业能力的高素质技能型人才；在教学模式上倡导"以学生为中心"，根据学生特点，实行任务驱动、项目导向等多种形式的"工学结合"教学模式；在教学内容和课程体系安排上体现与职业岗位对接、中高职衔接，理论知识够用，职业能力适应岗位要求和个人发展要求；在教学条件要求上，规定了开办本专业应具备的师资、教学设施等基本条件。

图 1.1　高等职业学校专业教学标准(试行)

(二) 我国本科专业设置

2018 年 1 月 30 日，我国首个高等教育教学质量国家标准——《普通高等学校本科专业类教学质量国家标准》(图 1.2 为该标准的上部)发布，涵盖了普通高校本科专业目录中全部 92 个本科专业类，包括全部 587 个本科专业，涉及全国高校 56 000 多个专业点。《普通高等学校本科专业类教学质量国家标准》中各类专业的内容形式基本一致，主要包括八个方面的内容：一是概述，明确该专业类内涵、学科基础、人才培养方向等；二是适用专业范围，明确该标准适用的专业；三是培养目标，明确该专业类的培养目标，对各高校制定相应专业培养目标提出原则要求；四是培养规格，明确该专业类专业的学制、授予学位、参考总学时或学分，提出政治思想道德、业务知识能力等人才培养基本要求；五是师资队伍，对该专业类师资队伍数量和结构、教师学科专业背景和水平、教师教学发展条件等提出要求；六是教学条件，明确该专业类基本办学条件、基本信息资源、教学经费投入，包括实验室、实验教学仪器设备、实践基地、图书信息资源、教材及参考书、教学经费等量化要求；七是质量保障体系，明确该专业类教学过程质量监控机制、毕业生跟踪反馈机制、专业的持续改进机制等各方面要求；八是附录，列出该专业类知识体系和核心课程体系建议，并对有关量化标准进行定义。

图 1.2　普通高等学校本科专业类教学质量国家标准

(三) 我国硕博专业设置

2011 年，国家教育部在原《授予博士、硕士学位和培养研究生的学科、专业目录(1997 年颁布)》和《普通高等学校本科专业目录(1998 年颁布)》的基础上，经过专家反复论证后编制了《学位授予和人才培养学科目录设置与管理办法》(学位〔2009〕10 号)，并于 2018 年 4 月进行更新。更新后的《学位授予和人才培养学科目录》分为学科门类和一级学科(图 1.3 为一般学科简介)，是国家进行学位授权审核与学科管理、学位授予单位开展学位授予与人才培养工作的基本依据，适用于硕士、博士的学位授予、招生和培养，并用于学科建设和教育统计分类等工作，包含 13 个学科门类和 111 个一级学科。

图 1.3　学位授予和人才培养一级学科简介

第二节　专业认知概述

　　大学生对自己选择专业的正确认知是激发专业兴趣、提高学习主观能动性的必要条件。正确的专业认知是形成积极的专业情感和专业态度的基础，进而影响其专业意识以及从业后的职业表现。专业认知能力强的大学生不但能客观、正确地认识自己的专业，养成持久、稳定的专业认同感，而且能实行积极、高效的专业认知行动。

一、专业认知的概念

　　对于"认知"这个概念，在学术界有广义和狭义两种理解。广义的认知即"认识"，指的是人脑反映客观事物的特性和联系，并揭露事物对于人的意义与作用的心理活动。狭义的认知则特指心理学上的概念，其中最具代表性的是美国心理学家奈瑟的观点，他认为认知是指感觉输入受到转换、简约、加工、存储、提取和使用的全部过程。

　　大学生的专业认知是指学生对所学专业的培养目标、学习内容和学习要求，以及对将来从事具体职业的工作特点、工作内容和发展方向有较清晰的整体认知。大学生是生理发育完全、心智尚未成熟、可塑性较强的"有梦想、有机会、有奋斗"的特殊青年群体。专业认知度体现在专业思想中，专业思想一般是指大学生对所学专业的总体认识和看法，包括学习动机、对所学专业的喜欢程度、学习状况、对本专业的认知情况、对专业的心理适应等方面。大学新生刚迈入大学校门，处于建立专业思想的特殊阶段，其对专业认知的程度直接影响今后的专业学习。

二、专业认知的方法和途径

　　通过求职达到最终的就业，是每个大学生必须面临的选择。行之有效的职业生涯规划是求职成功的助推剂，而对所学专业的认知是职业生涯规划的开始。

　　我国思想家老子曾说："知人者智，自知者明。"能够认识他人的人是智者，而能够认识自己的人更是真正的聪明、明智。大学生进行专业学习也是一样的道理，能够了解自己所学专业的学科优势与学科要求，无疑是智者所为；而能够结合个人特点，有效地进行专业学科学习的人毫无疑问是聪明、明智的。大学生对于专业的认知几乎都是源于高考填报志愿的初步了解，而这种了解主要通过招考指南或者老师、亲朋好友得来，是较为粗浅的专业认知。孔子言："知之者不如好之者，好之者不如乐之者。"真正认识，爱好自己所学，并为其而快乐的人才能真正学好它。进入大学，只有正确、充分地了解、认知，直至热爱自己所学专业，才能更好地进行专业学习，更好地规划职业生涯，使其成为学有所成、学以致用、适应社会发展需求的高素质技能型专门人才。而有效的专业认知方法与途径将起到事半功倍的效果。

(一) 专业认知的方法

当前，部分高校在做专业认知指导的时候，为了强化学科专业培养方案的执行，过多地单一解读专业培养方案，强化学科的设置而忽略了横向与纵向学科的对比与交流。因此，为提升学生专业认知能力，掌握有效的专业认知方法很有必要。下面结合大学教育教学的特点，介绍几种认知方法。

1. 信息搜索法

信息搜索法是指依托现代庞大网络信息源，利用网络上相应高校专业的解答或各高校网站上公布的专业培养方案里的专业介绍，以获知所需了解专业的学科设置以及能力需求。也可以从专业平台了解该高校专业的综合排名情况。

高校的选择不亚于一场高考，如果把高考分数当做一张空白可选游乐场的入场券，面对同一水平层次的入场券，如何通过相关信息选取符合个人的最优高校以及专业，信息源的多寡以及提取无疑是做出判断的强有力依据。而最初的了解筛选，无疑是从亲朋好友、任课老师或自己通过其他途径获得的信息开始的。在筛选的过程中，有的同学选择专业优先，有的同学选择高校综合排名优先，但不管如何，最终的选择或多或少都会考虑个人是否能接受该专业。

粗略来说，除了通过综合网络了解学校情况、专业介绍，以及学校的环境、所处位置、教学水平以及意向专业的设置情况做出判断之外，也可以通过综合考虑报考指南的信息以及亲朋好友的推荐做出选择。信息搜索法是专业认知初期最为常用的方法，也是学生填报志愿、选择专业常用的方法。

2. 体验法

体验法是通过亲身体验，从核心课程中有选择性的抽取部分来进行现场课程学习，从而获得对整个专业的大概脉络认知。进入大学后，可以通过相关专业或协会的作品展览及专业活动感受专业的魅力和学生表现出来的专业素养。例如，市场营销的同学每年都会有针对某一个系列产品的展销，从展销中，可以看到他们在展台布置、产品选择、营销模式以及团队配合等方面才能的展示；也可以通过连锁经营管理同学的实习店长营销大赛感受推销的魅力或通过旅游管理同学的导游技能大赛领略导游巨星的风采。同时，还可以通过高年级课程的旁听，对所学专业核心课程有一个深入、连贯的了解，从而对所学专业有进一步的认知。另一方面，可以通过自习，提前接触高年级所需掌握的知识，跟随专业社团的学长参与到他们的专业竞赛或者项目开发当中去，充分利用这个传帮带的平台锻炼自己，加强专业的认知学习。

3. 对比法

对比法即相近专业对比法，也称为类比法，指通过相近专业的课程开设情况和学习重点不同的对比或拓展技能需求的对比，形成专业课程学习的树状图。通过树状脉络图，可以清晰明了地知道每学期开设的课程以及课程的重要性(课时)。而通过对拓展专业的培养方案的了解，可以知道拓展技能所需学习的课程以及侧重点，从第二专业的角度给学生的职业生涯规划提供指导，也给第一专业的学习认知提供强有力的支撑。下面通过表 1.1 某校通信技术专业和表 1.2 某校移动通信技术专业课的设置进行说明。

<h3>表1.1 某校通信技术专业部分课程开设情况一览表</h3>

课程类别	课程名称	课程学时分布 理论	实践	总计	学分数	一	二	三	四	五
专业必修课	电路基础	36	36	72	4.5	72				
	电子线路CAD	8	40	48	3	48				
	模拟电子线路	28	36	64	4		64			
	数字逻辑电路	24	32	56	3.5		56			
	C语言程序设计	20	20	40	2.5		40			
	AutoCAD	8	24	32	2		32			
	通信设备使用、检测和维修课程3	32		32	2		32			
	通信设备管理和网络建设课程2	28	28	56	3.5			56		
	通信设备管理和网络建设课程3	32	8	40	2.5			40		
	通信设备使用、检测和维修课程2	32	16	48	3			48		
	通信设备管理和网络建设课程4	32	24	56	3.5			56		
	基站设计和无线网络优化课程3	32	16	48	3				48	
	基站设计和无线网络优化课程2	32	32	64	4				64	
	基站设计和无线网络优化课程1	32	24	56	3.5				56	
	通信设备管理和网络建设课程1	32	40	72	4.5				72	
	通信设备使用、检测和维修课程1	32	32	64	4					64
专业选修课	通信设备使用、检测和维修课程4	32		32	2			32		
	通信设备使用、检测和维修课程5	32		32	2			32		
	通信设备管理和网络建设课程6	32		32	2			32		
	基站设计和无线网络优化课程4	32		32	2				32	
	通信设备管理和网络建设课程5	32		32	2				32	
	通信设备使用、检测和维修课程6	32		32	2				32	
	基站设计和无线网络优化课程6	32		32	2				32	
	基站设计和无线网络优化课程5	32		32	2					32

表 1.2　某校移动通信技术专业部分课程开设情况一览表

课程类别	课程名称	课程学时分布			学分数	各学期学时分配				
		理论	实践	总计		一	二	三	四	五
专业必修课	电路基础	36	36	72	4.5	72				
	电子线路 CAD	8	40	48	3	48				
	模拟电子线路	28	36	64	4		64			
	数字逻辑电路	24	32	56	3.5		56			
	C 语言程序设计	24	24	48	3		48			
	AutoCAD	8	24	32	2		32			
	计算机通信网	32	8	40	2.5			40		
	光纤通信原理	32	16	48	3			48		
	移动通信	36	4	40	2.5			40		
	无线网络技术	32	8	40	2.5			48		
	通信勘察设计与概预算	16	16	32	2			32		
	移动基站运行与维护	32	16	48	3				48	
	移动通信网络规划与优化	32	24	56	3.5				56	
	数据通信网络技术	32	40	72	4.5				72	
	通信终端设备检测与维修	28	28	56	3.5				56	
	移动通信工程施工	24	24	48	3				48	
专业选修课	工程经济	32		32	2		32			
	通信原理	32		32	2		32			
	微波技术与天线	32		32	2			32		
	数据通信原理	32		32	2			32		
	计算机软件基础	32		32	2				32	
	数字信号处理	32		32	2				32	

　　从表 1.1 和表 1.2 中可以看出这两个专业除了基础专业课程一致外，通信技术专业的课程集中于某个技能的核心强化，从而课程主要围绕通信设备管理和网络建设课程、基站设计和无线网络优化课程两门课程进行；而移动通信技术由于在实际应用中需要解决的问题较为繁杂，涉及的技能相对综合，因此课程设置相对多样化。

结合表 1.3，我们可以了解到，如果一个理工科专业(如移动通信技术或机械设计制造及其自动化专业)的学生的职业目标是销售方面的岗位，那么由市场营销专业的课程设置可以看出其还应该加强"礼仪与沟通"、"谈判与推销技巧"、"消费者心理应用"和"销售管理"一类的课程学习。同理，如果市场营销专业的学生想要从事机械或者通信设备一类的销售工作，那么也应该具备机械或通信设备方面的基本知识，而通过专业认知可以对其起到事半功倍的作用。

表 1.3 市场营销专业部分课程开设情况一览表

课程类别	课程名称	课程学时分布			学分数	各学期学时分配			
		理论	实践	总计		一	二	三	四
专业必修课	西方经济学	40		40	2.5	40			
	管理学基础	40		40	2.5	40			
	应用文写作	24	8	32	2	32			
	市场营销学	40	16	56	3.5		56		
	市场调研与预测	24	16	40	2.5		40		
	会计原理与实务	24	8	32	2		32		
	礼仪与沟通	32	8		2.5			40	
	谈判与推销技巧	32	16	48	3			48	
	消费者心理应用	32	8	40	2.5			40	
	客户服务技能	24	16	40	2.5			40	
	经济法	28	4	32	2				32
	连锁经营管理	32	8	40	2.5				40
	市场营销策划	32	16	48	3				48
	销售管理	32	8	40	2.5				40
	电子商务与网络营销	24	16	40	2.5				40
专业选修课	人力资源管理	32		32		32			
	文学名著选读	32		32		32			
	汽车营销技术	32		32			32		
	房地产营销技术	32		32				32	

4. 深入法

众所周知，专科教学为 3 年，而 3 年里面一般都会有半年至一年的时间为实践实习环节。这意味着专科生在校学习的理论知识与积累相对本科生来说较为薄弱，在初步进行本专业认知的前提下，参照本科培养方案对个人进行专业的拓展与解读是很有必要的，这也将促进专科生更进一步地对自己所学专业深刻认知。下面以表 1.4、表 1.5 为例进行分析。

表 1.4　某专科会计专业课程设置一览表

课程类别	课程名称	课程学时分布			学分数	各学期学时分配			
		理论	实践	总计		一	二	三	四
专业必修课	财经法规与职业道德	56		56	3.5	56			
	基础会计	56	8	64	4	64			
	财经应用文写作	32		32	2	32			
	会计操作技能	16	16	32	2		32		
	财务会计实务 I	48		48	3		48		
	会计电算化	40	16	56	3.5		56		
	财务会计实务 II	48		48	3			48	
	成本会计实务	48		48	3			48	
	Excel 会计和财务中的应用	32	16	48	3			48	
	商务礼仪	32		32	2				32
	财务管理实务	48		48	3				48
	企业纳税实务	56		56	3.5				56
	小企业会计实务	48		48	3				48
	金融理论与实务	32		32	2		32		
	财务报表分析	32		32	2			32	
	会计制度设计	32		32	2			32	
	金融企业会计实务	32		32	2				32
	预算会计实务	32		32	2				32
	企业管理	32		32	2				32

表 1.5 某本科院校会计专业课程设置一览表

课程类别	核心课程	课程名称	学分	总学时	学时分配		各学期学时分配						应修分学
					讲授	实践/实验	三	四	五	六	七	八	
通识必修课		中国近现代史纲要	2	32	24	8	32						20.5
	★	毛泽东思想和中国特色社会主义理论体系概论	5.5	88	68	20		88					
		形势与政策1、2、3	1	16	16			8		8			
	★	大学英语1、2、3、4	8	128	128		64	64					
		体育1、2、3、4	4	64	64		32	32					
		通识必修课小计	20.5	328	300	28	128	192	0	8			
基础必修课		概率论与数理统计	3	48	48		48						6
		SQL Server 数据库原理及应用	3	48	48		48						
		基础必修课小计	6	96	96		96						
专业基础必修	★	财务管理	3	48	48		48*						25.5
		管理信息系统	2	32	32		32						
		宏观经济学B	2	32	32		32						
	★	统计学	2.5	40	40			40*					
		经济法学	2	32	32			32					
	★	税务会计	3	48	48			48					
		货币金融学	3	48	48			48					
	★	成本管理会计	3	48	48				48*				
	★	财务报告编制与分析	3	48	48				48*				
	★	R语言	2	32	32				32				
		专业基础必修课小计	24.5	408	408		112	168	128				
		必修课合计	52	832	804	28	336	360	128	8			52

对比表 1.4 和表 1.5，可以看出本科教学除了会计基本理论、操作技能以外，还拓展了管理、信息系统、统计学这一类可以辅助会计技能提升的课程，让学生在学好会计理论、操作技能之余，能多方面地提升会计人员的专业素养。

(二) 专业认知的途径

在掌握专业认知的方法后，需要找到专业认知的途径，有了方法与途径的支撑，才能更好地完成专业的认知。专业认知的途径是多种多样的，贯穿求学期间，主要有以下认知途径。

1. 专业认知主题班会

主题班会是班主任或班团干部在班主任的指导下精心策划的围绕一定主题对班级学生进行教育和管理的综合课程，其形式有讲座、报告、讨论、表演、参观或实践后的交流总结等。专业认知主题班会就是以提升专业认知能力为目标、以专业认知为主题的班会，是一种易于开展、形式丰富、贴近学生的教育手段，也是当前最具操作性和推广价值的专业认知途径。

2. 专业指导

借鉴国外新型的"一站式"学业指导和服务模式，聘请专业教师组成指导组，每组不少于三位教师，组长由教授或副教授担任，共同指导若干名学生。指导组教师主要对学生进行课业指导、思想教育和组织管理，教育引导学生明确学习目标，培养学生的专业认同感及不断探求学科领域的意志品质。指导的起点在新生入学教育时，由承担全校公共基础课教学的经验丰富的指导专家，开启专业认知教育之门。通过系统的指导，把来自当代特殊成长背景的新生快速带入健康发展的轨道。

3. 专业认知讲座

专业认知讲座因其权威性强、受益面广、影响力大等优点而被广泛采用，是一种有效提升大学生专业认知能力的教育途径，通常由主管一线教学的领导或老师、实践经验丰富的优秀校友来主讲，适用于大学各个阶段。系主任是专业培养的负责人，必然是专业认知教育的导师。新生一入学，系主任就要详细介绍专业的培养方向，介绍专业在实际生活中的应用及在国民经济中的地位与作用，帮助学生了解专业、走出迷茫。通过专业认知讲座，学生可以树立积极的专业认知意识，掌握专业的培养要求和学习方法，了解求职方向和对口职业的素质技能要求等。系主任还要根据学生专业学习的阶段性需要，每学年给学生按年级至少各作一次专业介绍，讲授有关专业学习问题、专业前沿动态、就业前景等，并答疑解惑，不断启发学生钻研专业的探索精神。通过加强学期概念灌输，让学生在潜移默化中增强专业认知意识。大量的研究表明，专业认知能力越强，学生的学习动机和专业归属感越强，学生在各方面表现也越积极。

4. 院长讲座

院长要充分发挥其学术上的引领和凝聚作用，每学年面向全院学生至少作一次有关专业认知的学术讲座报告。通过形式多样、内容丰富和通俗易懂的讲座报告，带领学生步入神圣的学术殿堂，强化学生专业学习的责任感和使命感，使学生专业思想不断加深，对专业的认知和理解更加清晰，对学习的目标和方向更加明确。

5. 专家励学

定期邀请国内外知名专家学者来校讲学，通过大家名师讲述其在专业领域长期探索中获取真知的鲜活案例，能够激励学生立志学好专业，使学生在前辈突出的成就面前真切感受到专业学习的重要意义和深远影响。

6. 学长传经

相比专业认知讲座的严谨与严肃，优秀校友或毕业生的经验交流会更具灵活性和易于交流性。新生一入校，组织本专业高年级优秀学长或研究生传授专业学习感受、心得和经验，使学生将其对学长的"崇拜"转化为对专业的热爱和学习的动力。积极推进高低年级学生专业交流进课堂活动，每学期每个专业至少举办一次，由高年级学生向低年级学生介绍学习经验，并就有关专业学习问题展开讨论。通过师兄姐的个人亲身经历，将学生中的优势资源引入专业认知教育，更易于让学生感受专业学习过程的难点与专业学习的技巧，更能结合专业特色以及个人特点找到学习的切入点。

7. 专业实践

实践是最好的老师，要突出专业实践(认知实习)在专业认知教育中的重要作用。所谓认知实习，是学生在学习了部分专业基础课和专业课之后，去相应行业的岗位实习，熟悉行业环境和具体工作流程，加深对所学理论知识的理解，初步形成该行业的实际工作能力，同时发现自己的知识、能力及个性的缺陷，以便在后续学习中有针对性地自我完善及科学地制订或调整职业生涯规划。专业认知实习是学生理论联系实际、培养专业素养、深化专业认知的重要环节，对于师范类和工科类等应用型专业的学生尤为重要。高校可以根据自身优势，积极实施教育部"卓越工程师培养计划方案"等教学培养计划，改革人才培养模式，强化实践的育人作用。将专业实践与"挑战杯"竞赛、暑期大学生"三下乡"社会实践等第二课堂相结合，由专业教师担任指导教师，扩展延伸第一课堂的专业教育。通过实践实训课，大家可以感受个人专业综合知识的学习情况，能较大程度地发现个人的不足。

8. 模拟求职

通过组织模拟求职活动，一方面可以让学生从简历筛选中找出个人与企业专业需求的差距，另一方面通过现场面试考察学生的礼仪与沟通交流能力。两方面结合，可以很好地发现个人专业能力的不足，同时进一步加深专业认知。

9. 个性辅导

新生一进校每个班配备一位专业导师，给学生提供一对一个性化辅导，根据每个学生不同的实际需要"传道授业解惑"；定期安排教授接待日活动，并将有关教授研究方向、专长及接待时间、地点等信息提前在校园网上公布，以便学生有选择性地得到教授面对面的指导；开展辅导员与学生谈心活动，融专业认知教育于思想政治教育中，将解决学习问题与解决思想态度问题相结合，帮助学生在思想上重视专业学习，树立"学生应以学习为本"的思想，使其端正态度，充满信心，以良好的精神面貌投入到专业学习中。

三、我国大学生专业认知现状

据互联网一份以大学新生群体作为调查对象，以"专业认知度"为调查内容的调查问卷的调查结果显示，大学新生在专业认知方面主要存在以下问题。

(一) 专业选择缺乏自主性，专业认知起点低

当代高中毕业生填报高考志愿，自主选择性并不高，对专业认知比较粗浅、模糊、盲

目，一般通过网页介绍、贴吧、招生宣传等媒介道听途说而来，甚至出现对专业认知上的偏差，部分学生的认知存在片面性和模糊性。结果显示，从高考生填报志愿方面看，77.4%的学生"以教师或家长指导为主结合自身的兴趣、爱好"选择填报专业，"根据自己对专业的了解"占 24.5%；从学校录取情况看，考生对志愿选择方面，第一志愿录取占 87.1%，高校和考生就专业双向选择方面配比度较高。

进入高校以后，由于对专业认知的缺乏，直接导致大学新生面对大学开放式的教育模式普遍产生不知应该学习什么、怎样学习的困惑。

(二) 专业思想缺乏系统性，专业认知途径少

大学新生刚进入大学校园，对所学专业接触较少，一知半解，难以建立全面、系统的专业思想，甚至一部分学生对专业学习感到失望、迷茫，产生抵触情绪，极大影响了学习的积极性、主动性。

大学新生对专业认知途径比较单一、局限。调查结果显示，大学新生对于专业的认知途径，"媒体的宣传、知名度"占 16.1%，"接触相关行业"占 16.8%，"还未接触到"占 51.0%。

大学新生通过"图书馆、课堂"学习专业知识，占 72.3%；通过"参观博物馆、社会实践、企业实地考察"，仅占 0.8%。

大学新生普遍认为，在择业中对就业影响最大的因素是"实践和工作经验"，其次是"专业知识"，分别占 71.0%和 64.5%。调查者通过与大学新生座谈交流，了解到工作经验和专业知识在择业观中具有决定性的影响。但是大学新生在高校接触最多的是课堂理论学习，缺乏到企业、科研院所实际工作的实际操作和实践交流。部分大学新生对专业认知缺乏自我关注、自我认知，处于被动状态，少部分新生默然接受、漠不关心自己所学的专业。

(三) 专业认知缺乏主动性，自我与专业结合度低

学生对专业认知过程是自我认知、自我专业结合、自我专业认知实践的过程。自我认知往往是大学新生忽视的环节，对学习专业知识注重的能力认知方面，大学新生有自己不同的见解。65.2%的大学新生认为学习专业知识最重要的是"适应能力"，而创新能力、创业能力和综合分析能力被普遍忽视。

大学择业观影响最大的因素是"父母或其他亲人"，占 41.3%，由此看出，大学新生在对专业前景、专业发展的认知态度上存在依赖性。

(四) 生涯规划缺乏合理性，专业认知实践难

当代大学新生对学术前沿关注度过高，缺失合理的职业生涯规划，报考研究生、出国留学继续深造的意愿较强，对专业研究充满浓厚的兴趣，但是缺乏基础认知和基础研究的动力，缺乏行之有效的具体措施安排，好高骛远，在专业认知上难做到知行合一。

(1) 专业目标集中在科研、继续深造上，缺乏现实执行力。大学新生过分关注学术前沿、尖端技术，部分学生有继续深造的意愿，其中选择"报考研究生"的占 57.4%，但对自身的专业发展缺乏合理性、系统性职业规划，"看得远、行动难"。

大学新生对专业认知实践缺乏动力，对专业学习没有具体的规划，对自身的专业发展不明朗，专业目标不明确。调研结果显示，大学新生对自己的专业学习规划，"有一些简单

规划"的占 55.5%，"不知道怎样规划"的占 22.0%，"按照学校专业培养计划"完成专业学习的占 14.8%，"很认真规划"的占 0.5%。大学新生对自身的专业发展目标"稍微明确"的占 42.6%，"不明确"的占 50.3%。

大学新生普遍认为，按照教学大纲、任课老师的要求学习事半功倍，不需要自己再做专业规划。极少数同学对于专业发展、专业规划有一些思考，准备针对自己实际情况做一些计划部署，但并未付诸行动。大学新生对专业发展目标认知空缺，对专业发展方向存在不明朗性和不确定性。

(2) 专业前景存在茫然感，就职工作中难以坚持专业思想。大学新生对专业前景感到困惑，无从确定，在择业过程中，承认实践的重要作用，但是忽视专业思想，对专业热情度不足，存在不稳定性。结果显示，大学新生对专业前景的态度"一般"的占 52.3%。大学新生处于青春期、大学初期，完全依赖外界接受专业知识，使得大学新生对专业前景感到迷茫、焦虑，产生不置可否的态度。

结果显示，78.7%的大学新生认为择业时"发展机会"是优先考虑的因素，要求毕业后从事的岗位"专业对口"的大学新生仅有 16.1%。由此可见，大学生对专业的发展前景更注重就业机会对自己的发展是否有利，缺乏对专业的热诚，专业思想不坚定，具有不稳定性。

通过调查报告的数据，我们可以总结出大学生专业认知缺乏的表现。

1．专业思想淡薄

学生在中学阶段对专业的理解和思考相对较少，可能只对一些传统学科有一些了解。进入高等学校后，对于专业通常缺乏全面、系统的认识，甚至对专业产生困惑，这就极大地影响了学生的专业学习。有调查发现，大学新生的专业思想问题具有相当的普遍性，所以在新生中有必要开展专业认知教育。端正学生的专业思想，不仅有利于大学新生尽快适应环境，而且有利于培养学生的专业兴趣，树立正确的价值观、人生观和人才观。

2．易受外界信息的影响

现在社会信息获取的便利性同时导致其来源的不可靠性，一些明显有商业倾向的信息也会影响学生对某些专业的判断和了解，从而导致盲目的选择和抵触。这也极大地影响了学生的专业心理。

此外，新生对专业的认知大多都是在对学长的咨询中开始的。而上一级学长对专业的认知也只是一知半解，这样的信息传递是不客观的，也是不符合专业的认知规律的。这些咨询可能会让新生对自己的专业产生怀疑和否定的心理，从而导致更多学生产生转专业的需求。

3．盲目的转专业趋势

作为我国高等教育的一项重要改革举措，转专业制度不仅是教育制度的革新和进步，而且是更加尊重大学生主体精神、以学生为本的教育观的体现。这对高校教育和管理，对大学生的全面、和谐、健康发展都起到了积极作用。但转专业现象在近几年表现得尤为突出，各高校出现"转专业潮"，其中不少新生在转专业上存在一定的盲目性。

影响大学生转专业的因素存在多样性和复杂性，既有理性的成分，又有非理性的成分。学生的判断标准主要集中在对所学专业兴趣、所学专业学习压力、所学专业就业前景，以及所学专业是否冷门等几个方面，并没有准确理解高校专业的人才培养定位和未来就业去向。能够全面分析、评价各方面因素的学生所占比例极小，所以专业意识淡薄的新生还难以做到非常理性地面对转专业这一发展机会。

如何引导学生认识自己所选择的专业，在高校新生入学教育中不容忽视。新生只有经过专业认知教育，才可以有效地减少大学生转专业的盲目性。

第三节　专业认知教育

大学生专业认知应建立在让其了解并具备本专业所学知识与技能，明确专业学习的目的和内容的基础之上，感受职业特点、工作内容，让其对自己将来所从事职业的现状与未来发展有较清晰的整体认知。大学生专业认知教育是使其获得健康、积极的专业价值观和稳定的专业态度的前提，也是影响大学生能否成功就业的重要因素之一。

一、专业认知教育的概念

专业认知教育是引导学生热爱专业学习的入门教育，是帮助学生开启学术殿堂的金钥匙，需要由浅入深的渐进过程。专业认知教育旨在唤醒学生的专业意识，培育学生的专业思想，主要任务是帮助学生了解专业，引导学生热爱专业，培养学生对所学专业逐渐产生浓厚兴趣，教育学生忠诚于所学专业，为所学的专业倾注全身心的热情和精力，并对将来从事于所学专业相关的职业产生强烈的向往和认同。

尽管每个专业都有其自身规律，但对千差万别的专业进行认知的规律却是相同的。专业认知教育是专业教育对于心理学的应用，从心理学角度强调学生对专业的态度、思想和情绪，是决定专业学习努力程度、方向和学习效果，以及确定职业目标和就业选择的主要因素。

二、专业认知教育的重要性

国家高等教育制度中体现了专业认知教育的重要性，具体表现在国家、高校、考生、社会"四位一体"的目标要求："国家"制定相应的教育政策目标是培养专业人才，"高校"办学效果和鲜明特色是学科专业建设，"考生"填报志愿是对高校的专业选择，"社会"招聘任用人才考察重点是专业技能。

专业认知教育应该成为大学新生入学教育中必不可少的内容，而且应该贯穿整个大学生涯。良好的专业认知教育对于大学生的学习和就业都具有重要的意义。

(一) 有利于帮助学生树立专业意识，稳定专业思想

大一新生刚从高中步入大学校园，绝大多数同学对专业的认识和理解是模糊不清的，有的学生在填报志愿之后甚至闹出诸如"认为材料专业是整理文档资料的"这样的笑话。即便是传统的大家自认为非常了解的专业，认识也是片面的，缺乏系统的。因此必须加强

开展专业认知教育，帮助学生树立专业意识，稳定学生专业思想，改变盲目跟风转专业的现状，帮助学生尽快适应大学的学习方式和生活环境。

(二) 有利于促进学生主动积极学习，提前做好学业规划和职业生涯规划

良好的专业认知教育，有利于学生按照专业的设置制定学业计划，促进学生从应试教育转为积极主动探求学习。同时，专业认知教育还可以让大一新生对本专业将来可能从事的行业性质、专业技能要求有感性的认识，有助于学生制定职业生涯规划，为将来大学学业和步入社会提前做好准备。

(三) 有利于促进专业自身建设和改革，提升专业品牌和知名度

俗话说教学相长，要组织实施好大一新生的专业认知教育，对专业所对应的行业性质有较为系统、全面的了解，各院系首先自身需要做好安排计划、理论联系实际，做到与时俱进，不断更新知识体系，这对专业自身建设和改革具有推动作用；同时，也为形成专业品牌、提升专业知名度打下良好基础和提供改革指导方向。

三、我国大学生专业认知教育现状

大学生，尤其是大学新生专业认知匮乏、局限，会直接影响大学生学习的积极性、学习目标和就业目标的确立。从根本上来说，大学新生专业认知匮乏、局限是由于专业认知教育不到位。纵观我国目前的专业认知教育，仍然存在种种薄弱的环节，亟待改进。

(一) 专业认知教育所处环境存在制约

1. 社会环境

当今社会进入了以电脑、手机为主要传播载体的新媒体时代，通过博客、微博、微信、社交软件等新媒体形式进行社会信息、文化交流。新媒体对青年群体具有很强的影响力，作为善于接受新事物的学生对新媒体信息更有着极强的接受偏好。但社会信息的传播存在导向性和目的性，信息来源存在不可靠性和误导性，网络信息来源良莠不齐，难免有些关于高校专业解读、学校宣传的偏差信息会影响大学新生的专业认知。

2. 家庭教育

家庭教育是一切教育的先导和基础。每一位大学新生都具有特殊的成长背景，父母的意志对于大部分学生的成长一如既往起主导作用，给予的意见建议往往被子女采纳，子女缺乏独立自主抉择的能力。

3. 高中教育体制

高中学校教学模式由教师主导，注重课堂理论知识。高考生处在"两耳不闻窗外事"的心理状态下，制定的目标往往是"考上大学"，对于大学专业的认知仅仅通过有限的时间和渠道了解，专业认知普遍严重缺失。

以上三方面的因素的影响，造成大学新生对专业的认知只停留在"感兴趣"的层面，缺少"专业思想"，缺乏掌握大学基础课程及专业课程的学习方法，缺乏稳定的专业思想情绪和充满激情的专业钻研热情。

(二) 专业思想和实践教育脱节

大学新生对大学独立生活、学习方式、教育模式处于适应期，环境的变化导致自我身心的变化，自我的重新定位、重新认识尚未完成，对所学专业也未能全面了解，使大学新生对专业认知产生困惑和迷茫感。

高校制定的专业认知教育计划，缺少将实践教学和专业教育相结合的模式，缺少符合新时期大学生择业观的教育性形式。仅仅通过一场专业讲座教育难以使充满好奇的大学新生构建全面了解、综合分析、总结归纳的思维方式，难以达到树立正确专业思想的效果。因此，高校对大学生进行专业认知教育，开展创新实践教学、校内外实习基地建设，支持学生参与科学研究，强化实践教学环节显得尤为重要。

(三) 专业认知教育与自我关注脱节

大学新生对专业认知过程是自我认知、自我专业结合、自我专业认知实践的过程。而自我认知往往是大学新生忽视的环节，大学新生普遍认为学习专业知识最重要的是"适应能力"，而创新能力、创业能力和综合分析能力被普遍忽视。

高校专业认知教育忽视大学新生独立生活、独立思考、独立实践的能力，以致大学新生对于以教师为主导的学习模式存在依赖感，不适应启发式授课教育模式和以自学为主的学习方式，对深奥专业知识的学习更是手足无措，丧失了专业学习的积极性、主动性，对自我专业的认知、实践、发展缺少详尽的自我管理和自我规划。

(四) 专业认知教育缺乏针对性

社会对卓越的学者、科研人员的认可，新闻媒体对学术前沿的报道，导致大学新生对杰出的专业人才、优越的就业岗位关注度过高，而对学习枯燥的专业知识显得急功近利，脱离实际，缺乏实事求是精神，不能静下心来学习基础课程和基础知识。

高校专业认知教育缺乏针对大学新生的职业生涯规划教育，导致大学新生不注重培养专业基本素质，不重视基础工作的时间，在专业学习中难以根据当前社会环境、家庭背景、自我意愿找准自我定位，在专业前景、专业发展规划心态上易受外部环境的影响，具有易变性，因而在专业认知、专业定位上存在盲目性和不稳定性。

案例探析

兰盈盈和大多数普通的高中生一样，希望能通过自己的努力，考上理想的大学，学喜欢的专业，她英语成绩不错，一直向往着北京大学。可是，尽管她在高考中超常发挥，最多也就只能报读北京大学自己不喜欢的历史系，兰盈盈陷入了喜欢的大学和不喜欢的专业进退两难的境地。父母希望倾向于选择她喜欢的专业，希望她去美国留学，但是考虑到申请美国名校的不确定性，兰盈盈也犹豫了。对于大学这个决定今后的人生的重大选择，她不想妥协，不想留下遗憾。如果你是兰盈盈，你会怎么选择？

第二章 职业认知

每个人的一生会遇到一连串选择的机会，比如选择一个比较适合自己的生活方式，或者是选择一个职业。如果缺乏对职业的认知和理解，或者对自身的个性、特质、能力、专长缺乏清晰了解，那对大学生在选择一种生活或者职业的时候都会造成诸多的不便，甚至影响今后的职业生涯发展。

第一节 职业的认知

当前，大学生"就业难"的问题已成为影响社会稳定、和谐发展的重要因素之一。大学生"就业难"，其中一个关键的因素就在于学生职业认知能力匮乏。而职业认知对于学生的个人成长和终身发展具有重要意义，在大学生就业中起到方向性的作用。

一、职业概述

所谓职业，从社会的角度而言，是指人们为了谋生和发展从事相对稳定、有收入的、专门类别的社会劳动。

理解其含义需要把握三点：第一，任何一种职业都是人们以谋生和发展为目的的，并经常性获得合法经济收入的手段；第二，任何一种职业都是人们在社会中承担的社会分工角色，构成责任、权利与利益的统一体；第三，任何一种职业都是一种比较稳定的持续活动方式。

拥有一份工作或者选择一项合适的职业对于大学生来说十分重要，它不仅可以通过从事职业活动获取合法经济收入，满足生存的需要，而且可以在这一过程中不断满足个人发展的需要，从而在服务社会中实现自己的人生价值和目标。

二、职业的特征与类型

职业类别是以工作性质的同一性为基本原则，对社会职业进行的系统划分与归类。职业分类是指从业人员为获取主要生活来源而从事的社会性工作的类别。

(一) 职业的特征

职业须同时具备下列特征：

1. 目的性

职业以获得现金或实物等报酬为目的，人们从事某个职业必定要从中获得维持生计的经济收入，满足从业者谋生的需求。在现代，工资、奖金等都是职业经济收入的体现。

2. 社会性

职业是从业人员在特定社会生活环境中所从事的一种与其他社会成员相互关联、相互服务的社会活动；是从业者必须承担某一社会分工角色而进行的社会生产劳动。各类职业作为社会劳动体系的组成部分，要为社会提供产品或服务，体现社会功能。

3. 稳定性

某个职业的产生并不是基于社会某种临时性的需要，每种职业都有较长的生命周期。

4. 连续性

从业者持续地从事某一社会工作，或者相对稳定地从事一项工作。对于从业者来说，具有明显连续性的工作才是职业。临时性、不稳定的工作，不能称之为职业。

5. 群体性

职业必须具有一定的从业人数。从社会的角度来看，某项社会分工之所以成为职业，在于它需要也能容纳一定数量的从业者。

6. 规范性

职业必须符合国家法律和社会道德规范，每种职业都有其独特的活动结构、作业技能和特定的职业规范。常说"隔行如隔山"、"行有行规"就是这个意思，这反映了不同职业对从业者的特殊要求。

(二) 职业的类型

职业分类是以工作性质的同一性为基本原则，对社会职业进行的系统划分与归类。所谓工作性质，即一种职业区别于另一种职业的根本属性，一般通过职业活动的对象、从业方式等的不同予以体现。职业分类的目的是要将社会上纷繁复杂、数以万计的现行工作类型划分成类系有别、规范统一、井然有序的层次或类别。

对从事工作性质的同一性所作的技术性解释，要视具体的职业类别而定。职业分类体系则通过职业代码、职业名称、职业定义、职业所包括的主要工作内容等，描述出每一个职业类别的内涵与外延。

社会分工是职业分类的依据。在分工体系的每一个环节上，都包括劳动对象、劳动工具以及劳动。同学们在议论个人生存和发展问题的时候，常常会问自己今后"有什么可干"、"干什么好"，这其实是个职业类型的选择问题。根据一定的方法和标准可以划分为若干类型。世界各国国情不同，其划分职业的标准有所区别。

根据西方国家的一些学者提出的理论，在国外一般将职业类型的划分方式主要有三种。

1. 按脑力劳动和体力劳动的性质、层次进行分类

这种分类方法把工作人员划分为白领工作人员和蓝领工作人员两大类。白领工作人员包括：包括技术人员、管理人员、办事员、推销员、文书、会计、店员及教师、医生、律师、普通职员等。蓝领工作人员包括：手工艺及类似的工人、非运输性的技工、运输装置

机工人、农场以外的工人、服务性行业工人。这种分类方法明显地表现出职业的等级性。

2．按心理的个别差异进行分类

这种分类方法是根据美国著名的职业指导专家霍兰德创立的"人格—职业"类型匹配理论，把人格类型划分为六种，即实用型、研究型、艺术型、社会型、企业型和事务型，与其相对应的是六种职业类型。

3．依据各个职业的主要职责或"从事的工作"进行分类

这种分类方法较为普通。如加拿大《职业岗位分类词典》的分类，把分属于国民经济中主要行业的职业划分为 23 个主类，主类下分 81 个子类、489 个细类、7200 多个职业。此种分类对每个职业都有定义，逐一说明了各种职业的内容及对从业人员在普通教育程度、职业培训、能力倾向、兴趣、性格以及体质等方面的要求，这种分类办法有较大的参考价值。

(三) 我国职业分类的基本结构

为满足国民经济发展、社会人口普查以及劳动人事规划指导等方面的需求，根据我国的国情，国家在大量调查研究的基础上，制定了职业分类的标准和政策，对职业进行了科学的分类。《中华人民共和国职业分类大典》采用以从业人员工作性质同一性作为职业划分标准的新原则，并对各个职业的定义、工作活动内容和形式以及工作活动的范围等作了具体描述，体现了职业活动的社会型、产业性、规范性、稳定性和群体性等特征。

1999 年颁布的《中华人民共和国职业分类大典》将我国社会职业分为 8 个大类、66 个中类、413 小类、1838 个职业。其中 8 个大类分别是：

第一大类：国家机关、党群组织、企业、事业单位负责人；

第二大类：专业技术人员；

第三大类：办事人员和有关人员；

第四大类：商业、服务业人员；

第五大类：农、林、牧、渔、水利业生产人员；

第六大类：生产、运输设备操作人员及有关人员；

第七大类：军人；

第八大类：不便分类的其他从业人员。

由于经济社会发展和分工细化，职业呈现种类不断增多、差异继续扩大、领域交叉渗透的趋势。随着我国新兴职业在不断出现，2004 年开始国家建立了新职业定期发布制度。

在建立职业分类体系的基础上，国家职业标准的制定、职业资格证书制度的推行等一系列举措，将我国人力资源管理提高到了一个新的水平。

三、职业的相关要求认知

了解认知自我是做好职业生涯规划的前提，我们要做一个了解自己的人，只有这样才能为自己的未来做好规划，指引我们选择自己喜欢的职业，选择自己想要追寻的人生理想。认知自我是一个很复杂的过程，需要考虑很多的因素。

要适应职业首先"认识你自己(know yourself)",世上有许多人需要我们去认识,但最应该认识和最值得认识的人却是我们自己。我国思想家老子在《道德经》里留下的名言"知人者智,自知者明"告诉我们,能够认识他人的是智者,而能够认识自己的人更是真正的聪明、明智。

(一) 兴趣与职业分析

兴趣是最好的老师,兴趣在大学生职业选择过程中发挥着重要作用。兴趣可以让你改变自己。社会学研究表明,自主选择与自己兴趣、爱好、能力相符的职业的劳动者,其劳动生产率比不符合要求的劳动者高 40%。另据资料表明,如果一个人对某一工作有兴趣,就能较长时间保持高效率工作而不感到疲劳;而对工作缺乏兴趣的人,只能在工作中发挥其全部才能的 20%~30%,也容易筋疲力尽。大学生在职业中取得突出成就,或是拥有专业优势而无工作业绩,一个重要原因就是其对职业感兴趣。兴趣产生的内在驱力形成不断进取的工作精神,在不自觉中会推动他们排除种种困难。兴趣爱好也会发生变化,但一旦确定,就会为职业选择提供有向驱力,为职业成功奠定基础。职业选择时,我们要注意充分考虑自己的兴趣因素,选择与个人兴趣相关的职业。

职业兴趣是指一个人力求了解某种职业活动的心理倾向。贝尔物理学奖得主丁肇中说过:"兴趣比天才重要。我完全靠工作来激发充沛的精力,我的工作就是我的兴趣,兴趣使我不会疲惫。"可见,职业兴趣是一个人追求成功的无形动力,它对于每一个人在职业上是否取得成功起着重要的作用。

职业兴趣与特长有关,当我们在工作中能充分发挥自己的特长,工作就会得心应手,容易取得成绩,从而对工作产生兴趣。从事有兴趣的工作,工作会更加努力,努力工作获得进步后,兴趣会越来越大,最后就会转变成为强烈的事业心和热爱自己事业的深厚情感。

(二) 性格与职业分析

性格是人对现实的态度和行为方式中比较稳定的心理特征的总和。职业性格是一个人对职业的稳定态度和在职业活动中习惯化了的行为方式所表现出来的个性心理特征,对个人的职业生涯规划有重要意义。

性格无所谓好坏,关键看是否放对了地方,每一类性格都有与之相适应的职业范围。职业心理学的研究表明,不同的职业需要具有不同性格的从业者,某一类职业工作能够体现出某一类共同的职业性格。也就是说每个人的心理特征不同,看问题、处理事情的风格、方式也不同。有的人热情爽朗,有的人沉稳持重,有的人风风火火,有的人谨慎多疑。但"金无足赤,人无完人",一个人在某方面有所不足,其他方面必有过人之处,说不定就是制胜的法宝。

在职业发展上,性格比能力重要。用人单位在选人上逐渐认识到性格比能力重要,其原因是,如果一个人能力不足,可通过培训提高,但一个人的性格与职业或岗位不吻合,要改变起来可就困难了。所以,一些公司在招聘新人时,将性格的测验放在首位,当性格与职业或岗位吻合了,才对其能力进行测验考察。如果性格与职业或岗位不吻合,再高的学历,再强的能力,也不予录用。

(三) 能力与职业

1. 能力的含义

平时生活中所说的"本领"、"本事"就是说能力。在心理学上,能力是指直接影响活动效果和效率,并使活动顺利完成的个性心理特征。

能力有一般能力和特殊能力之分。一般能力或称基本能力,是指从事各种活动都必须具备的能力,如观察、记忆、抽象概括、想象、创造、注意等能力,是能力体系中最一般、最基础的部分;特殊能力是指人们从事特定职业或工作需要的能力。人们从事任何一项职业或专业性活动,既需要一般能力,也要求具备特殊能力。

2. 能力与职业

1) 能力与职业的关系

能力是一个人能否进入职业的先决条件,是能否胜任职业工作的主观条件。

人在自己的职业生涯发展中,要从事各种各样的职业活动,必须具备多种能力与之相适应。无论从事什么职业总要有一定的能力作保证。没有任何能力,根本谈不到进入职业工作,对个人来讲也就无所谓职业生涯可言。能力是指完成一定活动的本领。我们这里所言的能力,是指劳动者从事社会生产活动的能力,即职业工作能力。如从事教师职业不仅要具有语言表达和沟通能力,还要具备教学组织能力和指导学生的能力等。职业技能是职业能力最常见的一种,它更强调操作性、实用性。

一般来说,能力强的员工会受到用人单位更多的关注,一个员工没有能力就难有比较长久、稳定的职业,从一定意义上说,你的能力决定了你的职业。人在一生之中,要从事各种各样的社会生活和社会生产活动,需具备多种能力与之相适应。因此,能力是一个人能否进入某个职业的先决条件,是能否胜任某项工作的主观条件。如果我们对某项工作感兴趣,但缺乏做好这项工作的能力,将来即使找到了这样的工作,完成工作任务也是一件比较困难的事情,取得优秀成绩的可能性较小。现实中,每个人可能都有多种能力,但每一种能力的大小不尽相同,每个人都有自己的优势能力和劣势能力。

2) 能力类型与职业选择

(1) 能力类型。美国教育家、心理学家霍华德加德纳提出的多元智能理论认为,人的能力是多元的,可以分为 8 个领域,它们无高低之分,每个人的智能是 8 个领域个性化的组合,表现出不同的特征。由于每个人的智能组合形态不同,因此,我们每个人都有自己独特的能力类型。多元智能理论启示我们:如果我们能发现自己的能力类型和智能优势并从事相应的职业,我们的生涯发展就可能会比较顺利和有效率。表 2.2 给我们展示了加德纳的多元智能分类。

表 2.2　加德纳的多元智能分类表

智能种类	表现特征	偏好、擅长领域	典型职业
言语—语言	对语言的掌握和灵活运用的能力	文学、外语、历史、社会科学	诗人、作家、教师、演说家、律师
逻辑—数理	对逻辑结构关系进行理解、推理和思维表达的能力	数学、科学、经济学、计算机编程	数学家、科学家、经济学家、工程师

智能种类	表现特征	偏好、擅长领域	典型职业
音乐—节奏	感受、辨别、记忆、表达音乐的能力	音乐、舞蹈	歌手、音响师、作曲家、演奏家、舞蹈家
视觉—空间	对色彩、形状、空间位置等要素的准确感受和表达能力	绘画、工艺、摄影、雕塑	飞机导航员、棋手、雕刻家、建筑设计师、画家、视觉艺术工作者
身体—运动	对身体的感知觉、协调、平衡能力，能够表达出高水平的运动力量、速度和灵活等	舞蹈、戏剧影视表演、体育、烹饪	运动员、教练和健身指导师、舞蹈家、厨师
人际交往	对他人的表情、说话、手势动作的敏感程度以及相应地做出有效反应的能力	文学、心理学、社会学、政治	教师、临床医生、心理咨询顾问、推销员、社会工作者、政治家
自知—内省	认识、洞察和反省自身的能力	心理学、文学、哲学、宗教	作家、心理医生、宗教职业者、哲学家
自然—环境	辨别动植物以及敏锐地感知自然界其他食物(如：云、石头等)特征的能力	天文、自然地理、环境保护、旅游	地质工作者、环保工作者、旅行家、生物学家、天文学家

(2) 职业选择。下面这个大家熟知的故事，对我们职业的选择不乏启示。

刘邦出身"芝麻官"都算不上的亭长，却在后来的群雄逐鹿中最终胜出，创立了西汉帝国，他是不是个样样都胜人一筹的大能人呢？他自己说：若论运筹帷幄、决胜千里之外、我不如张良；若论镇守国家、安抚百姓，提供粮饷、不绝粮道，我不如萧何；若论集结百万雄兵，战无不胜，攻无不克，我不如韩信。但是我善于任用他们这样的人中豪杰，这让我最终获得了胜利。

刘邦的故事给我们以启示：一是刘邦的能力优势在于统率领导，在于知人善任；二是刘邦充分认识自己的能力优势并把它运用、发挥到极致，因此他成就了西汉帝国的伟业。而能力是可以在自己的职业生涯中不断锻炼提高的，我们既要注重发掘、培养优势能力，也要注意充实、提高劣势能力。

从能力差异的角度来看，在职业选择时我们应遵循以下原则：

第一，注意能力类型与职业相吻合。

第二，注意一般能力与职业相吻合。

第三，注意特殊能力与职业相吻合。

第四，注意能力水平要与职业层次相吻合。

(四) 需求与价值观分析

大凡人生有两大目标，即求生存、谋发展。每个人在求生存、谋发展的过程中会有多种需求，不断地提出和回答自己想要什么，想过什么样的生活。这就是认识和分析自己需求的过程。当今"幸福指数"高低常常用来衡量个人生活的品质，其核心就是个人的正当合理需求能否得到较好的满足。

1. 需求分析

我们不妨以美国心理学家马斯洛(A H Maslow)提出的需求层次理论为例来解析个体的需求。马斯洛认为，人有由低层次到高层次共五个逐层递进"金字塔式"的需求层次。

(1) 生理的需求。作为一个生物体生存于地球上，为了维持生命的延续，我们需要呼吸空气、需要喝水、需要吃食物、需要睡眠等。这是满足人类衣、食、住、行等最基本的生存需求。如果这些需要的不到满足，人类的生命就会因此受到威胁。从这个意义上说，生理需要是推动人们行动最首要的动力。

(2) 安全的需求。我们希望自己的人身安全、健康、工作职位、资源财产等得到保护，不会无缘无故地失去，使自己住有定所、病有所医、老有所养等。

(3) 情感和归属的需要。一是有爱的需要，即人人都需要伙伴之间、同事之间的关系融洽或保持友谊和忠诚；人人都希望得到爱情，希望爱别人，也渴望接受别人的爱。二是归属的需要，即人都有一种归属于一个群体的感情，希望成为群体中的一员，并相互关心的照顾。

(4) 尊重的需要。尊重可分为内部尊重和外部尊重。内部尊重即人的自尊，是一个人希望在各种不同情境中有实力、能胜任、有成就，充满信心、独立自主。外部尊重是一个人希望有地位、有威望、受到别人的尊重、信任和高度评价。马斯洛认为，尊重需要得到满足，能使人对自己充满信心，对社会满腔热情，体验到自己活着的用处和价值。

(5) 自我实现的需要。这是最高层次的需要，它是实现个人理想、抱负，发挥个人的能力到最大的程度，完成于自己的能力相称的一切事情的需要。它是个体充分发挥自己的天资、能力和潜能，使自己走向力所能及的高度，越来越满足成为自己所期望的人物的需要。

(6) 需要层次理论认为：五种需要像阶梯一样从低到高，按层次逐渐递升，但这样的次序不是完全固定的，可以变化。一般来说，某一层次的需要相对满足了，就会向高一层次发展，追求更高一层次的需要就成为趋势行为的激励力量。

同一时期，一个人可能同时有多种需要，但每一时期总有一种需要占支配地位，对行为起决定作用。各层次的需要相互依赖和重叠，高层次的需要发展后，低层次的需要仍然存在，只是对行为影响的程度大大减小。

人是永远有所需求的。社会中的一般成员，通常总是部分需要得到满足，部分得不到满足。当一个人不再产生需求时，就意味着生涯的结束。

这里特别需要指出的是，我们在分析人的需要时，可以借鉴马斯洛的需要层次理论，但是追求和满足这五个层次的需要并不一定像阶梯一样由低到高机械地逐级递升，次序可以变化，不能绝对化。

2. 价值观分析

住在城里的家鼠与住在乡下的田鼠是好朋友。有一天，家鼠应田鼠所约，去乡下赴宴。家鼠一边吃着大麦与谷子，一边对田鼠说："朋友，你知道，你这是过着蚂蚁一般的生活，我那里有很多好东西，去与我一起享受吧！"随后，田鼠跟随家鼠来到城里，家鼠给田鼠看豆子和谷子，还有红枣、干酪、蜂蜜、果子。田鼠看得目瞪口呆，大为惊讶，称赞不已，并悲叹自己的命运。它们正要开吃，有人打开了门，胆小的家鼠一听声响，害怕得钻进了鼠洞。当家鼠第二次再想拿干酪时，有人又进屋里拿东西。它一见到有人，立刻又钻回了洞里。这时，田鼠再也顾不上饥饿，战战兢兢地对家鼠说："朋友，再见吧！你自己尽情地去吃吧，担惊受怕地享受这些好吃的东西吧。可怜的我还是去啃那些大麦和谷子吧，平平安安地去过你看不起的普通生活。"

这一则关于价值观的伊索寓言，田鼠的价值观是追求安定、平稳的生活，它认为这样是最重要的，尽管生活只能啃简单的谷子与大麦；家鼠的价值观是追求富足、体面的生活，它认为这样是最有价值的，尽管要冒险，要担惊受怕。它们通过比较体验，选择了自己的生活，学会了不去羡慕别人的生活。

价值观就是人们对事物的是非、善恶的判断或重要性评价的标准。对每个人来说，什么是好的、值得的、应该的，什么又是不利的、不值得的、不该的，自己心中总有一个把握的原则和标准去作评判、取舍，明白自己该追求什么，该如何去行动。"生命诚可贵，爱情价更高；若为自由故，两者皆可抛。"这反映一个人对自由、幸福、自尊、诚信、善良等在心中有轻重主次之分，有不同权重的选择，从而构成了个人的价值观。在同一客观条件下，具有不同价值观的人会产生不同的行为。

3．职业生涯规划环境的认知方略

在认识、分析职业生涯规划环境时，应把握以下几个方面。

1) 广泛关注，多种渠道了解招聘信息

当今社会是一个开放的社会，互联网的新闻传媒技术日益发达，大学生主动走近用人单位或加强联络沟通都可以获取大量信息。特别是要采用多渠道关注来自己用人单位真实的招聘信息。招聘信息的发布渠道数不胜数，目前，公共人才招聘网站、企业招聘网站、人才市场、校园招聘宣传栏、电视节目、就业专刊杂志等都是大学生了解用人单位招聘信息和研判就业环境的有效渠道。

2) 用心调查，细致分析市场需求状况

就业市场的需求特点与发展趋势是我们做职业生涯规划时必须了解的情况，如果大学生能亲自用心去调查市场行情，掌握不同行业的需求特点和发展趋势，结合实际情况来进行职业生涯规划，将使自己制定的职业生涯规划更具现实意义。

桂林某高校2013届计算机专业毕业生小葛回母校与老师交流时谈到，他在大一时就开始了问卷调查，经常辗转于人才市场和校园招聘现场，掌握到市场特别青睐机械专业毕业生的需求信息和对机械制图设计软件应用能力的特别要求。于是他在校期间除了学好本专业的同时，着重加强了对机械设计与制图相关软件的学习，并通过参加校园文化活动努力提高自身的综合素质。因此，毕业时他是该校唯一以非机械专业的身份顺利地签约了深圳福田保税区一家来自欧洲的外资企业(深圳赛意法微电子有限公司)的学生，目前小葛已经成为该公司一车间的主任，在职位和待遇上取得了让人羡慕的成绩。

3) 提前做好市场调查

亲身体验，掌握用人单位考核要求，自信往往来源于对规律的熟悉，成功总是取决于未雨绸缪。在校的学生还不急于找工作，但是经常到人才市场体验应聘则有利于我们近距离地了解到用人单位的用人理念、择才标准、就业形势。如果能与主考官对上话推荐自己，则能了解到自己的优势和差距，了解到用人单位对人才的要求与考核评价的流程和方法，为自己将来的就业积累一些经验。

四、职业环境认识

"心有多大，舞台就有多大。"这是一句非常经典的广告词。同学们毕业后将从学校的"小舞台"旋转到社会的"大舞台"，你是否已经做好了充分的准备？对于社会这个"大舞台"，你又了解多少？

(一) 就业形势分析

我们在进行职业生涯规划时，除了要全面了解自己，还要清楚地认真分析外部环境，理清环境对职业发展的要求、影响及作用。影响职业生涯的环境包括国家的就业政策、市场形势、用人单位的用人理念与择才标准、学校的教育和家庭背景等因素，比如家长、亲朋、校友的择业观念都会影响学生对职业的评判和抉择。限于篇幅本章只侧重三个方面因素作简要的分析。

1. 高校就业形势分析

随着我国产业结构和经济结构的调整，国有经济在国民经济中的比例不断下降，部分行业及国有企业面临着极大的困难。相关资料显示，2016 年就业形势复杂而艰巨，2016 年高校毕业生约 765 万人，比上一年增加 16 万人，而且中职毕业生和初高中毕业以后不再继续升学的学生大约也是这个数量。因此，青年学生的就业群体加在一起大约有 1500 万左右，高校毕业生就业压力较大。同时研究生报考人数达到 177 万，以 7%增长终结持续两年的报考颓势。最近的一份调查显示，考研人群中 56%的出发点是为了"更好的工作"。值得注意的是，2018 年考研大军中往届毕业生占了足足四成。经济下行背景下，压力正逐步向考研和就业传导。

权威数据也显示，经济下行的压力下，就业岗位供应也受到影响。据人社部公布的《2016年第一季度部分城市公共就业服务机构市场供求状况分析》所示，2016 年一季度用人单位通过公共就业服务机构招聘各类人员约 520 万人，较去年同期减少了 22.9 万人，下降 4.5%。同比去年，我国东部地区市场用人需求减少了 1.2 万人，而求职人数却增加了 14.1 万人。

智联招聘的数据也显示，2016 年一季度平均每个招聘职位收到 48 份简历，相比之前的 26 份接近翻了一番，足以证明该年职业竞争态势之激烈态势。

2. 典型就业市场的剖析

1) 广西北部湾经济区就业市场

广西北部湾经济区地处我国沿海西南端，由南宁、北海、钦州、防城港四市所辖行政区域组成，其功能定位是：立足北部湾、服务"三南"(西南、华南和中南)、沟通东中西、面向东南亚，充分发挥链接多区域的重要通道、交流桥梁和合作平台作用，以开放合作促开发建设，努力建成中国—东盟开放合作的物流基地、商贸基地、加工制造基地和信息交流中心，成为带动、支撑西部大开发的战略高地和开放度高、辐射力强、经济繁荣、社会和谐、生态良好的重要国际区域经济合作区。

2017 年，中共广西区党委办公厅、政府办公厅印发了《广西中长期人才发展规划纲要(2010—2020 年)》(征求意见稿)，明确了未来 10 年该区人才工作的总体要求、基本思路、重点任务和重大政策措施。在人才发展的发展上提出了：到 2020 年，全区人才资源总量从 2009 年的 210 万人增加到 350 万人；人才资源占人力资源总量的比重从 2009 年的 7.5%提高到 12%左右，基本适应经济社会发展需要；人才素质明显提升，体制内"三支队伍"拥有大学本科及以上学历的比例再翻一番，从 2009 年的 36.5%提高到 70%左右；人才分布日趋合理，人才逐步向重点工业产业聚集，向物质生产部门和生产性服务业聚集，向重点发展区域聚集的主要目标。

2) 珠三角、长三角地区就业市场

改革开放之后，我国开始实行非均衡区域经济开发战略，在区位优越、基础条件好、交通便利的珠江三角洲地区和长江三角洲地区(上海市、江苏省和浙江省)实行倾斜政策，吸引海内外的资本、人力等生产要素在特定区域内集聚，使珠三角和长三角成为中国经济发展最具活力的地区。为此，全球很多知名企业纷纷在此落户，带动了该地区机械、电子、通信、汽车、制冷等行业的迅猛发展，并呈现了规模化、集团化的经营趋势，对技术人才、管理人才、商务人才、物流人才等产生了巨大的需求，人才流动呈现"孔雀东南飞"的现象。如珠三角地区，其产业结构整体上以制造业为主，而产品出口比重很大，因此对其机械、电子、外贸、外语、市场营销和建筑等专业毕业生的需求量很大，特别是大量企业对机械、电子、模具设计与制造等专业的专科毕业生需求量也比较大。

3) 西部地区就业市场

中国西部是指西北、西南 12 个省、自治区和直辖区，包括内蒙古、宁夏、陕西、甘肃、青海、新疆、西藏、四川、重庆、贵州、云南和广西等。西部 12 省(自治区、直辖区)总面积 540 万平方公里，人口达 2.8 亿多，分别占全国的 56%和 23%。由于历史原因，这里交通不便，开发程度较低，经济也相对落后，人均国民生产总值只有全国平均水平的一半左右，但是这里的矿产资源、农产品资源、旅游资源等非常丰富，具有不可估量的发展潜力。西部大开发，必须人才先行。为此，中央办公厅、国务院办公厅印发了《西部地区人才开发十年规划》，共青团中央、教育部、财务部和原人事部联衔下发的《关于实施大学生志愿服务西部计划的通知》，国务院批复了国家发展改革委和西部开发办制定的《西部大开发"十一五"规划》，全面深入地推进西部建设。这一系列的政策和措施，发出了强烈的信号：西部大开发为大学生就业提供了广阔舞台，西部是大学生建功立业的乐土。

(二) 用人单位的人才观与择才标准

只要具有一定的知识或技能，能够进行创造性劳动，为推进社会主义物质文明、政治文明、精神文明建设，在建设中国特色社会主义伟大事业中做出积极贡献的，都是党和国家需要的人才。

要坚持德才兼备原则，把品德、知识、能力和业绩作为衡量人才的主要标准，不唯学历、不唯职称、不唯资历、不唯身份，不拘一格选人才。鼓励人人都作贡献，人人都能成才。当前在人才的选拔、评价和使用上存在着的唯学历、资历、职称、身份等弊端，严重影响了人才的脱颖而出和充分施展才能。《中共中央、国务院关于进一步加强人才工作的决定》提出坚持改革创新，努力形成科学的人才评价和使用机制。

在人才评价方面，要建立以能力和业绩为导向，科学的、社会化的人才评价机制。强调要根据德才兼备的要求，坚持群众路线，注重实践经验，构建以业绩为依据，由品德、知识、能力等要素构成的各类人才评价指标体系。改善各类人才评价方式，积极探索、主体明确、各具特色的评价方法。完善人才评价手段，大力开发应用现代人才测评手段和测评技术，努力提高人才评价的科学水平。党政人才的评价重在群众认可，企业经营管理人才的评价重在市场和出资人的认可，专业技术人才的评价重在社会和业内认可。在人才使用方面，要建立以公开、平等、竞争、择优为导向，有利于优秀人才脱颖而出、充分施展才能的选人用人机制。

毕业生在择业就业过程中除了遭遇竞争对手的挑战外，还要面对用人单位的挑选。他们的人才观和择才标准，对毕业生来说是一个必须认真应对的软环境。不同单位、职业、职位对毕业生的录用标准存在着较大差异，但在基本素质能力的要求上要具有有责任感、诚实守信、学习能力强、富于创新精神、有融洽和沟通能力、有团队协作精神、重细节小事、有吃苦耐劳的实干精神等共性。

(三) 家庭以及学校环境

一个人的成长过程离不开家庭环境的熏陶，每个人性格和品质的形成也离不开家庭环境的影响，在做职业生涯规划择业的时候，家庭经济状况、家人的期望、家人教育背景等因素对自身的影响我们都该充分的考虑在内。许多大学生在高考专业选择时就已经服从了家长的意志，而在大学毕业进行就业决策时，也同样会受到家长意识的影响。尤其是大学生在进行就业决策时会有意志薄弱和行动犹豫的阻力，这时家庭的作用便会放大，对大学生的就业决策产生重要影响。因此，分析出家庭内哪些问题是关键的、不能变更的，哪些因素是可以改变的对大学生择业而言至关重要。

学校的人才培养模式与专业设置也是影响大学生充分就业的重要因素。目前，部分院校只顾着建设综合型的大学，没有根据自己的市场需求与实力来主动调整专业，致使专业课程设置缺乏针对性。还有部分高校的硬件、软件以及师资力量跟不上高校的发展步伐，致使培养出来的学生缺乏创新意识和实践能力。此外，高校就业服务体系也并不健全，无法针对学生的专业特长与发展需求为其提供针对性的指导。

第二节　职业定位和发展

职业定位是大学生择业过程中的关键步骤。大学生的职业定位是否具有求是性和合理性，不仅关系到大学生能否顺利就业，找到合适的职业岗位，而且关系到大学生自身才能的发挥和对社会贡献的大小，影响着他们今后事业的发展。

一、职业与社会需求

(一) 新职业的蓬勃发展

随着我国经济社会的发展，职场对人才的要求也日益发生着变化，从重学历到重能力、职业道德和价值观，人才规格内涵日益丰富，"职业忠诚、责任感、专业进取与创新、团队协作和职业规范"等职业道德、态度及其作为其内核的价值观，成为现代企业、用人单位选人、用人的重要标准。

对职业人才来说，健康正确的价值观是职业生涯中求职竞争、入职发展和晋职成功的重要因素。对于信用管理师、数字视频合成师、集成电路测试员、微水电利用工、智能楼宇管理师等诸多带有太多时尚和科技内涵的新名词，人们也许还有些云里雾里。但作为国家承认的新职业，他们带着蓬勃的朝气，大踏步走进了我们的生活。

目前，我们对信用管理师、酒店试睡员等新职业，多少感觉有点不明就里，或许若干年后，它们会成为职场上十分平常的职业术语。计划经济时期，粮油票证管理员、物资供应员、蔬菜作价员等与计划经济紧密相连的工种，如今在市场经济大潮的冲击下已无迹可循；裱棚工、抄写工、烧水工、掏粪工、送煤工、铅字排版工等老行当，亦已成为人们记忆中模糊的风景。细心的人们会发现，伴随着经济的发展、社会的进步、科学的飞跃，职业结构调整的频率越来越紧凑也越来越加快，老行当渐行渐远，新职业风生水起。如会展策划师、景观设计师、芳香保健师、宠物健康护理员以及令人匪夷所思的牛肉分级员、计算机乐谱制作师等新行当，名正言顺地加入了职业正规军。

(二) 新兴职业分类更多样化

这些新职业主要分为两种情况：一是全新职业，就是随社会经济发展和技术进步而形成的新的社会群体性工作；二是更新职业，是指原有职业内涵因技术更新产生较大变化，从业方式与原有职业相比已发生质的变化。毋庸置疑，新职业的诞生和成长，不仅记录了职场发展的轨迹和程度，而且在更宏观的背景下折射出时代风云和社会变迁。

随着我国经济社会的快速发展，老百姓收入水平的提高，人们不再仅仅关注吃饱穿暖，而对生活质量提出更高的要求，对生活服务需求也日益增多。为满足广大人民群众的需要，大批提供相关服务的从业人员自然而然形成一个个稳定的群体，新兴职业应运而生。

无数个职业称呼的改变，也反映了人们对生活质量的要求越来越高。如今，"理发员"变成了"美发师"，"炊事员"改叫"烹调师"、"营养配餐师"，"保姆"改称"家庭服务员"，等等。从"炊事员"到"烹调师"再到"营养配餐师"，其间的变化是最明显不过的。"炊事员"的时代，人们满足于一个"饱"字；而如今，在"烹调师"、"营养配餐师"等新称呼流行的时代，人们则追求的是"好"，既要吃得好还要讲究营养搭配。职业内涵的变化反映了经济的发展和生活水平的提高。每多一种要求，就多一种供给；每多一种新职业，社会就可为我们多提供一项新服务。事实上，新生活滋生了新职业，新职业也在悄悄改变我们的生活。新职业分工明确细化人才种类，"三百六十行"这一中国人的传统说法，早已成为一个逝去的概念。

(三) 新兴职业的分工更加细化

随着社会需求的增多、技术的发展，以及产业细分导致社会分工的细化，职业内涵已远非"三百六十行"所能概括。分工细化，使人才越来越专业化。劳动和社会保障部从2015年8月实行新职业发布制度以来，仅仅一年半的时间，就发布了5次共50种新职业。随着策划风潮此伏彼起，仅"策划师"一项，就有四种之多，如商务策划师、会展策划师、数字视频(DV)策划制作师、房地产策划师等；养宠物的人越来越多，与宠物有关的新职业也随之增多，仅专业维护的职业就有"宠物健康护理员"、"宠物医师"等。产业的不断细分，导致社会分工越来越明确，对从业人员的专业程度要求也越来越高。在这个过程中，许多原本只起辅助作用的功能，也逐渐剥离出来成为独立的职业。从前遍布在学校、机关、社区里的"政治思想辅导员"，其工作职责中帮人们疏导心理的那一部分可以说是"心理咨询师"的前身，其中为人们找工作出主意的那一部分现在演变成了"职业规划师"。

新职业促进了劳动力市场建设。当新职业有了职业定义、职业标准之后，从业人员的培训、考核鉴定方案也会相继出炉，新职业从业人员的职业培训和职业规范也就有了现实的依据。对新职业名称的统一和规范，为我国开展劳动力需求预测和规划，进行就业人口结构及其发展趋势调查统计和分析研究，开展职业介绍、职业指导提供了重要依据。各地公共职业介绍机构在开展职业介绍和职业指导时，可以根据新职业定义和职业描述的内容，向求职者介绍有关的职业信息。这为实现我国劳动力管理的科学化、规范化和现代化奠定了坚实的基础。

二、职业发展的客观因素研究

我们知道，兴趣、性格、能力以及需求与价值观和我们职业的发展息息相关，但客观的因素也会对我们选择职业的道路上发挥重要的作用。而客观因素是指职业选择中环境因素的总和，也包括职业本身因素。如果说主观因素起着基础性作用，那么客观因素则发挥了制约和平衡的牵制作用。

(一) 社会评价

职业社会对各类职业所持的倾向性态度总会通过传媒、习惯、舆论等各种渠道渗透到大学生职业评价心理中，成为大学生社会化认识的重要一面。尽管我们经常会听到关于"职业分工不同，职业没有高低贵贱"之类的强调，但是，在现实社会中，人们实际普遍地存在着职业高低贵贱之分的认识，这种认识即是职业的社会评价。职业的社会评价受到社会心理的强有力制约。一般来说，有什么样的社会心理，就有什么样的社会评价，尤其是在传统心理仍然根深蒂固的当代社会，职业的社会评价往往体现出浓厚的传统色彩和保守色彩。这一点越是在不发达地区，便越是明显。个体工商户虽腰缠万贯，但其社会评价一直不高，这一现象与古代流行的轻商观念有密切联系，而恰恰是轻商意识成为大学生进入个体经营者行列的主要心理障碍。

职业的社会评价又是一动态发展过程。上一世纪五十年代，社会公众对农民职业表现出极大兴趣，六十年代社会兴趣转移到工人身上，七十年代以军人为职业向往，改革开放后的八十年代，行政干部、金融职员成为热门职业，九十年代随着市场经济的建立与发展，下海成为许多人义无反顾的职业目标。某种职业被青睐，之所以会如此迅速地演变，正是各个时代的具体内容决定的。

职业的社会评价对大学生职业选择的影响是潜移默化的，它已经进入了大学生的社会认知领域，成为不自觉地考虑因素，尤其是他们对某种职业缺乏深入了解与切身感受时，社会评价作用会格外突出。大学生的社会评价内容也会发生变迁，观念的更新、思想的冲击、价值取向的调整都会改变其原有的内容，以至重新排列、组合理想职业的序列。不过，不管怎样变迁，社会评价对大学生职业选择的影响是始终存在的，问题仅在于影响的大小。

(二) 经济利益

经济利益在当今大学生职业选择中扮演着愈加重要的角色。发展中的商品经济必然导致金钱意识的提升，这是一个好事，又不仅是一个好事，这中间存在着极大的转换性和可能性。说它是好事，是因为职业必须具有物质激励才能保持长久的吸引力，否则将无法获得选择者的青睐。说它不仅是一个好事，是因为金钱意识如果一味膨胀，必然损害许多职业的本色，职业将不再是"职业"，而蜕化成获取经济利益的工具。有人曾说，在当代中国社会，金钱扮演着上帝的角色。此言有所偏激。但是，金钱意识的迅速扩散和增强却是任何人都不可否认的事实。

从历史方面来看，以上现象是对传统职业选择意识的强烈反弹。计划经济下的职业选择排斥了经济因素的介入，不同职业的经济收入几乎是统一的，大学生毕业后的工资由国家统一规定，各种职业的收入差异相当小，小到在职业选择中完全不被考虑的程度。随着经济结构的改革，经济收入在不同职业之间的差距开始迅速扩大，以至扩大到某些职业收入让人无法接受、引起社会不满的程度，加上灰色收入的大量存在，引起了社会心理的失衡，愈演愈烈的金钱上帝角色正是这种失衡心态所导演的一幕幕活剧。

对于迈入职业社会的大学毕业生来说，经济因素不可能被演绎得淋漓尽致。他们只能在其能力范围内追求经济收入，获得经济收入。但是，如果大学生付出的劳动不能以合理的经济报酬加以实现，那么这就会促使其重新选择职业，并且将经济利益放到其考虑因素中更加重要的位置。可以说，经济杠杆在当代大学生职业选择中发挥着重要的作用。

(三) 成长环境

成长环境在人生大事上会留下深刻痕迹，其中，大学生职业选择就融合了家长意志。职业选择的前奏是专业选择，许多家长对子女的专业选择并不是耳提面命式的，父母影响更多地通过家庭环境的熏陶，逐渐融入了大学生的心理结构。出身农民家庭的大学生，对父母脸朝黄土背朝天的农作生活有着强烈感受，从父母的言谈举止和谆谆教诲中，作为子女的大学生就会拒绝选择父母从事的职业。艺术家庭出身的大学生，在长期的家庭成员接触中，很可能继承父母的职业价值观，从而走上了父母的职业道路。但是，当子女与家长在职业目标上发生冲突，或者子女极力摆脱家长的意志的时候，两者的矛盾就会产生。父母们有一个天然的倾向，即把对子女的爱同对子女的控制乃至干涉简单地等同起来，父母对子女常说的一句话是：我这样做是为了你好。"这样做"是父母对子女的控制措施，"为了你好"是父母对子女的爱的表达，通过这么简简单单的一句话，父母控制子女就会获得合法形式和情感支持。

大学毕业后，大学生又面临着具体职业的选择。这时家庭作用又会凸现出来。不过，此时它的影响力已远不如昔，因为大学生专业知识已较为丰富，职业意识也更加明晰，心理正在日渐成熟，相应地对家庭的心理依赖也就大为减弱。但是，家庭作为大学生的后盾力量，对职业选择发挥的影响不会从根本上丧失，尤其当子女在职业选择道路上犹豫不决并寻求帮助时，父母意志的作用又会放大，对子女的职业选择产生重要影响。有些大学生完全按照自己的意愿选择了某种职业，有些大学生则被引入了父母正在从事或者希望子女从事的职业。在后者的情况下，子女是被看做父母希望的延伸，或者家庭的代表，他们的使命是实现父母的理想。这种职业选择的效果不能一概而论，不过，这也在无形中隐藏了一种危险，即如果职业实践不尽如人意，那么子女很可能会将这种结果归咎于父母，让父母来承担职业实践不理想的责任。

职业选择对于每一个大学生的一生都具有十分重要的意义。尽管大学生的职业选择受到了多重因素的影响乃至干扰，但是大学生经过多年学习，必须从第一个职业选择开始。经过现实职业尝试后，他们发现了适合自己特征以及与自己能力相适应的职业，或坚持首选职业，或做出职业修正，直至寻找到合适职业。也就是在这一过程中，大学生的职业意识完全现实化，职业能力与职业要求、职业现实与职业理想才能获得平衡。

三、职业资格证书

(一) 职业资格证书的概念

职业资格证书是表明劳动者具备从事某种职业所必备的资质的证明，比如想从事教师职业，必须先取得教师资格证。

职业资格证书多由劳动部门考核发放，有的则由行业主管部门审核发放，视具体情况而定。

(二) 职业资格证书的作用

截至 2017 年底，全国累计共有 2620 万人通过专业技术考试获取各类专业技术人员资格。所谓的专业技术考试分为三大类：专业技术资格考试，包括会计、计算机软件水平等；执业资格考试，包括注册建筑师、注册资产评估师等；再就是包括英语在内的职务评聘专项考试。其中比重最大的还是 IT 行业的职业资格证书。

伴随着考证热，越来越多的人都选择通过考证来提升自己，他们选择参加包括注册会计师、执业药师、造价工程师、一级建造师、统计资格、审计资格、秘书职业资格、国际商务师资格等在内的名目繁多的考试，以取得进入这些行业的职业资格证书。随着中国成为世贸组织的成员，许多职业的就业标准开始国际化。只要获得职业资格证书，职业都会有统一的标准。

很多国外的教育培训瞄准了中国市场，纷纷在中国开设考点，国际认证变得炙手可热。让大量的"洋"职业资格证书涌入中国，令中国的"考证族"应接不暇。一时间，职业资格证书认证考试掀起了一股"洋"流。国外的一些顶级行业的资格考试，如国际注册会计师证书(ACCA)、CCNA(CISCO 职业认证)、CCIE(国内互联网专业证书)等国际认证，都受到就业者的普遍欢迎，而许多证书目前在国内获得人数甚至不足百人。

《劳动法》第八章第六十九条规定："国家确定职业分类，实行职业资格证书制度，由经过政府批准的考核鉴定机构负责对劳动者实施职业技能考核鉴定。"《职业教育法》第一章第八条指出："实施职业教育应当根据时局需要，同国家制定的职业分类和职业登记标准相适应，实行学历文凭和职业资格证书制度。"《中共中央国务院关于深化教育改革全面推行素质教育的决定》规定："在全社会实行学历证书和职业资格证书并重的制度。"《中华人民共和国劳动和社会保障部(2000)27 号关于大力推进职业资格证书制度建设的若干意见》规定："国家颁发的资格证书是从事相关职业和岗位的通行证。"《国务院办公厅转发教育部等部门关于进一步深化普通高等学校毕业生就业制度改革有关问题意见的通知》规定："为在校学生做好就业准备，提高毕业生在就业市场上的竞争力，现决定组织在校学生参加国家职业资格证认证考评。"《国家劳动和社会保障部、国家经贸委的文件》规定："大中专院校学生必须持相关资格证书上岗，我国各类企业、三资企业的管理人员必须在规定的期限内考取相关的资格证书。"这些法规确定了国家推行职业资格证书和开展职业技能鉴定的法律依据。

　　大学生持双证上岗不仅是《劳动法》和《教育法》的规定，也是大学生具有从事某一职业所必备的学识和技能的证明，是求职、任职、开业的资格凭证，更是用人单位招聘、录用的主要依据，也是境外就业、对外劳务合作人员办理技能水平公正的有效证件。由此看来，大学生光有高等学历证书还不能就业，还必须获得资格证书方可就业。在职业市场及工作岗位，资格证书和学历证书一样重要，缺一不可。考取资格证书是大学生抓住就业机会和寻求一个理想工作的必备条件。

第三节　职业道德的内容及其规范

　　高校毕业生在求职以及在就业过程中会遇到求职困难或者被公司开除，其中很重要的一个原因就是忽略了大学生良好职业道德的养成，忽视了成长和企业对人才道德素质的要求。在大学生中加强以就业为导向的职业道德教育，对提高大学生就业率和就业质量具有重大意义。

一、职业道德的概念

　　所谓职业道德，就是同人们的职业活动紧密联系的符合职业特点所要求的道德准则、道德情操与道德品质的总和。

　　职业道德的涵义包括以下八个方面：

① 职业道德是一种职业规范，受社会普遍的认可；

② 职业道德是长期以来自然形成的；

③ 职业道德没有确定形式，通常体现为观念、习惯、信念等；

④ 职业道德依靠文化、内心信念和习惯，通过员工的自律实现；

⑤ 职业道德大多没有实质的约束力和强制力；

⑥ 职业道德的主要内容是对员工义务的要求；

⑦ 职业道德标准多元化，代表了不同企业可能具有不同的价值观；

⑧ 职业道德承载着企业文化和凝聚力，影响深远。

二、职业道德分析

(一) 职业道德的特征

1. 稳定性与继承性
任何一种职业道德都是在继某一职业特有的道德传统和道德习惯的基础上发展起来的。

2. 多样性与适用性
各行各业都有自己的职业道德规范，有多少种职业，就有多少种职业道德。

3. 针对性与特殊性
不同的职业有不同道德要求，任何一种职业道德都只是针对本行业起作用，对不属于本职业的人或本职业人员在该职业之外的行为活动往往起不到调节和约束作用。

4. 职业化与成熟化
职业道德主要表现在实际从事一定职业的人们中间，即表现在成人的意识和行为中，是家庭教育、学校教育、社会教育初步形成的道德品质的进一步发展，标志着个体的道德品质已走向成熟阶段。

(二) 职业道德的体现

1. 职业道德具有适用范围的有限性
每种职业都担负着一种特定的职业责任和职业义务。由于各种职业的职业责任和义务不同，从而形成各自特定的职业道德的具体规范。

2. 职业道德具有发展的历史继承性
由于职业具有不断发展和世代延续的特征，不仅其技术世代延续，其管理员工的方法、与服务对象打交道的方法，也有一定历史继承性。如"有教无类"、"学而不厌，诲人不倦"，从古至今始终是教师的职业道德。

3. 职业道德兼有强烈的纪律性
纪律也是一种行为规范，是介于法律和道德之间的一种特殊的规范。它既要求人们能自觉遵守，又带有一定的强制性。就前者而言，它具有道德色彩；就后者而言，又带有一定的法律的色彩。就是说，一方面遵守纪律是一种美德；另一方面，遵守纪律又带有强制性，具有法律的要求。例如，工人必须执行操作规程和安全规定，军人要有严明的纪律等。因此，职业道德有时又以制度、章程、条例的形式表达，让从业人员认识到职业道德又具有纪律的规范性。职业道德是社会道德体系的重要组成部分，它一方面具有社会道德的一般作用，另一方面它又具有自身的特殊作用。

三、职业道德的基本规范

(一) 爱岗敬业

爱岗就是热爱自己的工作岗位，热爱本职工作，亦称热爱本职。敬业包含两层涵义：

一为谋生敬业，二为真正认识到自己工作的意义敬业。爱岗敬业要求做到乐业、勤业、精业、干一行爱一行。

(二) 诚实守信

诚实守信是指忠诚老实，信守诺言，是为人处世的原则。

诚实，就是忠诚老实，不讲假话。守信，就是信守诺言，说话算数，讲信誉，重信用，履行自己应承担的义务。"言必信，行必果。"诚实守信不仅是做人的准则，也是做事的原则，更是树立行业形象的根本。诚实守信要求我们做到诚信无欺、讲究质量、信守合同。诚信无欺，即待物接人诚恳可信，不采用欺骗手段。讲究质量，即要树立质量第一的观念，严把质量关。信守合同，即要说到做到，言而有信，认真履行承诺或合同。

(三) 办事公道

办事公道是指从业人员在办事情、处理问题时，要站在公正的立场上，按照同一标准和同一原则办事的职业道德规范。

办事公道要求人们做到客观公正，照章办事。客观公正，即遇事从客观事实出发，并能做出客观、公正的判断和处理。照章办事，就是按照规章制度来对待所有的当事人，不徇情枉法、不徇私枉法。办事公道的核心就是要克服私心，正直无私。要做到办事公道，还必须加强学习，不断提高认识能力，能明确是非标准，分辩善恶美丑，并有敏锐的洞察力，才能公道办事。

(四) 服务群众

服务群众就是为人民群众服务。服务群众要求做到热情周到，满足需要。热情周到，即从人员对服务对象抱以主动、热情、耐心的态度，把群众当做亲人，服务细致周到，勤勤恳恳。满足需要，即从业人员努力为群众提供方便，想群众之所想，急群众之所急，关心他人疾苦，主动为他人排忧解难。做每件事都要方便群众。

(五) 奉献社会

奉献社会，就是全心全意为社会做贡献，要求人们做到把公众利益、社会效益摆在第一位，这是为人民服务精神的最高表现。奉献，就是不期望等价的回报和酬劳，而愿意为他人、为社会或为真理、为正义献出自己的力量，包括宝贵的生命。

案例探析

1. 鲍勃和史蒂夫是非常要好的朋友。两人在事业上都获得了成功，分别成为了两家大型公司的会计主任。因为工作非常繁忙，两人一年中见面的机会并不多。尽管如此，他们都争取在每年中抽出一周的时间一同去狩猎，借此放松一下自己，并且增进彼此间的友谊。

在一年的圣诞节后的第二天，两人又一同出发了。但不幸的是，他们在途中遭遇了风暴。飞机由于机械故障在野外被迫紧急降落，飞行员不幸当场死亡，鲍勃也受了重伤。通讯联络这时也已中断，没有人知晓这次事故和他们目前的位置。

预感到自己不久就要告别人世，鲍勃向史蒂夫讲述了一件事情：在上一次打猎中，鲍勃无意中看到了史蒂夫公文箱中的一些关于史蒂夫的公司即将推广的一种新产品的会计资料，鲍勃感到这项产品的推出一定会使史蒂夫的公司的股票大幅上升，因此回去后立即购买了该公司大量的股票。事情果真如鲍勃预期的那样，鲍勃由此大赚了一笔。在弥留之际，鲍勃对这件事感到非常内疚，请求史蒂夫把这笔钱连同利息一并捐给一家一直由史蒂夫的公司资助的慈善机构，并且要求史蒂夫不要把这笔资金的来源告诉任何人。为了安抚自己的挚友，能让他平静地离开人世，史蒂夫答应了鲍勃的请求。

几天后，史蒂夫被几名野营者发现并被送进了医院。又过了几天，他痊愈出院。但是，一想到他对鲍勃的承诺，史蒂夫总感到几分不安，觉得既然他已经因为疏忽让鲍勃看到了公文箱中的资料，也许就应该把这件事向自己公司的总裁汇报，他相信总裁能够理解这件事并对此守口如瓶。

当把那笔钱转交给慈善机构以后，史蒂夫向总裁报告了整个事情的经过，但是出乎意料的是，总裁不仅指责他将内部信息用于谋取个人利益，还因此解雇了他，而且向董事会通报了这件事情。从该故事中，我们学到了什么？

2. 一天，毕业于某职业技术学院广播电视新闻专业的小李应约到南宁某报社进行面试。当天一起面试的学生很多，他们来自住驻邕好几所高校。在这面试的紧张关头，偏偏用于现场面试考核的三台电脑出现了故障，致使面试被迫暂时停止。时间过去了40多分钟，现场的工作人员还没有把电脑修好。面试的学生中议论纷纷，许多人对报社耽误时间表示强烈不满。

报社的招聘主管灵机一动，从应聘者简历中寻找写有"精通电脑"的应聘者试试，看能否把电脑修好。但在这关键时刻，有些人或是名不副实、或是不够自信、或是过于紧张、纷纷打起退堂鼓。而小李果断站出来，毛遂自荐，并凭借在校期间学习掌握的电脑维护与修理技能，冷静地进行各种检测和调试，仅用五分钟时间就找到了第一台电脑的故障原因并很快修好，在不到十分钟的时间里，一鼓作气把其他的两台电脑也修好了。

小李在报社出现"危机"时挺身而出，凭借出人意料、在工作中解决实际问题的突出表现，使报社招聘主管眼前一亮，毫不犹豫地聘用了这位拥有多种技能、动手能力强、能为报社解决实际问题的毕业生。

第三章 企业文化认知

企业文化概念最早出现于美国，它是由美国管理学家威廉·大内总结日本管理经验之后提出来的。威廉·大内于 1981 年出版了自己对日本企业的研究成果，书名为《Z 理论——美国企业如何迎接日本的挑战》。在这本书里，他提出：日本企业成功的关键因素是他们独特的企业文化。这一观点引起了管理学界的广泛重视，吸引了更多的人从事企业文化的研究。

企业文化包含企业经营态度、企业精神、营运目标和规章制度等，是企业核心价值观念的体现，有助于企业战略发展目标的实现和提高公司管理水平。在当前形势下，企业之间的竞争已经从产品的竞争、服务的竞争以及营销手段的竞争等方面发展到企业文化的竞争。因此，建立健全优良的企业文化，对于打造核心骨干队伍，提高员工素质有着重要意义。

第一节 企业文化的认识

关于企业文化企业界有这样一种说法："一流企业靠文化，二流企业靠营销，三流企业靠生产。"可见企业文化的重要地位。

20 世纪 80 年代初，美国哈佛大学教育研究院的教授泰伦斯·迪尔和麦肯锡咨询公司顾问艾伦·肯尼迪对 80 家企业进行了详尽的调查，出版了《企业文化——企业生存的习俗和礼仪》一书。该书被评为 20 世纪 80 年代最具有影响的 10 本管理学专著之一，成为论述企业文化的经典之作。它用丰富的例证指出：杰出而成功的企业都有强有力的企业文化，即为全体员工共同遵守，但往往是自然约定俗成的而非书面的行为规范。正是企业文化这一非技术、非经济的因素，影响了大到决策的产生，小至员工们的行为举止、衣着。在两个其他条件都相差无几的企业中，由于其文化的强弱不同，对企业发展所产生的影响完全不同。

一、企业文化的概念与内涵

文化有广义和狭义两种理解。广义上说，文化是人类社会历史实践过程中所创造的物质财富与精神财富的总和；狭义上说，文化是社会的意识形态以及与之相适应的组织机构与制度。而企业文化则是企业在生产经营实践中，逐步形成的，为全体员工所认同并遵守的、带有本组织特点的使命、愿景、宗旨、精神、价值观和经营理念，以及这些理念在生产经营实践、管理制度、员工行为方式与企业对外形象的体现的总和。它与文教、科研、军事等组织的文化性质是不同的。

企业文化是企业的灵魂，是推动企业发展的不竭动力。它包含着丰富的内容，其核心是企业的精神和价值观。企业文化的内涵包括以下内容。

第一，企业文化是在工作团体中逐步形成的规范。

第二，企业文化是为一个企业所信奉的主要价值观，是一种含义深远的价值观、神话、英雄人物标志的凝聚。

第三，企业文化是指导企业制定员工和顾客政策的宗旨。

第四，企业文化是在企业中寻求生存的竞争"原则"，是新员工要为企业所录用必须掌握的"内在规则"。

第五，企业文化是企业内通过物体布局所传达的感觉或气氛，以及企业成员与顾客或其他外界成员交往的方式。

第六，企业文化就是传统氛围构成的公司文化，它意味着公司的价值观，诸如进取、守势或是灵活——这些价值观构成公司员工活力、意见和行为的规范。管理人员身体力行，把这些规范灌输给员工并代代相传。

第七，企业文化就是在一个企业中形成的某种文化观念和历史传统，及共同的价值准则、道德规范和生活信息，它将各种内部力量统一于共同的指导思想和经营哲学之下，汇聚到一个共同的方向。

第八，企业文化是经济意义和文化意义的综合，即指在企业界形成的价值观念、行为准则在人群中和社会上发生了文化的影响。它不是指知识修养，而是指人们对知识的态度；不是利润，而是对利润的心理；不是人际关系，而是人际关系所体现的为人处世的哲学。企业文化是一种渗透在企业的一切活动之中的东西，它是企业的美德所在。

第九，企业文化是指企业组织的基本信息、基本价值观和对企业内外环境的基本看法，是由企业的全体成员共同遵守和信仰的行为规范、价值体系，是指导人们从事工作的哲学观念。

第十，企业文化是在一定的社会历史条件下，企业生产经营和管理活动中所创造的具有本企业特色的精神财富和物质形态。它包括文化观念、价值观念、企业精神、道德规范、行为准则、历史传统、企业制度、文化环境、企业产品等。其中，价值观是企业文化的核心。

二、企业文化的基本特征

企业文化，是一个组织由其价值观、信念、仪式、符号、处事方式等组成的其特有的文化形象，它有鲜明的个性和特色，具有相对独立性。每个企业都有其独特的文化积淀，这是由企业的生产经营管理特色、企业传统、企业目标、企业员工素质以及内外环境不同所决定的。企业文化一般呈现以下几个特征。

(一) 稳定性

任何一个企业的企业文化，都是与企业发展相联系的。它的生成呈长期性，是一个渐进的过程。它一旦形成，就会变成企业发展的灵魂，不会朝令夕改。它为企业员工所掌握，具有一定的稳定性，不因企业产品、组织制度和经营策略的改变而立即改变，也不会因为企业产品的更新、组织机构的调整和领导人的更换而发生迅速的变化，一般来说它会长期在企业中发挥作用。

企业文化的稳定性也是相对的，根据企业内外经济条件和社会文化的发展变化，企业文化也会不断地得到调整、完善和升华。尤其是当整个社会处于大变革和大发展、企业制度和内部经营管理发生剧烈变动的时期，企业文化通常会经过新旧观念的冲突而发生大的变革，从而适应新的环境、条件和组织目标。"适者生存，优胜劣汰"，企业文化是在不断适应新的环境中得以进步并充满生机和活力的。

(二) 开放性

优秀的企业文化具有全方位开放性的特征，它绝不排斥先进管理思想及有效经营模式的影响和冲击。绝大部分企业都会通过引进、改造、吸收其他企业的文化，促使自身发育成长，不断完善，从而促进企业文化的发展。企业文化的开放性，必然导致外来企业文化与本土企业文化、现代企业文化与传统企业文化的交融与整合，这也正是建设具有自身特色企业文化的契机。

(三) 可塑性

企业是一个生命有机体，企业活动是一种动态的过程。随着社会和经济的发展，各种先天性因素、历史积累、后天营养及现实环境因素等，都会对企业文化产生影响。优秀企业文化应该适应新时代发展的要求，灵活能动地变革，创造某些形态和模式，塑造出新的企业文化。企业文化的塑造过程，实际上也就是企业所倡导的新的价值观念和行为方式被员工普遍认同并接受的过程。

(四) 系统性

企业文化是一个由意识形态、制度形态、物质形态等不同的层次和内容构成的相互联系、相互依赖、相互作用有机整体。它们各有特点、相对独立，但又紧密结合。企业文化与社会文化也是一个有机的整体，社会文化时时处处在渗透、影响和制约着企业文化的发展，而企业文化也通过其辐射功能推动着社会文化的进步，使其成为社会文化新的生长点。可见，企业文化不是企业诸因素的简单叠加，而是相互影响、相互渗透的一个有机系统，综合对企业管理和企业发展产生作用。

(五) 非强制性

企业文化不是强制人们遵守硬性的规章制度和纪律，而是强调文化上的"认同"，强调人的自主意识和主动性，也就是通过启发人的自觉意识达到自控和自律的境界。人们认同某种文化，是通过自己主观性的判断去认可，因此，这种文化是具有非强制性的。当然，非强制之中也包含有某种"强制"，即软性约束。对于少数人来讲，一种主流文化一旦发挥作用，即使他们当时并未认同这种文化，也同样会受到这种主流文化氛围、风俗、习惯等非正式规则的约束。所以企业文化专家威廉·大内认为，文化可以部分地代替发布命令和对员工进行严密监督，从而既能提高劳动生产率，又能发展工作中的支持关系。"非强制性"是针对认同企业文化的人员而言的，"强制性"是针对还未认同企业文化的人员而言的。

(六) 独特性

企业文化既存在于民族社会文化之中，又因各企业的类型、所处行业性质、规模、人员结构、发展阶段等方面的差异而各不相同。不同的社会、不同的民族、不同地区的不同企业，其文化风格各有不同，即使两个企业在环境、设施设备、管理组织、制度手段上十分相近甚至一致，在文化上也会呈现出不同的特点。这是由企业生存的社会、地理、经济等外部环境，以及企业所处行业的特殊性、自身经营管理特点、企业家素养风范和员工的整体素质等内在因素决定的。由于企业作为市场经济和文明社会的产物，其文化中体现着市场经济的一般规律，渗透着人类文明的共同意识，不同企业的文化也具有很多共性。企业文化的共性是时代特征和社会特征的综合体，反映了社会环境对企业文化的影响。然而，企业文化又是企业基本特点的体现，是一个企业独特的理念和风格的具体反映，并以其鲜明的个性区别于其他企业，形成自己的具体特点，这就是企业文化的独特性。企业文化重视企业的个性特征及其在管理上的影响，强调企业应按照自身的特点去进行有效管理。每个企业只能根据本企业的具体情况，因时制宜，因人制宜地培育适合自己需要的、具有自己特色的企业文化。

三、企业文化的表现形式

根据企业文化的定义，其内容是十分广泛的，但其中最主要的应包括如下几点。

(一) 经营哲学

经营哲学也称企业哲学，是一个企业特有的从事生产经营和管理活动的方法论原则。它是指导企业行为的基础。例如，日本松下公司"讲求经济效益，重视生存的意志，事事谋求生存和发展"，就是它的战略决策哲学。北京蓝岛商业大厦创办于 1994 年，它以"诚信为本，情义至上"的经营哲学为指导，"以情显义，以义取利，义利结合"，使之在创办三年的时间内营业额就翻了一番，跃居首都商界第四位。

(二) 价值观念

价值观不是人们在一时一事上的体现，而是在长期实践活动中形成的关于价值的观念体系。企业的价值观，是指职工对企业存在的意义、经营目的、经营宗旨的价值评价和为之追求的整体化、个异化的群体意识，是企业全体职工共同的价值准则。只有在共同的价值准则的基础上才能形成企业正确的价值目标。因此，企业价值观决定着职工行为的取向，关系到企业的生存死亡。只顾企业自身经济效益的价值观，就会偏离社会主义方向，不仅会损害国家和人民的利益，还会影响企业形象；只顾眼前利益的价值观，就会急功近利，搞短期行为，使企业失去后劲，导致灭亡。一个企业若能拥有正确的价值观，就能形成一个团结融洽、充满温暖的企业群体，企业内领导和职工关系和谐，工作就能配合默契，生产效率就会倍增。反之，价值观不正确，大家各行其是，就会给人带来烦恼和痛苦，影响到职工的精神状态，使职工充沛的精力白白被消耗，生产效率也自然会下降。例如，北京西单商场的价值观念以求实为核心，即"实实在在的商品、实实在在的价格、实实在在的服务"，促进了企业的发展。

(三) 企业精神

企业精神是指企业基于自身特定的性质、任务、宗旨、时代要求和发展方向，并经过精心培养而形成的企业成员群体的精神风貌。企业精神是企业文化的核心，在整个企业文化中起着支配的作用。企业精神通常用一些既富有哲理，又简洁明快的语言表达，便于职工铭记在心，时刻用于激励自己；也便于对外宣传，从而在社会上形成个性鲜明的企业形象。例如：

美国 IBM 公司："IBM 就是服务。"

美国德尔塔航空公司："亲如一家。"

波音公司："我们每一个人都代表公司。"

日本丰田汽车公司："好产品，好主意。"

日产公司："品不良在于心不正。"

百事可乐公司："胜利是最重要。"

(四) 企业道德

企业道德是调整本企业与其他企业之间、企业与顾客之间、企业内部职工之间关系的行为规范的总和。企业道德与法律规范和制度规范不同，不具有那样的强制性和约束力，但具有积极的示范效应和强烈的感染力，是约束企业和职工行为的重要手段。中国老字号同仁堂药店之所以 300 多年长盛不衰，在于它把中华民族优秀的传统美德融于企业生产经营的过程之中，形成具有行业特色的职业道德，即"济世养身、精益求精、童叟无欺、一视同仁"。

(五) 团体意识

团体即组织，团体意识是指组织成员的集体观念。团体意识是企业内部凝聚力形成的重要心理因素。企业团体意识的形成使企业的每个职工把自己的工作和行为都看成是实现企业目标的一个组成部分，使他们对自己作为企业的成员而感到自豪，对企业取得的成就产生荣誉感，从而把企业看成是自己利益的共同体和归属。因此，他们就会为实现企业的目标而努力奋斗，自觉地克服与实现企业目标不一致的行为。

(六) 企业形象

企业形象是企业通过外部特征和经营实力表现出来的，被消费者和公众所认同的企业总体形象。由外部特征表现出来的企业形象称为表层形象，如招牌、门面、徽标、广告、商标、服饰、营业环境等；通过经营实力表现出来的形象称为深层形象，它是企业内部要素的集中体现，如人员素质、生产经营能力、管理水平、资本实力、产品质量等。表层形象是以深层形象为基础的，没有深层形象这个基础，表层形象就是虚假的，也不能长久地保持。

(七) 企业制度

企业制度是在生产经营实践活动中所形成的，对人的行为带有强制性，并能保障一定权利的各种规定。从企业文化的层次结构看，企业制度属中间层次，它是精神文化的表现形式，是物质文化实现的保证。

第二节　国内外企业文化概述

在当代全球化的世界里，企业文化的发展体现了这样一种趋势：一方面，经济全球化带动各国企业文化相互交流，跨国文化管理日益突出，重视以人为本、重视社会责任等文化价值取向呈现国际化；另一方面，世界各国企业在品牌与形象的塑造、文化的传承与发扬等方面更加强调民族精神和地域特色。

一、多国企业文化的模式

文化是与民族分不开的，一定的文化总是含有一定民族的文化。企业文化是一个国家的微观组织文化，它是这个国家民族文化的组成部分，所以一个国家企业文化的特点实际就代表着这个国家民族文化的特点。

(一) 美国的企业文化模式与管理特点

美国是一个多民族的移民国家，这决定了美国民族文化的个人主义特点。美国的企业文化以个人主义为核心，但这种个人主义不是一般的概念上的自私，而是强调个人的独立性、能动性、个性和个人成就。实行个人负责、个人决策。因此，在美国企业中个人英雄主义比较突出，许多企业常常把企业的创业者或对企业做出巨大贡献的个人推崇为英雄。企业对职工的评价也是基于能力主义原则的，加薪和提职也只看能力和工作业绩，不考虑年龄、资历和学历等因素。

以个人主义为特点的企业文化缺乏共同的价值观念，企业的价值目标和个人的价值目标是不一致的，企业以严密的组织结构、严格的规章制度来管理员工，以追求企业目标的实现。职工仅把企业看成是实现个人目标和自我价值的场所和手段。

(二) 欧洲国家的企业文化模式与管理特点

欧洲文化是受基督教影响的，基督教给欧洲提供了理想价值的道德楷模。基督教信仰上帝，认为上帝是仁慈的，上帝要求人与人之间应该互爱。受这一观念的影响，欧洲文化崇尚个人的价值观，强调个人高层次的需求。欧洲人还注重理想和科学，强调逻辑推理和理性的分析。虽然欧洲企业文化的精神基础是相同的，但由于各个国家民族文化的不同，欧洲各个国家的企业文化也存在着差别。

1. 英国企业文化管理特点

由于文化背景的原因，英国人世袭观念强，一直把地主贵族视为社会的上层，企业经营者处于较低社会等级。因此，英国企业家的价值观念比较讲究社会地位和等级差异，不是用优异的管理业绩来证明自己的社会价值，而是千方百计地使自己加入上层社会，因此在企业经营中墨守成规，冒险精神差。

2. 法国企业文化管理特点

法国有着浪漫的都市情调和悠闲的乡间生活，优雅、时尚与浪漫同样也带到了他们的企业文化中。法国人最突出的特点是民族主义和优越感，因此法国人的企业管理突出表现出封闭守旧的观念。

3. 意大利企业文化管理特点

意大利人崇尚自由，以自我为中心，所以在企业管理上显得组织纪律性差，企业组织的结构化程度低。但由于意大利的绝大多数的企业属于中小型企业，组织松散对企业升级影响并不显著。

4. 德国企业文化管理特点

德国人的官僚意识比较浓，组织纪律性强，而且勤奋刻苦。因此，德国的企业管理中，决策机构庞大、决策集体化，保证职工参加管理，往往要花较多的时间论证，但决策质量高。企业执行层划分严格，各部门只有一个主管负责，不设副职。职工参与企业管理广泛而正规，许多法律都保障了职工参与企业管理的权力。职工参与企业管理主要是通过参加企业监事会和董事会来实现。

(三) 日本的企业文化模式与管理特点

日本是一个单民族的国家，社会结构长期稳定统一。所以，日本人的思想观念具有很强的共同性。同时，日本受中国儒家思想的影响较深，尤其是"和"、"信"、"诚"等观念，使日本高度重视人际关系的处理。这决定了企业文化以"和亲一致"的团队精神为其特点。"和"被日本企业作为运用到管理中的哲学观念，是企业行动的指南。

以团队精神为特点的日本企业文化，使企业上下一致地维护和谐，互相谦让，强调合作，反对个人主义和内部竞争。企业是一个利益共同体，共同的价值观念使企业目标和个人目标具有一致性。企业像一个家庭一样，成员和睦相处，上级关心下级，权利和责任划分并不那么明确，集体决策，取得一致意见后才做出决定，一旦出现了问题不归咎于个人责任，而是各人多作自我批评。企业对职工实行终身雇佣、年功序列工资制。

日本是一个单一民族的岛国，但它并不封闭守旧，革新精神强，大量吸收西方文化中科学技术和管理的经验，并与传统文化结合起来，形成巨大的生产力。

(四) 韩国的企业文化

韩国的企业文化重视精忠职守，主张对家庭、对社会、对部下、对自己负责，韩国一些大企业的企业文化主要有以下表现。

1. 忠于团队的精神

公司重视职工忠诚感的培养，把公司与国家的目标与个人的利益挂钩。每个人的最大贡献不仅使公司繁荣，也带来国家和个人的富裕，儒家思想及具有人性及情感的领导方法，是培养忠诚的手段。

2．实行家庭情感主义

公司像家庭一样，公司领导者善于运用各种方式、场合表现对员工及其家庭的关心，尽力给员工安定的职位，培养家庭式的情感。

3．组织管理方式上采用兵营式

大部分公司都采取军队式的组织形式，一方面灌输服从意识，培养责任观念，另一方面提高统御能力。

4．奖罚制度分明

优异者受奖，违纪者必受处罚。

5．具有团体意识

职工有尽力与团队结为一体的精神，连奖惩都和团队结为一体，使大家都有一种团队的归属感。公司一般采用创立口号、格言来增强职工的团队意识。

二、全球五大经典企业文化

中外许多成功企业的经营之道为现代企业提供了值得借鉴的宝贵经验。

(一) 民生文化

民生公司是 1925 年卢作孚在中国轮船公司处于倒闭边缘时，仅以五万元的初始资本成立的一家从一条小火轮发展到上亿资本的长江航线最大的私营轮船公司，它的发展之所以如此迅速和创始人卢作孚的经营成功有着极大关系。在卢作孚的长期经营实践中，一个突出点便是十分注重文化意识在经营管理中的作用。例如，他极为注意强化企业对职工的凝聚力，鼓励企业和职工的双向参与。他曾提出一个著名口号："公司问题，职工来解决；职工问题，公司来解决。"他把这一口号印在轮船的床单和茶杯上，逐步培养职工树立一种和公司同生存、共荣辱的集体意识，在企业发展中起到良好的作用。

(二) 松下文化

松下公司在几十年的经营生涯中形成了独特的企业文化，定制了七大精神："产业报国、光明正大、和亲一致、奋斗向上、礼节谦虚、顺应同化、感学报恩"，充分表现了松下那种谦和、执著、一以贯之的朴实风格。

(三) 大庆文化

以"铁人"王进喜为代表的大庆油田工人，把"艰苦创业"作为座右铭，坚持"有条件上，没有条件创造条件也要上"的创业精神。大庆人艰苦创业的精神，化作了中国工人阶级自力更生、艰苦创业的强大力量。

(四) 索尼文化

索尼的企业哲学中极突出的一点就是十分重视人的因素和民主作风，特别看重中层管理人员的作用，并设法淡化等级观念。该公司领导人努力将工厂的车间搞得比工人的家里更舒服，而把管理人员的办公室尽量布置得朴素些。另外，索尼人始终不满足于现状，时时有"饥饿感"、"紧迫感"伴随，这可谓索尼文化的另一特色。正因如此，他们能不断学习世界上比自己先进的东西，经过消化，创造出别人没有的东西，适应了市场，赢得了荣誉。

(五) IBM 文化

IBM 公司即美国国际商用机器公司，该公司的信条是"IBM 就意味着最佳服务"。因为他们懂得，优质服务是顾客最需要的。这不能不说是 IBM 公司多年来一直取得成功的一个奥秘。

三、国外企业文化学者的企业文化认识

(一) 国外企业文化学者对企业文化认识的共同点

(1) 定义共识：企业文化是核心价值观、核心理念的淬炼与表述，是企业的性格，企业的精神生命。

(2) 作用共识：软实力，具有约束力、引导力、影响力、辐射力、激励力等。

(3) 企业长青的基石：根。

(4) 承认差异性：民族的、国别的、行业的、地域的、企业不同发展阶段的文化都会有差异。

(5) 越来越重视文化的管理力和间接生产力。

(6) 集团形象用语：真诚到永远。

(二) 欧洲企业文化的共同特点

(1) 理性管理。组织严密，管理集中，富于理性，职责明确，讲究效率，合规经营，坚守信用。

(2) 重视创新。重视研发，强调创新，政策支持企业的研发。

(3) 注重质量，面向世界。"质量是生产出来的，而不是检测出来的"，大型企业和跨国公司按地区和国家设立销售部，或按产品设置销售机构，销售网络庞大。

(4) 重视培训，参与管理。有计划地培训员工，重视员工参与管理，与欧洲文化中的民主精神密切相关。

第三节　企业文化的作用

企业文化是企业群体经过长期的生产、经营实践逐步形成的，它是占据主导地位并为全体员工认可和恪守的共同价值观念和行为准则。企业文化通过以企业价值为核心的文化意识观念，说明、感染、诱导、约束企业员工，挖掘员工的积极性和创造力，以提高企业运转的整体效果。它强调以人为本，在一般的注重企业管理技术与方法的基础上，更多地强调企业赖以生存与发展的精神环境，重视"人"在现代企业中的作用。

一、企业文化的作用

(一) 凝聚作用

企业文化像一根纽带，把员工和企业的追求紧紧联系在一起，使每个员工目的明确、协调一致并产生归属感和荣誉感。以华为的企业文化为例，华为之所以能发挥员工凝聚在一起的功能作用，关键在于华为文化的假设系统，也就是隐含在华为核心价值观背后的假设系统。如"知识是资本"的假设，"智力资本是企业价值创造的主导因素"的假设。再如学雷锋的文化假设是："雷锋精神的核心本质就是奉献，做好本职工作就是奉献，踏踏实实地做好了本职工作的精神，就是雷锋精神。"正是这种文化的假设系统使全体华为人认同公司的目标，并把自己的人生追求与公司的目标相结合，帮助员工了解公司的政策；调节人与人之间、个人与团队之间、个人与公司之间的相互利益关系，从而形成文化对华为人的行为的牵引和约束。

(二) 导向作用

企业价值观与企业精神，能够为企业提供具有长远意义的、更大范围的正确方向，为企业在市场竞争中基本竞争战略和政策的制定提供依据。无锡小天鹅股份有限公司曾提出并实施了"观念比资金更重要"的口号，认为观念是产生生产力和利润的源泉。以这种企业价值观念和思维方式带领全体员工朝着正确的目标不断努力、创新，并从 1999 年到 2009年连续 10 年保持行业市场占有率第一的成绩。

(三) 激励作用

企业文化注重研究的是人的因素，强调尊重每一个人，相信每一个人，凡事都以员工的共同价值观念为尺度，能最大限度地激发员工的积极性和创造性。例如，美国通用电气公司对员工设定了很高的任务目标，但是在业绩考核方面却不仅以是否实现了目标为标准，还将指标与去年同期比较，若没有完成指标，会充分考虑造成指标没有完成的原因，是环境因素还是个人问题。如果是个人问题，分析该员工与以前比较是否有较大的进步，并且以正面奖赏的形式对员工在成长的过程中遭遇的挫折进行鼓励，不像有些企业那样，员工一旦犯错就对其进行惩罚。这样有效地保护了员工的创新精神。因此通用电气的高指标不仅仅是一种考核标准，更是一种激励手段。

(四) 协调作用

企业文化的协调作用可分为两个方面：对内，使企业员工有了共同的价值观念，对很多问题的认识趋于一致，增强了他们相互之间的信任、相互交流和沟通，从而使企业的各项活动更加协调；对外，企业文化能够协调企业和社会的关系，能使社会和企业和谐一致。因为无论中国还是外国的企业文化，其精神内容都是要使企业自觉地为社会服务。具体来说，就是通过企业文化建设，企业尽可能调整自身，以便适应公众的需求倾向，满足顾客不断增长的需求，跟上政府新法规的实施，避免企业和社会之间出现裂痕，即使出现了也能很快弥合。

(五) 约束作用

企业文化、企业精神为企业确立了正确的方向，对那些不利于企业长远发展的不该做、不能做的行为，常常发挥一种"软约束"的作用，为企业提供"免疫"功能。约束功能能够提高员工的自觉性、积极性、主动性和自我约束性，使员工明确工作意义和方法，提高员工的责任感和使命感。如 1995 年 LG 电子(惠州)有限公司成立之初，各部门内部工作流程及互相协作均无现成的模式，在生产及经营过程中产生了大量问题。公司各部门仅按自己的业务范围制定规章制度，各辅助部门对生产支援工作缺乏积极主动的意识，员工对经营理念、生产及品质的管理都缺乏完整的概念。针对这种情况，公司展开了"生产早期安定化"SUPERA 活动。这一活动为实现公司管理水平、生产效率、产品品质的提高做出了突出的贡献。公司也开始启用新口号——"品质靠你、靠我、靠大家"。经过一年多的品质革新活动，公司产品品质有了很大的提高。

(六) 塑造形象作用

优秀的企业文化向社会大众展示着企业成功的管理风格、良好的经营状况和高尚的精神风貌，而为企业塑造良好的整体现象，树立信誉，扩大影响，是企业巨大的无形资产。

(七) 辐射作用

企业文化塑造着企业形象，优良的企业形象是企业成功的标志。包括两个方面：一是内部形象，它可以激发员工对本公司的自豪感、责任感和崇尚心理；二是外部形象，它能够更深刻地反映出企业文化的特点和内涵。企业形象还可能对国内外其他企业产生一定的影响，具有巨大的辐射作用。

二、企业文化与企业招聘的关系

(一) 企业文化对企业招聘的影响

企业文化是企业全体员工在长期的生产经营活动中培育形成并共同遵循的最高目标、价值标准、基本信念及行为规范的总和。每个企业都有自己的企业文化。优秀的企业文化是吸引人才的第一要领，因此企业文化影响着招聘人员的态度、行为方式和招聘方式的选用。企业文化也影响着录用新员工所应具备的价值观与行为方式，因为企业总是根据应聘者价值观念和行为方式是否与自己的企业文化相吻合来决定是否聘用。如松下公司对应聘者考察时很注意其忠诚性，华为公司注重应聘者的团队合作精神。星级酒店企业文化特别注重员工的仪表和行为规范标准，而贸易公司企业文化一般对仪表和行为规范要求不高，却对人的行为灵活性要求较高。由此可见，在招聘过程中不同公司对应聘者行为有不同的评判。

企业文化影响着企业招聘人员的渠道。当企业的开放程度比较高时，它不会排斥外部的人员，因此在招聘录用时，就可以从内部、外部两个渠道来进行。反之，开放程度低时，由于企业员工不欢迎外部的人员，填补职位空缺尤其是高级职位空缺就要更多地从企业内部来晋升选拔。

企业文化在招聘中应该得到充分体现，使新招聘的员工能融入企业文化，成为招聘标准的一部分。实践证明，那些与企业文化不能够融合的人，即使有能力和技能，对企业的发展也会有不利之处。今日的大部分企业需要的是能够忠于企业的员工，这样的员工认同企业的价值目标，把企业看成自己的企业。在招聘过程中，企业不仅仅看应聘者的工作资格，更关注他们的价值观和个人品质。因此在面谈中努力寻找经历和价值观与企业文化相吻合的应聘者成为招聘工作的风尚。

(二) 组织文化与人才培养

组织文化是以组织历史上形成的价值观为核心，以管理体系所规范的行为和生活方式为表象的精神文化和物质文明的总和。不同的组织有不同的文化和价值观念，形成了各自的"水土"，根据本组织的文化和管理风格，就可以推断出合适的人需要具备哪些素质、特性，以此为指导来考虑应聘者是否能与企业的环境很好地融合。

文化与价值观的认同是员工招聘的首要条件，人力资源部门要通过对人才的招聘、甄选、上岗培训等，将组织文化的核心价值观浸透到人才的头脑中，使人才产生对组织的认同感、归属感，将组织的发展和个人的发展紧密结合起来，使人才的发展跟上企业的发展。

从这个意义上讲，组织文化具有影响和规范企业内部员工思想和行为的作用，引导人才寻求一种最佳的行为方式，达到组织发展的战略目标。

三、企业文化建设

(一) 企业文化建设的主要内容

企业文化建设的主要内容以经营理念为根本，以制度转换为关键，以理念和故事的融合为重心，以领导者的言行为切入点。

1. 提炼企业经营理念是根本

1) 注重行业特点和企业性质

企业文化要与行业特性和企业自身的经营特点相一致，道理很简单，别人的企业文化未必适合你的企业。同样，不同性质的企业文化建设的内容也大相径庭，国有企业、集体企业、私有企业、外资企业、合资企业因其企业性质的不同，企业文化建设也各有侧重。

2) 广泛征求意见

企业文化并非只是高层的一己之见，其首先应该是企业大多数员工都认同的文化。为了做到这一点，企业高层管理者应该创造各种机会让全体员工参与进来，共同探讨公司文化。

3) 提炼核心理念

当我们走进企业后，可以首先问老总一句话："您能用一句话或者一个词来概括公司的文化吗？"很多企业老总都要思考半天。他如果不是在第一秒钟就能给出答案，"答案"便已经不重要了，这说明企业的文化并不明晰，连老总都不能马上说出来，更何况员工呢？因此，企业必须首先树立自己的核心理念，并且要成为企业员工都认知和认同的理念。

4) 扩展理念体系

企业的核心价值理念还必须拓展为企业各个层面的管理思想和方法，这样才能使企业文化理念体系完整起来，如海尔集团围绕核心理念形成了完整的理念体系：人才理念——赛马不相马；质量理念——有缺陷的产品就是废品；兼并理念——吃休克鱼；研发理念——用户的难题就是我们的难题。在这些理念背后，又有相应的办法和制度作为支撑，使整个理念体系变得生动有效。

5) 建设沟通渠道

企业理念要得到员工的认同，必须在企业的各个沟通渠道进行宣传和阐释，企业内刊、板报、宣传栏、各种会议、局域网都应该成为企业文化宣传的工具，要让员工深刻理解公司的文化是什么，怎么做才符合公司的文化。同时，企业高层在接受媒体采访时，应有意识地宣扬企业文化，让顾客和客户认知公司文化。只有他们产生了对企业文化的认同，才能成为公司的忠诚客户。

2．转化为相应制度极关键

不少企业的文化建设只停留在理念宣传的阶段，没有深入进行塑造，这一方面在于领导者缺乏系统建设企业文化的决心和勇气，另外一方面是对企业文化塑造有误解，认为企业文化是以理念塑造为主，如果把它变成制度，就会削弱企业文化的凝聚作用。殊不知，优秀的文化恰恰要落到纸面上，让大家有法可依，有章可循。尤其对于人力资源制度，包括招聘、培训、考核、薪酬、任免、奖惩等，都应该深刻体现出公司的企业文化。

著名的惠普文化就非常强调对人才的培养，有完善的培训制度，员工从入职开始，就一步步地接受各种有针对性的培训。另外，作为制度的一部分，惠普把培训也列入每个经理人的职责，公司 90%的培训课程是由经理们上的。在惠普公司的理念中，认为这是投入产出比最高的投资。惠普之所以能成为行业内的楷模，就在于它不仅树立了一种优秀的"以人为本"的文化，更让这种文化生根发芽，从制定科学的制度入手来落实优秀的理念。

3．让理念故事化和故事理念化

1) 理念故事化

优秀的企业文化并不是只让企业的中高层管理者认同，而是要让所有的员工，甚至是临时的员工都认同，这才叫卓越的企业文化。企业在导入新的企业文化时，首先应该根据自己提炼的理念体系，找出企业内部现在或者过去相应的先进人物、事迹进行宣传和表扬，并从企业文化的角度进行重新阐释。

2) 故事理念化

在企业文化的长期建设中，先进人物的评选和宣传要以理念为核心，注重从理念方面对先进的人物和事迹进行提炼，对符合企业文化的人物和事迹进行宣传报道。在一家合资公司的企业文化咨询项目中，我们帮助他们按照企业文化的要求进行先进人物的评选，并在公司内部和相关媒体进行广泛宣传。让全体员工都知道为什么他们是先进，他们做的哪些事是符合公司的企业文化的。这样的榜样为其他员工树立了一面旗帜，同时也使企业文化的推广变得具体而生动。

4. 以身作则让你离员工更近

1) 称呼的艺术

企业文化要大处着眼，小处着手。不要以为企业文化有多高深，作为高层管理者，只要你在日常工作中稍加注意，一样能塑造出浓浓的企业文化氛围。在惠普集团，即使对董事长，都是直呼其名。同样，在联想集团，从总经理到基层员工，大家都提倡直呼其名。通过这样的称呼，拉近员工之间的心理距离，从而提升员工之间的凝聚力。如果你是一位老板，明天见到你的一位下属，试着只叫他的名字，看看效果如何。

2) 定期走访

高层管理者是企业文化的"设计师"和"牧师"，既是建设者，也是传播者。不要离员工太远，抽出时间到"大厦"的建筑现场，看看那些辛勤工作的"工人"们，慰问一下他们，并适时地传播企业的文化，这是非常有效的。

3) 从领导做起

作为企业文化的建筑师，高层管理人员承担着企业文化建设最重要也最直接的工作。有的企业老总问："塑造企业文化什么最关键？"答案是："先把你自己塑造成为企业文化的楷模！"一些企业高层管理者总感觉企业文化是为了激励和约束员工，其实更应该激励和约束的，恰恰是那些企业文化的塑造者。他们的一言一行都对企业文化的形成和推广起着至关重要的作用。

4) 从点滴做起

很多企业在进行企业文化塑造时，喜欢大张旗鼓地开展一些活动、培训和研讨，其实企业文化的精髓更集中在企业日常管理的点点滴滴上。作为企业管理者，不管是高层还是中层，都应该从自己的工作出发，首先改变自己的观念和作风，从小事做起，从身边做起。

(二) 企业文化建设的基本原则

1. 以人为本原则

企业文化是一门管理科学。企业文化建设要突出"以人为本"，坚持软管理与硬管理并重的原则。对现代企业来说，强化以人为中心。文化以人群为载体，人是文化生成的第一要素。企业文化建设强调关心人、尊重人和信任人。企业团体意识的形成，首先是企业全体员工具有共同的价值观念，有一致的奋斗目标，只有这样，才能形成向心力，成为一个具有战斗力的整体。

企业文化是社会文化与企业管理交合而成的文明成果，是一种更高层次的企业优化管理，是一种先进的管理模式，它抓住了企业管理的精髓"以人为本"，即"以人为中心和目标"，改变了以往只注重对"物"的管理，在既注重对"物"管理的同时，更注重对"人"的管理，坚持"软管理"与"硬管理"并重，并把"人"放在企业管理的核心地位。

2. 个性和共性相统一原则

企业文化是一门行为科学。企业文化建设要突出塑造灵魂，坚持个性与共性相统一的原则。企业文化是一门行为科学，因为它反映了企业的观念形态，它重视人的价值观念、行为规范等精神范畴对企业的影响。所以，企业文化建设的核心目的，就是要使企业的全体成员形成新型的价值观，塑造能反映本企业特点，并为广大职工认可的具有高度凝聚力的企业精神。

3. 表里一致，切忌形式主义

企业文化属意识形态范畴，但它要通过企业或员工的外部形态或行为表现出来，这就容易形成表里不一的现象。建设企业文化必须首先从员工的思想观念入手，树立正确的价值观，在此基础上形成企业精神和企业形象，防止搞形式主义，防止对企业文化概念的歪曲。

4. 经济性原则

不能忽视经济性。企业是一个经济组织，企业文化是微观经济组织文化，应具有经济性，即企业文化必须为其经济活动服务，并有利于提高企业生产力和经济效益，有利于企业的生存和发展。在企业文化的各项内容中，虽然并不涉及"经济"二字，但建设和实施这些内容，最终目的都不会离开企业经济目标的实现，以及谋求企业的生存和发展。所以，企业文化建设是一个企业的战略要求。

(三) 企业文化建设的主要方法

1. 培育共同的价值观念

价值观念是企业文化的核心，培养价值观念是企业文化建设的一项基础工作。每个企业员工都有各自的价值观念，由于资历、生活环境、受教育程度及其他因素各不相同，其价值观念也千差万别。企业价值观的培育是通过教育、倡导和模范人物的宣传感召力等方式，使员工摒弃落后的价值观念，树立正确的、利于企业生存和发展的价值观念，并达成共识，成为全体员工思想和行为的准则。

2. 塑造企业精神

企业精神的塑造是在企业领导者的倡导下，根据企业的特点、任务和发展趋势，使建立在企业价值观基础上的内在信念和追求，通过企业的群体行为和外部表象化，形成企业的精神状态。企业精神与企业价值观是既有区别，又密切相关的两个概念，价值观是企业精神的前提，企业精神是价值观的集中体现。价值观具有分散性和内隐性，如存在价值、工作价值、质量价值等，它是人们的信念和追求。但企业精神则不同，它比较外露，容易被人们所感觉。企业价值观和企业精神共同构成了企业文化的核心。

3. 树立正确的经营哲学

企业经营哲学，是企业一切行为的逻辑起点。因此，确立正确的经营哲学，是企业文化建设的一项重要任务。确立企业经营哲学，需要经营者对本企业的经营状况和特点进行全面的分析，研究企业的发展目标和实现途径，在此基础上形成自己的经营理念，并将其渗透到员工的思想深处，成为员工处理经营问题的共同的思维方式。经营哲学的确立，关键要有创新意识，创建有个性的经营思想和方法。英国盈利能力最强的零售集团——马狮百货公司的经营哲学，就是创立了"没有工厂的制造商"，让别人按自己的要求生产产品，并打上自己的"圣米高"牌商标。

4. 建设各具特色的企业文化

企业文化作为一种新的管理思想，引入我国已有十多年的历史。西方企业文化中的社会交往、友谊、自我价值观、归属感等都值得我们学习和吸收。我们要建立具有中国特色的企业文化，只有依照中国的国情，深入实际，发挥这种文化理论在促进生产力发展、提高管理水平、推动企业"两个文明"建设中的作用，同时其内涵也得到丰富，这才是我国企业文化发展的必由之路。

美国哲学家罗素说："中国与其说是一个实体，还不如说是一个文化实体，一个唯一幸存至今的文明。"在中国的传统文化中，儒家的"人本作用、仁爱、义与利的辩证思想"，道家的"无为而治、天人合一"，兵家制胜之道都具有丰厚的文化底蕴，是中华民族的宝贵财富，也是罗素之说的佐证。在激烈的市场竞争中，我们要对传统文化和西方文化去其糟粕，取其精华，使之更符合我国现代企业文化发展的需要，使传统文化与企业的优良传统有机融合，形成既有凝聚力又有竞争力，既有民族特色又符合新时代潮流的企业文化。

案例探析

海尔的企业文化

1984 年，海尔前身——青岛市东风电机厂是一个濒临倒闭的集体小厂，有 800 多名员工，全厂只有一名中专生，生产电动葫芦等小的机电产品。1984 年时已亏空 147 万元，企业已陷入发不出当月工资的困境。如今海尔是中国首批公布的十大驰名商标中唯一的家电名牌。

海尔企业文化的核心：创新

海尔文化以观念创新为先导、以战略创新为方向、以组织创新为保障、以技术创新为手段、以市场创新为目标，伴随着海尔从无到有、从小到大、从大到强、从中国走向世界，海尔文化本身也在不断创新、发展。员工的普遍认同、主动参与是海尔文化的最大特色。海尔的目标是进入世界 500 强，创出中国世界名牌，为民族争光。

海尔的管理理念：斜坡球体论

企业在市场上的地位犹如斜面上的小球，需要有上升力(目标的提升)，使其不断向上发展；还需要有止动力(基础管理)，防止下滑。

海尔管理模式：OEC 管理法

"OEC"管理法——英文 Overall Every Control and Clear 的缩写，"OEC"内容为：

O: Overall 含义为全方位。

E: Every 含义为 Everyone(每人)、Everyday(每天)、Everything(每件事)。

C: Control 含义为控制，Clear 含义为清理。

"OEC"管理法也可以表示为：日事日毕 日清日高。即每天的工作要每天完成，每天的工作要清理并要每天有所提高。

"OEC"管理法由三个体系构成：目标体系→日清体系→激励机制。首先是确立目标。日清是实现目标的基础工作。日清的结果必须与正负激励挂钩才有效。

管理的三个基本原则

闭环原则：凡事要善始善终，都必须有 P.D.C.A(P——PLAN，计划；D——DO，实施；C——CHECK，检查；A——ACTION，行动)循环原则，螺旋上升。

比较分析原则：纵向与自己的过去比，横向与同行业国际先进水平比，没有比较就没有发展。

不断优化的原则：根据木桶理论，找出薄弱项，并及时整改，提高全系统水平。

海尔精神：敬业报国　追求卓越

敬业报国的中心思想是中国传统文化的"忠"，"忠"就是回报，海尔人就是要用最好的产品和服务来回报用户、回报社会、回报国家；"忠"就是真诚，海尔人真诚到永远。

追求卓越的核心思想是创新。追求卓越表现了海尔人永不自满、永远进取、永远创新的生生不息的精神境界。

能体现海尔精神的两句话：

• 把别人视为绝对办不到的事办成。

• 把别人认为非常简单的事持之以恒地坚持下去。

海尔对不简单的诠释是：能够把简单的事情天天做好就是不简单。

海尔对不容易的诠释是：大家公认的非常容易的事情，非常认真地做好它，就是不容易。

用人理念：人人是人才　赛马不相马

"你能够翻多大跟头，给你搭建多大舞台。"现在缺的不是人才，而是出人才的机制。管理者的责任就是要通过搭建"赛马场"为每个员工营造创新的空间。

海尔的人才标准大致可由高到低分为如下三类：人材——这类人想干，也具备一些基本素质，但需要雕琢，企业要有投入，其本人也要有成材的愿望；人才——这类人能够迅速融入工作、能够立即上手；人财——这类人通过其努力能为企业带来巨大财富。

赛马机制包涵三条原则：一是公平竞争，任人唯贤；二是职适其能，人尽其才；三是合理流动，动态管理。在用工制度上，实行一套优秀员工、合格员工、试用员工"三工并存，动态转换"的机制；在干部制度上，海尔对中层干部分类考核，每一位干部的职位都不是固定的，届满轮换。赛马机制的建立充分发挥每个人的潜在能力，让每个人每天都能感到来自企业内部和市场的竞争压力，又能够将压力转换成竞争的动力。

第四章 自我认知

　　每个大学生都不相同，有的聪明，有的平庸，有的强壮，有的赢弱。而且性格、能力、经验也各不相同。我们只有充分地认识自己，依照自己的潜能去发展，才有真正意义上的成功和快乐。认识自己就要了解自己的性格、才智、判断力与情绪，不了解自己，就无法驾驭自己。认识自己，了解自己，才能了解他人，最终了解世界，让你对自己、对别人、对环境有一个客观评价，达到知行合一的境界。

第一节　自我认知与职业规划

　　世界上任何事物都是在不断变化的，每个人的优点和缺点也不是一成不变的。只有认识自己才能改变自己，让自己变得更完善、更优秀。因此，我们必须用发展的眼光看自己，不断发现自己的优势和不足，兴趣与潜能，才能增强职业适应性。

一、自我认知的意义

　　自我认知也叫自我意识，或叫自我，是个体对自己存在的觉察，包括对自己的行为和心理状态的认知，是对自己的洞察和理解，包括自我觉察、自我感知、自我概念、自我分析等，那么作为大学生的我们主要解决"我是谁？我的优势是什么？我的劣势是什么？我想做什么？我能(会)做么？环境支持我做什么？我的职业规划是什么？"等问题。

　　正确的自我认知指一个人对自我的认识要与自我的实际情况相符合。它包括两个方面的含义：正确、全面认识自己的特点和长处；正确认识自我与社会、个人与集体的关系。认识到个人的成长离不开集体，自我的人生价值主要在于对社会的贡献。人总是在不断地发展变化的，因此，我们需要不断更新、不断完善对自己的认识，才能使自己变得更好、更完美。而要正确认识自己，我们就必须要用全面的、发展的眼光看待自己。

　　全面认识自己，我们既要认识自己的外在形象，如外貌、衣着、举止、风度、谈吐等，又要认识自己的内在素质，如学识、心理、道德、能力等。一个人的美应是外在的美与内在的美的和谐统一，内在的美对外在的美起促进作用。每个人的外在形象和内在素质都有自己的优势，又有自己的不足，正所谓"金无足赤，人无完人"，我们每个人都有自己的缺点，但同时每个人也都有自己的闪光点。我们应该多关注自己的优点和长处，要用欣赏的目光来看自己。面对纷繁复杂的人生世界，如果你把目光都集中在痛苦、烦恼上，生命就会黯然失色；如果你把目光都转移到快乐之中，你将会得到幸福。

　　事物总是发展变化的，没有一成不变的事物。俗话说"士别三日，当刮目相看"，我们每个人也都是在不断发展变化的，我们的优点和缺点也不是一成不变的。因此，我们必须要对自己有正确、清晰的认识，要用发展的眼光看自己，及时发现自己的新的优点和新的缺点，通过自己的努力，争取变缺点为优点，不断改正自己的缺点来完善自己。

二、自我认知的方法

　　自我认知指的是对自己的洞察和理解。自我观察是指对自己的感知、思维和意向等方面的觉察。如果一个人不能正确的认识自我，看不到自我的优点，觉得处处不如别人，就会产生自卑，丧失信心，做事畏缩不前。相反，如果一个人过高地估计自己，也会骄傲自大、盲目乐观，导致工作的失误。因此，恰当地、正确地认识自我，实事求是地评价自己，是自我调节和人格完善的重要前提。

(一) 通过自我观察认识自己

　　要认识自己，必须要做一个有心人，经常反省自己在日常生活中的点滴表现，总结自己是一个什么样的人，找出自己的优点和缺点。能够孤独地面对自己，也就是说给自己一个孤独的空间和时间，对自己的言行、思想、学习状况进行深刻的自我反思，清醒地分析自己的优劣状况，自我调节和控制自己的状况，使自己能较好地向自己的目标奋进，克服不足，发挥优势实现目标。自我观察主要包括三个方面：自身外表和体质状况的观察，包括外貌、风度和健康状况等方面的观察；自我形象的观察，主要是对自己在所生活的集体中的位置和作用、公共生活中的举止表现以及社会适应能力等的观察；自己的精神世界的观察，包括对自己的政治态度、道德水平、智力水平、能力、性格、兴趣、爱好、特长等方面的观察。

(二) 通过他人了解自己

　　大文豪苏轼写道："不识庐山真面目，只缘身在此山中。"认识自己有时候的确比较难，一般来说，当局者迷，旁观者清，周围的人对我们的态度和评价能帮助我们认识自己、了解自己。我们要尊重他人的态度与评价，冷静地分析。对他人的态度与评价我们既不能盲从，也不能忽视。"旁观者清"，通过他人的眼神、语言、态度了解自己言行的对错和自己的社会处境，从而调整自己的行为表现，以此来完善自我，达到目标。

　　我们可以通过以上方法来正确认识自己，要试着改变某些影响自己实现目标的不良习惯，耐心细心地注意学习生活中的每个细节，积累好的学习习惯，注重在生活中合理正确地安排控制和使用时间，提高学习效率，争取在学业上的突破，使目标的实现更快捷、更优秀。以此实现不断完善自己的目标，使自己不断进步，走向成熟。

三、自我认知对职业生涯规划的意义

　　职业生涯是指一个人一生连续从事和负担的职业、职务、职位的过程。职业生涯不仅仅是职业活动，而且包括与职业有关的行为和态度等内容。职业生涯规划也叫职业规划，就是对个体职业生涯乃至人生进行持续的系统的计划的过程。一个完整的职业规划由职业定位、目标设定和通道设计三个要素构成。职业规划对个体认识和定位是重要的，"知己"与"知彼"同等重要。职业规划会给个体以清晰的发展目标，有目标的个体才能抗拒短期的诱惑，才会坚定地朝着自己的方向前进，有目标的个体才会感觉充实。个体只有找准自己的角色定位才能取得最大的成功，做自己喜欢的事情，做到极致最容易成功。很多时候失败的个体不代表没有能力，而是角色定位的失败。职业规划正是对个人角色的有效定位的方式。而自我认知是整个职业生涯规划中最为基础、最为核心的环节，这一环节处理不好或出现偏差，就会导致整个职业生涯规划出现问题。只有全面、客观地认识自我和了解自我，才能对自己未来的职业生涯规划做出准确地把握和合理地规划。

第二节　个人特质与职业匹配

　　大学生职业生涯规划的核心是确定职业目标，进而找准努力方向，增强发展动力。确定职业目标必须考虑社会因素和自身因素，社会因素对职业目标的确定有着重要的影响，自身因素对职业目标确定的作用则更加突出。高校学生只有通过分析自身气质、性格、能力等因素与职业的关系，把握这些因素对职业选择的影响和作用，才能真正确定自己切实可行并值得终身追求的职业目标。

一、气质与职业匹配

　　分析人的气质、性格、能力等因素的过程就是认识自己的过程。通过对气质、性格及能力与职业的匹配关系剖析，能更加清楚地认识自己，了解自己更适合做什么，在哪些方面更易于取得成功，在哪些方面更易于发挥优势，更能调动自身的工作热情，体现追求的价值。

(一) 气质与气质测试

　　气质是一个人表现在心理活动和动作方面的动力特征，即心理过程和动作发生的强度、速度、灵活性、持久性和心理指向性等方面特点的总和。气质与人们通常所说的"脾气"、"秉性"的意思相近。在人的各项活动中可以看到，有的人活泼好动，反应灵敏；有的人安静稳重，反应迟缓；有的人总是显得十分急躁，情绪明显外露；有的人则总是不动声色，情绪体验细腻深刻。人与人之间在这些心理特征方面的差异或相似，就表现为气质的异同。

　　两千多年前，古希腊的学者希波·克拉底将人分成四种类型：血液型、黄胆汁型、黑胆汁型和黏液型。希波·克拉底指出，人体里有四种液体：出自于心脏的血液、出自于肝脏的黄胆汁、出自于胃部的黑胆汁、出自脑部的黏液。这几种液体在不同的人身体中所占的比例不同，就造成了不同的思维和行为方式，因而也就有四种类型的人。四种体液中血液占优势的就是多血质，黄胆汁占优势的就是胆汁质，黏液占优势的就是黏液质，黑胆汁占优势的就是抑郁质。这就是古代医学上的体液学说，这一学说显然缺乏科学依据。现代医学和心理学家在此基础上，经过科学的实验观察和应用测试，形成了现代气质学说，把人的气质分为多血质、胆汁质、黏液质、抑郁质四类。

下面的 60 道题可以帮助你大致确定自己的气质类型。在回答这些问题时，你认为很符合自己情况的记 2 分，比较符合的记 1 分，介于符合与不符合之间的记 0 分，不太符合的记–1 分，完全不符合的记 –2 分。请回答：

(1) 做事力求稳妥，不做无把握之事。

(2) 遇到可气的事就怒不可遏，想把心里话全说出来才痛快。

(3) 宁肯一个人干事，不愿很多人在一起。

(4) 到一个新环境很快就能适应。

(5) 厌恶那些强烈的刺激，如尖叫、噪音、危险镜头等。

(6) 和人争吵时，总是先发制人、喜欢挑衅。

(7) 喜欢安静的环境。

(8) 善于和人交往。

(9) 羡慕那种善于克制自己感情的人。

(10) 生活有规律，很少违反作息制度。

(11) 在多数情况下情绪是乐观的。

(12) 碰到陌生人觉得很拘束。

(13) 遇到令人气愤的事，能很好地自我克制。

(14) 做事总是有旺盛的精力。

(15) 遇到问题常常举棋不定，优柔寡断。

(16) 在人群中从不觉得过分拘束。

(17) 情绪高昂时，觉得什么都有趣；情绪低落时，又觉得什么都没有意思。

(18) 当注意力集中于一事物时，别的事物很难使你分心。

(19) 理解问题总比别人快。

(20) 遇到危险情景时，常有一种极度恐怖感。

(21) 对学习、工作事业怀有很高的热情。

(22) 能够长时间做枯燥、单调的工作。

(23) 符合兴趣的事情，干起来劲头十足，否则就不想干。

(24) 一点小事就能引起情绪波动。

(25) 讨厌做那种需要耐心、细致的工作。

(26) 与人交往不卑不亢。

(27) 喜欢参加热烈的活动。

(28) 喜欢感情细腻、描写人物内心活动的文学作品。

(29) 工作学习时间长了常感到厌倦。

(30) 不喜欢长时间谈论一个问题，愿意实际动手干。

(31) 宁愿侃侃而谈，不愿窃窃私语。

(32) 别人说我总是闷闷不乐。

(33) 理解问题常比别人慢些。

(34) 疲倦时只需短暂休息就能精神抖擞，重新投入工作。

(35) 心里有话，宁愿自己想，不愿说出来。

(36) 认准一个目标就希望尽快实现，不达目的，誓不罢休。

(37) 同样和别人学习，工作一段时间后，常比别人更疲倦。

(38) 做事有些莽撞，常常不考虑后果。

(39) 老师或师傅传授新知识、技术时，总希望他讲慢些，多重复几遍。

(40) 能够很快地忘记那些不愉快的事情。

(41) 做作业或完成一件工作总比别人花的时间多。

(42) 喜欢运动量大的剧烈体育活动，或参加各种文艺活动。

(43) 不能很快地把注意力从一件事转移到另一件事上去。

(44) 接受一个任务后，就希望把它迅速解决。

(45) 认为墨守成规比冒风险强些。

(46) 能够同时注意几件事物。

(47) 当烦闷的时候，别人很难使你高兴起来。

(48) 爱看情节起伏跌宕、激动人心的小说。

(49) 对工作抱认真严谨、始终一贯的态度。

(50) 和周围的人的关系总是处理不好。

(51) 喜欢复习学过的知识，重复做已经掌握的工作。

(52) 希望做变化大、花样多的工作。

(53) 小时候会背的诗歌，似乎比别人记得更清楚。

(54) 别人说你"出语伤人"，可你并不觉得这样。

(55) 在体育活动中，常因反应慢而落后。

(56) 反应敏捷，头脑机智。

(57) 喜欢有条理而不是很麻烦的工作。

(58) 老师讲新概念，常常听不懂，但是弄懂以后就很难忘记。

(59) 兴奋的事常常使你失眠。

(60) 假如工作枯燥无味，马上就会情绪低落。

确定气质类型的方法如下：

(2)、(6)、(9)、(14)、(17)、(22)、(27)、(31)、(36)、(38)、(42)、(48)、(50)、(54)、(58) 以上15题是胆汁质的得分。

(4)、(8)、(11)、(16)、(19)、(23)、(25)、(29)、(34)、(40)、(44)、(46)、(52)、(56)、(60) 以上15题是多血质的得分。

(1)、(7)、(10)、(13)、(18)、(22)、(26)、(30)、(33)、(39)、(43)、(45)、(49)、(55)、(57) 以上15题是黏液质的得分。

(3)、(5)、(12)、(15)、(20)、(24)、(28)、(32)、(35)、(37)、(41)、(47)、(51)、(53)、(59) 以上15题是抑郁质的得分。

如果某一项得分在20分以上，则为典型的该种气质；如果某两项或三项之间相差不过5分，则为这几种混合气质，略倾向于分值高的选项。

(二) 气质类型的特征分析

通过测试，我们可以确定自身的气质类型。如果要了解各种气质类型的行为表现和心理特点，则需要对四种气质类型的特征进行认真分析。

1. 多血质特征分析

多血质的人活泼，好动，敏感，反应迅速，善于交际，情感易外露。对一切吸引他注意的事物都会做出兴致勃勃的反应，在群体中比较受欢迎，言语富有感染力，表情生动，反应灵敏，但情绪不稳定，喜怒易变，常有不守信用的行为表现。注意力容易转移，对事物的热情维护时间不长；灵活性高，活泼好动，但往往不求甚解；工作适应能力强，讨人喜欢，交际广泛，容易接受新事物，也容易见异思迁而显得轻浮。

2. 胆汁质特征分析

胆汁质的人直率，热情，精力旺盛，情绪易于冲动，为人直爽坦诚，工作主动，行为果断，爱指挥人，心境变化剧烈，脾气急躁，情绪明显外露。但自制力比较差，容易感情用事，行为具有攻击性，又可称"好斗型"。他们对工作、生活中碰到的眼前困难能坚决克服，但如果短期内不能解决困难，则会情绪低落，主动性较差。这种人的情感和情绪发生迅速，爆发力很好，同时，情感和情绪消失得也快；智力活动灵敏有力，但理解问题时容易粗心大意；意志力坚强，不怕挫折，勇敢果断，但容易冲动的缺点会影响决策；他们在工作中热情高，表现得雷厉风行，顽强有力。

3. 黏液质特征分析

黏液质的人安静，稳重，反应迟缓，沉默寡言，善于忍耐，不尚空谈，富有理性。情感不易发生且不外露，自制力强。行动缓慢沉着，善于完成需要意志力和长时间注意的工作。有时情感过于冷淡，行动拘谨，不善随机应变，缺乏创新精神。灵活性低，情绪比较稳定，变化缓慢，喜欢沉思；思维和言行稳定而迟缓，冷静而踏实；对工作考虑细致周到，坚定地执行自己做出的决定，往往对已经习惯了的工作表现出高度热情，而不容易适应新的工作和环境。

4. 抑郁质特征分析

抑郁质的人孤僻，好静，行为迟缓，多愁善感，感情细腻，沉稳冷静，情绪体验深刻，富于想象，工作认真，不轻易许诺。情绪不易外露，善于觉察细小事物。在群体中能周到地领会别人的想法和感觉，但不善于与人交往，在处理事情时优柔寡断，主动性较差；在工作过程中常常显得信心不足，缺乏果断性，交际面较窄，常常有孤独感。

(三) 气质类型与职业的匹配

从多血质、胆汁质、黏液质、抑郁质四种气质类型的特征分析可以看出，每种气质的特征中都有优点和缺点、积极和消极的方面，各有偏重，各有长短。因此，气质类型间不存在优劣、好坏之分，与一个人活动的社会价值和成就高低也无直接关系。但是，气质与一个人处理问题的方式及反应是有关联的，对所从事的工作的性质和效率有一定的影响。

由于不同气质类型的人对同一事情的反应和处置不同，因而对其从事的工作性质和效率产生一定的影响，产生不同结果。气质会影响人活动的特点、方式和效率。一定的职业活动的顺利进行，要求从事者必须具有某些气质特征，发挥其优点，避免其缺点。因此，气质和职业之间存在着一定的匹配关系，各种气质类型都有其较为适应的职业范围。

多血质的人，比较适合做社交性、文艺性、多样化、要求反应敏捷且均衡的职业，而不太适应做需要细心钻研的职业。他们可从事的职业范围广泛，如外交人员、管理人员、驾驶员、医务人员、律师、运动员、公关营销人员、新闻记者、教师、冒险家、服务员、侦察员、警察、演员等。他们不太适合从事流水线工作、出版业和报业的编辑校对、IT 制造业工程师、电子维护及软件工程师等职业。

胆汁质的人，较适合做反应迅速、动作有力、应激性强、危险性较大、难度较高而费力的职业。他们可以成为出色的导游员、公务员、勘探工作者、推销员、节目主持人、演讲者、外事接待人员等。但不适宜从事稳重、细致的职业，如外科医生、财务会计员、计算机程序员、出版和媒体采编人员等职业。

黏液质的人，较适合从事有条不紊、刻板平静、耐受性较高的职业，而不太适宜从事激烈多变的职业。可从事的职业有外科医生、法官、IT 产业人员、编辑、行政人员、出纳员、播音员、会计、调解员、咨询员等，不太适合从事外事人员、公关人员、营销员、媒体策划者等职业。

抑郁质的人，能够兢兢业业地工作，适合从事持久细致的职业，如技术人员、打字、排版员、检录师、化验员、研究员、艺术工作者、护士、心理咨询员、幼儿教师、软件开发人员、机要秘书、保管员等。而不适合从事要求反应灵敏、处理果断的职业，如：演讲主持、推销员、运动员、军事指挥员、探险者等职业。

二、兴趣与职业匹配

兴趣是个体以特定的事物、活动及人为对象，所产生的积极的和带有倾向性、选择性的态度和情绪。每个人都会对其感兴趣的事物给予优先注意和积极地探索，并表现出心驰神往，丁肇中曾经说过："兴趣比天才更重要。"兴趣就像一根无形的指挥棒，是一种无形的动力，当我们面对某件事情或某项活动时，就会很投入，而且印象深刻。而实践也证明：在影响个人职业生涯规划与发展的众多主观因素当中，兴趣起到的作用是最大的。想要准确的找到个人兴趣所在必须要先了解兴趣的含义、产生和发展过程。那么，什么是兴趣？兴趣是怎样发展和影响个大学生职业规划的？

(一) 兴趣的含义

兴趣是人们学习认识、掌握某种事物，并经常参与该种活动的心理倾向。或者说，兴趣是人们积极探究某种事物的认识倾向。例如，你对某种职业感兴趣，就会对该种职业活动表现出肯定的态度，并积极思考、主动探索和追求。

按照兴趣的分类，我们可以把兴趣可分为精神兴趣、物质兴趣和社会兴趣。精神兴趣主要是指人们对精神生活、文化、科学和艺术(如学习、研究、文学艺术、知识)的迷恋和追求。例如绘画、书法、摄影、旅游、写作、发明创造等。物质兴趣主要指人们对舒适的物质生活(如衣、食、住、行方面)的兴趣和追求。他与你的需要相关联，表现为对物质的迷恋和追求，例如收藏的兴趣等。社会兴趣主要是指对社会工作等活动的兴趣。

兴趣又分为直接兴趣和间接兴趣。例如，你喜欢跳舞、打球，可能是因为这些活动本身对你有吸引力，通过这些活动你会获得愉快和满足——这就是直接兴趣；再比如说有的学生想象力丰富，富于创造性，喜欢制作各种模型，在制作过程中，全神贯注，表现出浓厚的兴趣。而间接兴趣主要指对活动过程所产生的结果的兴趣。有的学生业余喜欢绘画，每当完成一幅画，他都会对自己取得的成果表现出极大兴趣。再比如说你可能感到学外语是一件很枯燥的事情，但对它仍然兴致很浓，这并不是学外语本身会给你带来轻松愉快，而是学外语可以继续攻读学位，可以直接了解国外最新信息，可以找到满意的工作，可以出国学习或交流等，是这些结果在吸引你学习——这就是间接兴趣。直接兴趣和间接兴趣是相互联系、相互促进的，如果没有直接兴趣，制作各种模型的过程就很乏味、枯燥；而没有间接兴趣的支持，也就没有目标，过程就很难持久下去。因此，只有把直接兴趣和间接兴趣有机地结合起来，才能充分有效的发挥一个人的积极性和创造性，才能持之以恒，目标明确，取得成功。

(二) 兴趣的产生和发展过程

兴趣的产生和发展一般要经历这样一个过程：有趣-乐趣-志趣。有趣是兴趣过程的第一个阶段，也是兴趣发展的低级阶段，它往往短暂易逝，非常不稳定。处于这一阶段的兴趣常常与你对某一事物的新奇感相联系，随着这种新奇感的消失，兴趣也会自然地失去。

兴趣过程的第二个阶段是乐趣，它是在有趣定向发展的基础上形成的，是兴趣发展的中级阶段。在这一阶段中，你的兴趣变得专一、深入起来，如喜爱网络文学的你很可能会整天沉溺于网络文学作品中。

兴趣发展过程的第三个阶段是志趣，当乐趣与你的理想、奋斗目标以及社会责任感等结合起来的时候，乐趣就便变成了志趣。志趣具有社会性、自觉性和方向性，是我们取得成就的根本动力，也是成功的重要保证。

(三) 兴趣对职业规划的影响

兴趣对大学生职业生涯规划的影响主要表现在以下三个方面：

(1) 兴趣是职业生涯选择的重要依据——兴趣是最好的老师，是一种强大的精神力量。兴趣可以使人集中精力去获得你所喜欢的职业知识，启迪智慧并创造性地开展工作。当一个人对某种职业发生兴趣时，他就能发挥主观能动性；就能积极的感知和关注该职业知识、动态，并且积极思考，大胆探索；就能情绪高涨、想象丰富；就能增强记忆效果，增强克服困难的意志。反之，"强按牛头不喝水"是不会取得良好效果的，当然也就很难在该职业上发挥个人的优势、做出巨大贡献了。正像你在日常生活中喜欢从事自己感兴趣的活动一样，具有一定兴趣类型的你更倾向于寻找与此有关的职业，特别是在外界环境限制较小时，你更倾向于选择自己感兴趣的职业。

(2) 兴趣可以提高你的工作效率，充分发挥你的才能——一个人对某一方面的工作有兴趣时，枯燥的工作会变得丰富多彩、趣味无穷。兴趣使工作不再是一种负担，而是一种享受。因为兴趣可以调动人的全部精力，以敏锐的观察力、高度的注意力、深刻的思维和丰富的想象力投入工作，促进你能力的发挥，兴趣和能力的合理结合会大大提高工作效率。曾有人进行过研究：如果你从事自己感兴趣的职业，则能发挥你的全部才能的 80%～90%，而且长时间保持高效率而不感到疲劳；而对所从事工作没有兴趣，只能发挥你全部才能的 20%～30%。

(3) 兴趣是保证职业稳定、职场成功的重要因素——对某一职业有浓厚的兴趣，是智力开发的"孵化器"。兴趣是工作动力的主要源泉之一。对于一个人来说，对工作感兴趣，就愿意钻研，就会出成就——这正是兴趣的作用所在。一般来说，兴趣是你职业生涯适应的一个基本方面，可以为职业生涯选择提供有效的信息。兴趣主要用于预测你的工作满意感和工作稳定性，工作满意是职业生涯适应的一大标志。在其他条件相似的情况下，从事自己感兴趣的职业不但让你感到满意，而且能够让你的工作单位感到满意，并由此导致工作的长期性和稳定性。此外，多方面的兴趣可以使人善于应付多变的环境。如需变换工作，只要自己感兴趣，就能够很快地适应这项工作，并能够在新的岗位很快地熟悉和适应新的工作。因此，兴趣是职场成功的一个重要因素，它能将你的潜能最大限度地调动起来，使你长期专注于某一方向，做出艰苦的努力，取得令人瞩目的成绩。

一个人如果能根据自己的爱好去选择职业生涯，他的主动性将会得到充分发挥。即使十分疲倦和辛劳，也总是兴致勃勃，心情愉快；即使困难重重也绝不灰心丧气，而是想尽办法，百折不挠地去克服它，甚至废寝忘食，如醉如痴。爱迪生就是一个很好的例子。他几乎每天都在实验室里辛苦工作十几小时，在那里吃饭、睡觉，但丝毫不以为苦。"我一生中从未间断过一天工作。"他宣称，"我每天其乐无穷。"难怪他会成功。

因此，在选择长期、稳定的大学生职业生涯规划时，不仅需要知道自己有能力从事什么样的工作，更重要的是需要知道自己对哪类工作感兴趣。只有将能力和兴趣结合起来考虑，才更有可能规划好职业生涯并取得职业生涯的成功。

三、价值观与职业匹配

价值观是一种内心尺度，支配着人的行为、态度、观察、信念、理解等，支配着人认识世界、明白事物对自己的意义和自我了解、自我定向、自我设计等，也为人自认为正当的行为提供充足的理由。我们这里考察的职业价值观，在于探讨人们在职业选择和职业生活中，在众多的价值取向里，优先考虑哪种价值。

(一) 价值观的含义与特征

1. 价值观的意义

工作价值观也叫职业价值观，是价值观在所从事的职业上的体现，是人们对待职业的一种信念和态度，或者在职业生涯中表现出来的一种价值取向。职业价值观是个人对某项职业的价值判断和希望从事某项职业的态度倾向，即个人对某项职业的希望、愿望和向往。职业价值观表明了一个人通过工作所要追求的理想是什么，是为了财富，还是为了地位或其他因素。是指无论你从事什么工作，都会努力在工作中追求的东西。从另一个角度来讲，工作价值观就是你最期待从工作中获得的东西。

价值观是个体在后天成长过程中于环境互动中逐渐形成的，一旦形成，便具有较强的稳定性，对人们的行为起着强有力的内在动力和支配作用。价值观是一个重要的决策因素，学生在职业决策中的许多困惑和决断困难往往与价值观有重要关系。对自己的价值观有清楚认识的人在做职业生涯决策时较为容易，他们清楚什么对于自己更重要，并在选择中坚定自己的决定。大学生正处于职业价值观尚未完全定型的阶段，容易陷入误区，如盲目从众、追求热门而忽视自身的特点。要正确地看待自己的人生以及个人与国家、社会、他人的关系，树立正确的职业价值观。

2．价值观的特征

价值观具有相对的稳定性和持久性。在特定的时间、地点、条件下，人们的价值观总是相对稳定和持久的。比如，对某种事物的好坏总有一个看法和评价，在条件不变的情况下这种看法不会改变。但是，随着人们的经济地位的改变，以及人生观和世界观的改变，这种价值观也会随之改变。这就是说价值观也处于发展变化之中。价值观是人形成的一种关于某种价值的观念，它具有持久、稳定的特点，而且会一直支配着人的日常行为和活动。价值观的特性可以概括为以下几个方面。

(1) 价值观是因人而异的。由于每个人的先天条件和后天环境不同，人生经历也不尽相同，每个人的价值观的形成会受到不同的影响，因此，每个人都有自己的价值观和价值观体系。在同样的客观条件下，具有不同价值观和价值观体系的人，其动机模式不同，产生的行为也不同。

(2) 价值观是相对稳定的。价值观是人们思想认识的深层基础，它形成了人们的世界观和人生观。它是随着人们认知能力的发展，在环境、教育的影响下，逐步培养而成的。人们的价值观一旦形成，便是相对稳定的，具有持久性。价值观在特定的环境下又是可以改变的。由于环境的改变、经验的积累、知识的增长，人们的价值观有可能发生变化。

(二) 价值观在职业生涯规划中的应用

从理想、信念和世界观角度对价值观的分类及适合的职业类型分析。职业价值观指人生目标和人生态度在职业选择方面的具体表现，也就是一个人对职业的认识和态度以及他对职业目标的追求和向往。同时也是人认识世界和改造世界以实现人生价值的途径之一。

理想、信念、世界观对于职业的影响集中体现在职业价值观上。俗话说："人各有志。"这个"志"表现在职业选择上就是职业价值观，它是一种具有明确的目的性、自觉性和坚定性的职业选择的态度和行为，对一个人职业目标和择业动机起着决定性的作用。

每种职业都有各自的特性，不同的人对职业意义的认识及对职业好坏有不同的评价和取向，这就是职业价值观。职业价值观决定了人们的职业期望，影响着人们对职业方向和职业目标的选择，决定着人们就业后的工作态度和劳动绩效水平，从而决定了人们的职业发展情况。哪个职业好？哪个岗位适合自己？从事某一项具体工作的目的是什么？这些问题都是职业价值观的具体表现。职业专家通过大量的调查，从人们的理想、信念和世界观角度把职业分为以下九大类：

1．自由型(非工资工作者型)

特点：不受别人指使，凭自己的能力拥有自己的小"城堡"，不愿受人干涉，想充分施展本领。

相应职业类型：室内装饰专家、图书管理专家、摄影师、音乐教师、作家、演员、记者、诗人、作曲家、编剧、雕刻家、漫画家等。

2．经济型(经理型)

特点：他们断然认为世界上的各种关系都建立在金钱的基础上，包括人与人之间的关系，甚至父母与子女之间的爱也带有金钱的烙印。

相应职业类型：各种职业中都有这种类型的人，商人为甚。

3．支配型(独断专行型)

特点：相当于组织的一把手，无视他人的想法，不听取他人的意见。

相应职业类型：进货员、商品批发员、旅馆经理、饭店经理、广告宣传员、调度员、律师、政治家、零售商等。

4．小康型

特点：追求虚荣，优越感也很强。很渴望能有社会地位和名誉，希望常常受到众人尊敬。欲望得不到满足时，由于过于强烈的自我意识，有时反而很自卑。

相应职业类型：记账员、会计、银行出纳、法庭速记员、成本估算员、税务员、核算员、打字员、办公室职员、统计员、计算机操作员等。

5．自我实现型

特点：不关心平常的幸福，一心一意想发挥个性，追求真理。不考虑收入、地位及他人对自己的看法，尽力挖掘自己的潜力，施展自己的本领，并视此为有意义的生活。

相应职业类型：气象学者、生物学者、天文学家、药剂师、动物学者、化学家、科学报刊编辑、地质学家、植物学者、物理学者、数学家、实验员、科研人员等。

6．志愿型

特点：富于同情心，把他人的痛苦视为自己的痛苦，不愿干表面上哗众取宠的事，把默默地帮助不幸的人视为无比快乐。

相应职业类型：社会学者、导游、福利机构工作者、咨询人员、社会工作者、社会科学教师、护士等。

7．技术型

特点：性格沉稳，做事组织严密，井井有条，并且对未来充满平常心态。

相应职业类型：木匠、农民、工程师、飞机机械师、野生动物专家、自动化技师、机械工、电工、火车司机、公共汽车司机等。

8．合作型

特点：人际关系较好，认为朋友是最大的财富。

相应职业类型：公关人员、推销人员、秘书等。

9．享受型

特点：喜欢安逸的生活，不愿从事任何挑战性的工作。

相应职业类型：无固定职业类型。

(三) 当代大学生价值观的现状

进入 21 世纪以来，全球化浪潮对整个人类的认知和生存状态都产生了深远的影响，伴随着全球经济的增长，不同文化和不同地域之间的联系凭借现代媒体、先进的交通工具在更大范围、更多领域、以更快捷的方式得以实现，人们在全球化的进程中逐渐形成了世界性的眼光。然而，在全球化的进程中也出现了负面效应，最为突出的就是由于社会价值观的多样化趋势的发展，人们的价值取向伴随各自的条件、信念与选择的不同，更加呈现出多样化、多向化、多维化、多层化、立体化的状态。在当今一些大学生身上不同程度地存在着政治信仰迷茫、理想信念模糊、价值取向扭曲、诚信意识淡薄、社会责任感缺乏、艰苦奋斗精神淡化、团结协作观念较差、心理素质欠佳等问题。造成这些问题的成因很多，我们应该在对这些成因加以分析的基础上，来探讨应如何加强对大学生价值观的教育，引导当代大学生树立正确的价值观。当代大学生价值观的现状总结说来有以下几点。

1. 政治观方面，政治参与意识强，政治观点正确，但辨别能力较弱

当代大学生热爱党，热爱祖国，热爱社会主义，坚决拥护党的路线方针政策，充分信赖以习近平同志为总书记的党中央，对建设中国特色社会主义道路、实现中华民族的伟大复兴充满信心，同时对任何有损民族利益的言行都是坚决反对的。不少大学生在政治上积极追求进步，入党已成为现今在校大学生的主要政治选择，而他们在申请入党和入党以后，基本上都能在学习、工作、生活上严格要求自己，并起到表率作用。他们的政治敏感度高，参与意识强，关注国内外大事。但也有不少学生政治上辨别能力较弱，表现出激情有余，理性不足。

2. 核心价值观方面，由注重集体利益向关注自身发展转变

市场经济强调公平竞争，自身努力对前途的影响具有关键意义。因此，当前大学生更为关心自我发展，这在扩充自身知识和提高身体素质上都得到体现，当然这有利于个人全面发展。但是事物具有两面性，不难发现，在当代大学生中漠视他人与集体利益的现象广泛存在。有些大学生在自我设计、自我奋斗时，无视他人、社会和国家的需要，只讲自我价值，不讲社会价值，过分强调自我，追求个人利益，而丢弃了集体主义价值观。

3. 价值观标准方面，由讲奉献向追求物质利益转变

社会主义市场经济条件下，人们的价值观由崇尚奉献精神、轻视个人物质利益向追求利益最大化转变。这点较为突出地表现在大学生的择业观上。以往是"我是一块砖，哪里需要哪里搬"。如今自主择业，大学生普遍选择机关单位或知名外企，看中前者的稳定和后者的高薪。另一方面，社会主义市场经济的求利原则也冲击了安贫乐道、鄙视物质利益的传统观念，这对大学生的价值观产生了负面影响。在实现人生追求中，一些大学生缺乏远大的理想抱负，重物质利益而轻无私奉献，重金钱而轻理想追求，重等价交换而不愿奉献，把"挣很多钱"、"当官发财"作为人生幸福的标准，把奢侈、享乐作为人生的最大追求。

4. 价值观评价方面，由单一向多元和宽容转变

我国政治生活氛围日渐融洽，私人空间不断扩大，加之多元价值观的出现，使得价值观评价标准日趋多样化。大学生思想较为开放，易于接受新事物，在评价价值观时，显得较为宽容。他们的价值观评价标准已不再像过去那样单一，对一些新事物表示充分的理解和宽容。

(四) 当代大学生如何树立正确的价值观

1. 认真学习进行思想提升

学习马克思主义哲学、政治经济学、科学社会主义，学会用辩证唯物主义和历史唯物主义的观点和方法去分析问题、解决矛盾；还要学习经济、政治、法律、科技、历史、文

学等方面的知识。除了认真学习外，还要经常进行自我思想的提升，这是一个长期而艰苦的过程，而这个提升最主要的在"内因"。要想很好地自我提升，就要以马克思主义世界观为标准，不断检视自己的思想和行为，进行必要的批评和自我批评，克服任性和偏私。还要敢于向一切错误的思想观念、腐朽的生活方式宣战，要勇于接受组织和群众的监督。

2．引导大学生积极投身社会实践，促进知行统一

想要解决大学生的价值观冲突，就要加强大学生的社会实践。只有投身社会实践，才能正确了解国情，加深对书本知识的理解，并在实践中自觉学习和思考，把经过实践检验的正确思想内化，构建起符合社会规范和时代要求的价值体系。也只有通过社会实践，才能将内在价值最大限度地发挥出来，满足社会和他人的需要，做到内在价值与外在价值的统一，并在为社会做贡献、为群众服务的实践过程中完善和发展自己，积极地把社会认同的道德准则和价值观念内化为自己的东西，实现人生价值观的不断升华。可以开展"三下乡"、敬老院或福利院送温暖等活动，让大学生亲自去开展社会调研，更深刻地了解社会现状，为孤寡老人及需要关爱的孤儿出一份力，从他人的笑脸上看到自己的价值。

3．加强大学生的自我管理和自我教育

大学生自身身心发展是影响大学生价值观变化的主观原因，有效地接受价值观教育，抵制不良网络文化的冲击，需要大学生强化自我管理、自我教育的意识来塑造强大的自制力。大学生价值观的形成是主体与社会相互作用的结果，心理特征是其人生价值观形成和发展的主观因素。要通过开展大学生心理健康教育，消除大学生心理冲突和矛盾，培养学生良好的个性，优秀的品质和思想道德素质，从而达到身心和谐。进入青春期以后，青年人的自我意识有了很大的提高，大学生的自我意识更加强烈，自信心、自尊心和好胜心也更为显著。他们对环境的情绪反应更加强烈，对自己感兴趣的事情表现出较高的热情，对兴趣不大的事情冷漠相待，顺利时踌躇满志，遇挫时无精打采，所以他们的价值观很不稳定。青春期的另一特点就是逆反心理，大学生用怀疑和批判的眼光来审视现实，由于缺少社会阅历，很容易行为冲动、不考虑后果，心理承受能力低，所以必须引导他们形成良好的心理素质，培养强烈的自制力，加强大学的自我管理和自我教育的意识。

4．正确处理理想与现实的关系

人是生活在现实和理想、物质和精神的世界之中的。现实世界、物质世界是人得以生存和发展的基础，理想世界、精神世界则是人生活的动力和价值取向。除去对任何一个世界的追求，都不能算是真正的人生。我们主张每个人都应该有他一定的物质利益追求，反对的是将个人利益置于社会利益之上，唯利是图、损人利己。我们提倡的是将理想和现实、精神和物质统一起来，将个人利益和集体利益结合起来，把个人理想融入全体人民的共同理想当中，把个人的奋斗融入到为祖国社会主义现代化建设事业的奋斗当中。

第三节　自我评价与职业规划

人对自己的思想、动机、行为和个性的评价，直接影响学习和参与社会活动的积极性，也影响着与他人的交往关系。一个人如果能够正确地如实地认识和评价自己，就能正确地

对待和自理个人与社会、集体及他人的关系，有利于自己克服缺点、发扬优点，在工作中充分发挥自己的作用。实事求是地评价自己是进行自我教育、自我完善的重要途径之一。

一、自我评价的内容与方法

自我评价是自我认知的一种形式，主体对自己思想、愿望、行为和个性特点的判断和评价。这种评价可能是积极的，也可能是消极的。自我评价是自己行为的主要调节方式。自我评价较高的人往往具有较高的抱负，可以取得较高的成就。积极的自我评价有助于保持身心健康，有助于适应新环境，有助于摆脱孤独。

(一) 自我评价的内容

(1) 实事求是地评价自己，是进行自我教育、自我完善的重要途径之一。自我评价的发展一般规律是：评价他人的行为——评价自己的行为——评价自己的个性品质，它是自我教育的重要条件。人对自己的思想、动机、行为和个性的评价，直接影响学习和参与社会活动的积极性，也影响着与他人的交往关系。一个人如果能够正确地如实地认识和评价自己，就能正确地对待个人与社会、集体及他人的关系，有利于自己克服缺点、发扬优点，在工作中充分发挥自己的作用。

(2) 自我评价包括一个人对自己的身心状况、能力和特点，以及自己所处的地位、与他人及社会关系的认识和评价。人的知识、才能通常是处于离散、朦胧状态的，需要人们不断地挖掘、发现和开发。每个人从自身兴趣爱好、思维方式的特点、毅力的恒久性、已有的知识结构、献身精神等方面可以作出自我评价。一个心理健康的人易作出恰当的自我评价，他们能体验到自己存在的价值，对自己的能力、性格、优缺点能客观评价；同时，能接受自己，对自己抱有正确的态度，不骄傲也不自卑。心理不健康的人常缺乏自知之明，对自己的优缺点缺乏正确的评价，自高自大，自我欣赏，还有的是自暴自弃。

(二) 自我评价的方法

"人贵有自知之明"，那么怎样才能达到"自知"呢？我们从求职应试的角度回答这个问题。在面试之前，你应当至少从以下几个角度进行自我判断，发现自己的优势和不足，兴趣与潜能，职业适应性等关系重大的个人特征。

1. 从知识结构进行评价

知识结构是指一个人所掌握的知识类别，各类知识相互影响而形成的知识框架以及各类知识的比重。知识结构可以从以下几个方面进行分析。一是自然科学知识和社会科学知识的比重，二是普通知识和特殊知识的比重，三是基础知识和专业知识的比重，四是传统知识和现代知识的比重，等等。这里所讲的"比重"，不仅指数量关系，也指质量关系。在自我评价的过程中或许很难对自己的知识结构有一个精准的结论，但是必须要找出自己特有的或占优势的知识和缺乏的或处于劣势的知识，这样才能发挥优势，弥补不足。在求职应试之前，知识结构的分析有两方面的作用，一是根据自己的知识结构，选择适宜的职业；二是针对应聘职位所需的知识结构，尽快弥补不足，使自己的现有知识结构得到改变以适应职位的要求。

2．从能力结构进行评价

一个人所具备的能力类型及各类能力的有机组合就是他的能力结构。能力的类型多种多样，包括记忆能力、理解能力、分析能力、综合能力、口头表达能力、文字表达能力、推理能力、机械工作能力、环境适应能力、反应能力、应变能力、人际关系能力、组织管理能力、想象能力、创新能力、判断能力，等等。从不同角度或不同层面，可以划分出不同的能力类型，每个人所具备的能力结构是不同的，甲和乙可能会有不同的能力，而且即使共同具有一种能力，能力的大小也会有所差别。

求职面试前，对自己的能力结构进行判断分析是必要的，不同的职业、不同的职位需要不同的能力结构。发挥自己能力方面的优势，避开能力方面的欠缺，是事业成功一个十分有利的条件。那么，如何来分析评价自己的能力结构呢？一是凭自己的直觉来判断，二是凭经验来判断，三是通过同别人的比较来判断，四是从别人对自己的评价来判断，五是借助能力倾向测验来判断，等等。

3．从个性心理特征进行评价

个性是决定每个人心理和行为的普遍性和差异性的那些特征和倾向的较稳定的有机组合。个性心理特征主要包括气质和性格两个方面。气质是与个人神经过程的特性相联系的行为特征。气质类型一般划分为多血质、胆汁质、黏液质、抑郁质四种。这四种类型为典型的气质类型，属于这些类型的人极少，多数人为中间气质型，即以某一气质为主，结合着另一气质型的一些行为特征。人们的气质存在着相当大的差异，对自己的气质类型做出评判，选择适于自己的工作，对每个人都是十分必要的。性格是个人对现实的稳定态度和习惯性的行为方式。与气质相比，人们的性格差异更是多样而复杂的。

二、自我评价的功能

(一) 自我功能

自我功能，就是说自我评价对人的自我发展有着特殊的意义。按照伯恩斯(Burns)的看法，自我概念对人自己有着重要的心理作用。这些功能包括：保持内在一致性、决定个人对经验怎样解释和决定人们的期望。个人怎样理解自己，是其内在一致性的关键部分。个人需要按照保持自我看法一致性的方式行动。事实上，已经有不少心理学家和教育家对自我评价的这种特殊功能有所关注。他们认为，自我评价具有个人行为定向的功能。自我评价的自我功能从性质上可以分为两种：积极的和消极的作用。每一种功能如果不能得到正确发挥，就可能变成消极的作用。而自我评价的消极功能将不利于个人的自我发展、自我完善和自我实现。因此，需要通过教育等恰当的方式引导人们的自我评价的积极功能发挥。自我评价的自我功能至少可以归总为以下几个方面。

1．自我发展功能

自我评价会促使人们进行自我验证，从而为自我发展提供动力。根据心理学的有关研究成果，一旦人们有了自我评价，就会努力确证其自我概念。特别是当自我评价为否定性的时候以及跟维护肯定性的自我评价的愿望相冲突的时候，人们就会进行自我校验。人们甚至喜欢跟那些能够维护人们的自我评价的人生活在一起。有的人之所以能够跟那些让自己并不快乐的人在一起，就是为了证明自己的自我评价是正确的。自我验证会促使主体去表现自己，通过实践证明自己并给主体提供发展的机会。即使主体的评价不正确，通过自我验证的过程可以提高主体的自我反思能力，在自我反思中主体会得到自我提高。

自我评价在很大程度上还会自我敦促，促使主体维持自我的一致性。人们通常会竭力在自己的各种信念和自我评价中间维持一致，不至于彼此冲突，这样就会经常导致人们的自我评价和实际行为之间的差异。因为自我评价一旦形成，人们就容易坚持自己的自我评价，而实际行为却必须符合环境的变化，环境会迫使人们采取的行为跟人们自我评价所预期的行为之间就会出现区别。也就是说，评价中的自我和行为中的自我不会始终一致。当实际的结果低于人们自以为能够达到的目标的时候，人们就会感到沮丧、不满意以及产生其他各种郁闷感。当实际的结果低于人们自以为应该达到的目标的时候，人们就会感到害怕、担忧以及产生其他各种焦虑感。善于自我敦促的人会采用各种方法来减少自我评价和实际行为之间的这种差异。这样就有可能消除自我评价中不正确的因素，从而使自我评价更加正确。在自我评价的意义上，自我发展是指不断提高做出正确自我评价的能力。

2．自我实现功能

跟自我验证功能密切相关的是自我评价能够促使主体进行自我证实，并为自我实现提供动力。根据心理学的有关研究成果，一旦人们对自己形成了相对完整和定型的评价，就会想方设法通过证实自己的能力来减少对这种自我评价有威胁的各种负面影响。

3．自我完善功能

自我评价有利于主体的自我完善。根据心理学的有关研究成果，当人们形成自我评价之后，有的时候会感到自我评价的某个方面受到威胁(挑战)。在这样的情况下，他就会加倍努力地寻求对这种自我评价的社会承认。

心理学的有关研究成果还表明，自我评价对自我完善的促进作用还表现在它有利于主体的自我提高(Self-Enhancement)。人们通过自我评价来进行自我形象管理。为了有效地管理自己的形象，人们会经常自我检查(自我评估)，并有意识地对他人关于自己的印象进行管理。也就是说，人们会运用自我提高机制来完善自我，例如通过得体的衣着、言语等。同时，这也是为了使他人对自己感觉良好的，例如获得他人的恭维，因此自我提高实际上是改善他人对自我的印象。这也反映出，人们的自我评价不是孤立的，而是跟他人的评价密切不可分的。善于自我评价的人会利用他人的评价来反思自己、修正自己的评价，并努力争取让他人对自己获得更高的评价。

不过，在心理学中，因自我评价导致的"自我发展"、"自我实现"和"自我完善"与哲学中的相应概念似乎还有区别。在心理学中，这些概念是更加个体化的概念，因为在心理学中，人是以个体为实体性存在的。社会、文化等只是个体的存在环境。而哲学中的这些概念跟人的社会性是紧密相关的。在哲学中，人是社会的人。"人的本质不是单个人所固有的抽象物，在其现实性上，它是一切社会关系的总和。"所以，"自我发展"、"自我实现"和"自我完善"都跟社会的需要联系在一起。

(二) 社会功能

自我评价不但具有特殊的自我功能，还具有特殊的社会功能，因为它在一定程度上会影响人与人之间的相互关系，也影响一个人对待他人的态度。心理学的研究表明，人会有一种自我评价维护的意识。人们在形成自我评价之后，就会关注别人如何对待自己。如果别人(例如朋友、同事、上级)说一些让你感觉不舒服的话，你就会感到自己的自我评价受到了威胁，就会远离这些让你不舒服的人，尽量让他们的行为和态度跟你变得不相干起来，从而维护自己的自我评价。在这种情况下，有的人如果善于自我反思，就会努力自我改进，从而促进自身的发展，但有的人也可能自我封闭。这表明，人们的自我评价影响着他们跟别人的交往方式。

1．自我评价影响人与人的社会关系

心理学家和社会学家还做过许多研究，来看自我评价在多大程度上以及如何影响人与人的社会关系。研究发现，当一个人为另外一个人帮了什么忙的时候，他在以后就会更加喜欢给这个人帮更多的忙。因为他会通过这样的方式来证明自己对自己能力的评价：我有价值，我能够帮助别人。这样的现象在心理学里被称为富兰克林效应。同样的，如果一个人第一次开始恨另外一个人，他就会越来越恨或是讨厌他。

2．自我评价还影响对他人的评价

不能正确评价自己的人一般也不大会正确评价别人。心理学和社会学的研究发现，人们如何评价别人，就会以什么样的方式对待别人。也就是，人们的评价决定态度。而不同的态度就必然有不同的行为，从而导致不同的人际关系。正如有的研究者所指出的，自我评价与三个因素有关，一个是评价别人，另一个是他人对自己的评价，还有就是他人的自我评价。它们与自我评价一起构成了"自我感觉"的"压力表"。从整个社会的心理健康角度来说，正确的自我评价有着重要的意义。首先，他人评价对一个人的心理有重大影响。当一个人对别人的评价正确、适度，从别人那里获得的对自己的评价跟自我评价相吻合时，其自我感觉就会良好，内心处于平稳正常的心理状态之中；反之，如果一个人所期望得到的别人的评价和对别人的评价与自我评价不相一致、或高或低时，就会产生心理失衡，导致自我评价障碍的发生。其次，评价别人对心理也会有影响。如果一个人能够正确评价别人，他会感到自己有良好的评价和认识他人的能力。就是经常说的"看人很准确"。这样，他会增加人际交往的自信心和自豪感。最后，他人对他们自己的自我评价也对这个人有心理作用。如果一个人的交往圈里都能或者大都能做出正确的自我评价，对此人的自我评价必然会有帮助，在观察和潜移默化中，此人也会不断学会自我评价。反过来，如果一个人的交往圈里都不能或者大都不能做出正确的自我评价，此人若能够做出正确的自我评价，他会感到很自豪，心理非常得意，从而更加愿意继续同这些人交往；此人若不能做出正确的自我评价，他也不容易悲观。不过，在一个大多数不能正确评价自己的交往圈里，会表现出两种倾向，继续交往和减少交往。

3．自我评价对人生价值选择也有着重要的影响

人生的自我评价和人生价值选择有着密切的关系。而人生价值包括人生的自我价值和人生的社会价值。"人生的自我价值从本质上说就是人生在世对于人自身的生存和发展的满足；社会的存在和发展是社会的基本需要，人生的社会价值从本质上就是人生在世对于社会的存在和发展的满足。社会是由人和人的实践活动组成的。个人离不开社会，社会也离不开一个个具体的个人。从社会方面来说，社会需要实质上不过是一个特定环境内人的

需要之外化；如果没有人的需要，社会的需要就失去了根据。"一个人的自我评价往往折射出他对人生自我价值和社会价值的认识和态度。从正确树立人生观和价值观的角度来说，没有正确的自我评价是不可能的。因为不正确的自我评价会导致主体不正确的自我追求，导致对自己和他人、社会的关系不能形成正确认识，从而导致不能做出正确的人生价值选择。正确的自我评价的社会意义就在于它帮助人成为社会人，有健康人生观和价值观的人，使社会充满了人生的正气。

三、自我评价与职业生涯规划配合的原则

(一) 实事求是

实事求是地评价自己是进行自我教育、自我完善的重要途径之一。自我评价的真实性是要求一致。求职者在书写"自我评价"时，千万不要有虚假成分，例如夸大自己的能力、优点或工作经验等。经验丰富的面试官很容易通过求职者的措辞来判断求职者是否中肯而踏实。一旦求职者的话让人感觉到浮夸，面试官往往会不露声色地把求职者的简历淘汰出局。

(二) 描述重点

自我评价要有真正的闪光点。很多人的自我描述没有重点，或者过于大众化，难以让自己胜出。面试官往往希望看到你是否有闪光之处，并且这些闪光之处到底和这份工作有无联系。因此，建议写在自我描述之前，仔细罗列自己的工作经历，回忆自己在以前的学习工作中到底积累了什么样的经验，挑选出自己与其他人的不同之处，以突出自我的经验。同时，如果求职者积累了一定的行业资源，也可以在自我描述中提到这一点，起到画龙点睛的作用。

(三) 语言简练

自我描述的语言风格也是一个值得求职者考虑的问题。自我评价要求做到语言简练。有些人喜欢用极感性的话来吸引面试官的注意，这种做法很可能出奇制胜，但多数情况下是一种冒险。通常来说，语言尽量不要过于口语化，在描述自己的学习能力、团队合作精神等方面时，用语应严谨、平实，让面试官在阅读简历的时候能够充分感觉你对这份工作的诚恳态度。

案例探析

古刹里新来了一个小和尚，他积极主动地去见方丈，殷勤诚恳地说："我新来乍到，先干些什么呢？请方丈支使指教。"

方丈微微一笑，对小和尚说："你先认识和熟悉一下寺里的众僧吧。"

第二天，小和尚又来见方丈，殷勤诚恳地说："寺里的众僧我都认识了，下边该去干些什么呢？"

方丈微微一笑，洞明睿犀地说："肯定还有遗漏，接着去了解、去认识吧。"

三天过后，小和尚再次来见方丈，蛮有把握地说："寺里的所有僧侣我都认识了。"

方丈微微一笑，因势利导地说："还有一人，你没认识，而且这个人对你特别重要。"

小和尚满腹狐疑地走出方丈的禅房，一个人一个人地询问着、一间屋一间屋地寻找着。在阳光里、在月光下，他一遍一遍地琢磨、一遍一遍地寻思着。

不知过了多少天，一头雾水的小和尚，在一口水井里忽然看到自己的身影，他豁然顿悟了，赶忙跑去见老方丈……

世界上有一个人，离你最近也最远，这个人，就是你自己。人这一生最难做到的就是认识自己，所以古希腊的作者在太阳神阿波罗的神庙门上留下了这样的警训："人啊，认识你自己！"看不清自己，不认识自己，结果往往就活不明白，不明白自己为什么要活着，不明白人活着有什么意义。如果活了一辈子，连自己真正想要的是什么、自己应该去干些什么都没搞清楚，又何谈活得幸福、做出成就呢？

第五章　就业准备与求职技巧

　　就业是民生之本，特别是高校毕业生就业，承载着数十万学生及其家庭对美好生活的期盼，同时还关系到民生福祉、经济发展和社会稳定。就业是大学生的人生大事之一，也是毕业生即将走进社会面临的挑战。面对复杂的求职环境，大学生只有了解国家的就业制度和就业政策，根据自己的实际情况和人才市场的需求，充分做好就业准备和熟练地掌握相关求职技巧，才能从一名求职者成功地走上就业岗位，成为一名劳动者、工作者。

第一节　就业制度与就业形势

　　掌握大学生就业制度和就业政策、了解就业市场的形势和动态，是大学毕业生顺利实现就业的前提条件。大学生只有了解就业制度和就业政策，客观认识当前的就业形式，才能进行准确定位，及时转变就业观念，增加求职的成功率，更好地维护自身的权益。

一、大学生就业制度的变迁

　　我国的大学生就业制度经历了统包统分、改革调适过渡以及市场化政策实施三个历史发展阶段。

(一) 统包统分阶段

　　1987 年以前，我国大学生就业由国家负责，按照计划统一分配。在计划经济体制下，由于我国高等教育水平较低且不同地区之间发展不平衡，大学毕业生总量难以适应经济发展对高等人才的需求。因此，为了把人才用于国家最需要发展的领域及行业，政府对毕业生的工作去向有计划地统筹安排。在这一时期，因为大学生供不应求，所以个人无须为就业操心，同时个人也无法掌握自己的工作去向。

(二) 改革调适过渡阶段

　　从 1988 年开始，随着经济体制改革和社会的发展，大学生就业制度也发生了一些变化，开始步入改革调试过渡阶段。概括地讲，与以前相比，20 世纪 90 年代上大学最大的变化就是从"两包"发展到了"两自"。"两包"就是学费由国家包下来，毕业后由国家包分配；

"两自"就是上大学要自己缴费，毕业后要自主择业。其实，早在 20 世纪 80 年代中后期，国家有关部门就开始酝酿毕业生分配制度改革。1986 年，原国家教委出台的《高等学校毕业生分配制度改革方案》明确提出"逐步实行毕业生自主择业、用人单位择优录用的双向选择制度，逐步把竞争机制引入高等学校"。1987 年，清华大学在全国率先尝试组织了用人单位和毕业生的供需见面活动。1989 年，国家正式推出"毕业生自主择业、用人单位择优录取"的双向选择制度，沿用至今。

(三) 市场化政策实施阶段

随着市场经济的逐步建立和高等教育体制的改革，尤其是 1999 年高校大幅度扩招以后，大学生就业制度最终发展为"以市场为导向、政府调控学校推荐、学生与用人单位双向选择"。2000 年，教育部将高校毕业生就业的"派遣证"改为"报到证"，这成为高校毕业生就业步入市场化轨道的新标志，也从性质上表明了毕业生就业自主地位的确立。2002 年 3 月，国务院办公厅转发了教育部、公安部、原人事部、原劳动保障部《关于进一步深化普通高等学校毕业生就业制度改革有关问题的意见》，其中明确提出了新的高校毕业生就业指导思想，"以市场机制为主导"的人才资源配置新机制得以最终确立。后来，为了完善新的就业制度，我国又陆续出台了部分政策和法规，比如《关于组织开展高校毕业生到农村基层从事支教、支农、支医和扶贫工作的通知》、《中华人民共和国劳动合同法》、《中华人民共和国就业促进法》、《就业服务与就业管理规定》、《关于进一步做好新形势下就业创业工作的意见》等，旨在规范就业市场、促进大学生就业的法律法规。

二、现行就业制度的主要内容

现行的就业制度由毕业生就业的有关方针政策、就业管理制度、就业服务保障体系等组成，概括起来主要包括以下几个方面。

(一) 方针政策

我国现行大学毕业生工作的方针政策始终是"贯彻统筹安排、合理使用加强重点、兼顾一般和面向基层，充实生产、科研、教学第一线，在保证国家需要的前提下，贯彻学以致用、人尽其才的原则"，"实行国家宏观调控学校和各级政府推荐学生和用人单位双向选择的就业模式"。

国务院办公厅转发的《关于进一步深化普通高等学校毕业生就业制度改革有关问题意见的通知》及中共中央办公厅国务院办公厅下发的《关于引导和鼓励高校毕业生面向基层就业的意见》对当前大学生相关就业政策做出了详细的规定。

(1) 取消高校毕业生的入户限制。除直辖市外，省会及省会以下城市放开对吸收高校毕业生落户的限制。省会以上城市也要根据需要简化手续，放宽高校毕业生的落户规定。公安部门根据应届毕业生提供的与用人单位签订的《全国普通高等学校毕业生就业协议书》、《普通高等学校毕业证书)和《全国普通高等学校毕业生就业派遣报到证》办理落户手续。

(2) 延长毕业生两年择业期。根据规定，对毕业离校时未落实工作的高校毕业生，只要在两年内落实单位接收，国家负责派遣；对于超过两年仍未落实工作单位的高校毕业生，学校和档案管理机构会将其在校户口和档案迁回其入学前的户籍所在地。

(3) 取消毕业生就业的不合理收费。为了使大学毕业生能够顺利就业、满意就业，国家取消对高校毕业生收取的城市增容费、出省(自治区、直辖市)费、出系统费等不合理的收费，真正实现人才的自由流动、合理流动。

(4) 国家鼓励大学毕业生到非公有制单位就业。对到非公有制单位就业的高校毕业生，公安机关要放宽建立集体户口的审批条件，及时办理落户手续；用人单位要按照国家有关规定与毕业生签订劳动合同，为其办理社会保险手续，交纳社会保险、医疗保险，保障其合法权益。

(5) 国家鼓励和支持大学毕业生自主创业。为鼓励和支持高校毕业生自主创业，工商和税收部门要简化审批手续，积极给予支持。从事个体经营和自由职业的毕业生，可将档案存放在其常住地经人事部门授权的人才交流机构或县级以上政府授权的公共职业介绍机构，并按当地政府的规定，到社会保险经办机构办理社会保险登记，缴纳社会保险。

(6) 国家鼓励大学毕业生到西部、到基层、到农村、到中小企业去就业。国家规定对于原籍在中东部的大学毕业生到西部工作实行来去自由的原则；大学毕业生可提前定级，放宽专业技术资格、职务评定标准，适当提高工资标准。

(二) 就业管理制度

目前我国的大学生就业管理制度主要包括人事代理制度和劳动合同制度。

1. 人事代理制度

人事代理在我国是指在社会主义市场经济条件下，经组织人事部门批准或授权指定的人才服务机构，受单位和个人委托，运用社会化服务方式和现代化手段按指定的法律和政策规定为其代办的有关人事业务，是现代人事管理制度的重要组成部分。简单地说，人事代理是政府人事部门所授权的人才交流服务机构，接受各类用人单位或个人的委托，代为管理与办理人事关系和人事业务，提供人事人才社会化服务。

人事代理是社会主义市场经济条件下人事管理制度的创新。对毕业生而言，实行人事代理有利于保障毕业生的合法权益，解决毕业生的后顾之忧；有利于各类毕业生合理流动和发挥作用，实现毕业生的社会价值。

人事代理服务为毕业生提供的主要服务内容包括：为毕业生管理人事档案专业技术职务任职资格(工人技术等级)的认定、考核和晋升的申报；办理专业技术人员任职资格的申报，办理大中专毕业生见习期满后的转正定级手续；按照有关规定为存档人员出具有关证明材料，如报考研究生婚姻登记、办理独生子女手续留学、出国等；为毕业生转接党团组织关系，建立流动人员党团组织，开展党团组织活动；为毕业生代办失业、养老等社会保险业务。

2. 劳动合同制度

劳动合同是劳动者与用人单位为建立劳动关系而达成的协议，也称劳动契约。劳动合同制度是一项重要的劳动法律制度，它包括有关劳动合同的订立、履行、变更、解除和终止，违反劳动合同的责任，劳动合同纠纷的调解和仲裁，劳动合同的管理等一系列劳动法律法规和规章制度。

我国于 1980 年开始在中外合资经营企业中实行劳动合同制。1982 年 2 月，原劳动人事部发出了《积极推行劳动合同制的通知》，在全国试行劳动合同制。1994 年国家颁布了《劳动法》(1995 年 1 月 1 日开始实施)，从而确立了劳动合同制的法律地位，为全员(包括非国有企业以及个体经济组织中的劳动者等)实行劳动合同制提供了基本的法律依据。为了完善劳动合同制度，明确劳动合同双方当事人的权利和义务，我国在 2007 年 6 月 29 日修订通过了《劳动合同法》，并于 2008 年 1 月 1 日正式实施。现行的《劳动合同法》在这一基础上于 2012 年 12 月 28 日进行了修正，其中对"经营劳务派遣业务应当具备下列条件"等条例内容做了修改。

需要注意的是，新《劳动合同法》改变了《劳动法》以劳动合同为劳动关系建立标志的做法，规定用人单位自用工之日起即与劳动者建立起劳动关系。但是，毕业生仍然要重视劳动合同的签订工作，因为书面劳动合同是一份有力的合同证据，它能在劳动合同发生争议时，提供原初的事实材料，也是劳动者维权的直接依据。毕业生应该注意签订书面合同的时间以及合同到期后续订的时间，以维护自己的权利。

(三) 就业服务保障体系

大学生的就业服务保障体系主要包括以下几项内容。

1. 毕业生就业指导与服务体系

就业指导与服务体系的宗旨是为大学生就业服务提供全方位、高质量、方便快捷的指导和服务，其功能有信息服务、就业咨询服务、职业指导服务、职业介绍服务、职业培训服务、社会保障服务等。构建毕业生就业指导与服务体系是全国高校面临的一个全新的课题。近几年，高校就业指导机构在逐步摆脱了计划体制下学生分配的行政职能之后发展起来，以科学的发展观来建设毕业生就业服务体系，对毕业生就业工作常抓不懈，以市场和社会需求为导向来为广大毕业生提供更多的就业指导与服务。

2. 劳动关系调整体系

劳动关系调整体系是劳动就业保障工作的重要组成部分。做好劳动关系调整工作不仅是在用工行为和就业行为市场化之后协调用人单位和劳动者劳动关系的需要，更是当前深化企业改革和维护社会稳定的需要。劳动关系调整是对供需双方在生产和工作中的义务与权利、合作与冲突等相互交织的各种关系(如劳动报酬、劳动保护等)予以调整。劳动关系调整体系一般由政府、用人单位及员工组成。

3. 社会保障体系

社会保障体系是指社会保障各有机部分组成的相互联系、相辅相成的总体。完善的社会保障体系是社会主义市场经济体制的重要支柱，关系改革、发展、稳定的大局。我国的社会保障体系包括社会保险、社会救助、社会福利、优抚安置和社会互助、个人储蓄积累保障等。社会保障体系是社会的"安全网"，它对社会稳定、社会发展有着重要的意义。

4. 法律法规体系

通过制定相关法律法规、制度等，建立健全监督机制和服务保障机制，规范就业市场主体的行为，保护大学生和用人单位的权益，使大学生可以在更加公平、公正、公开的环境下择业。

三、当前大学生就业形势

(一) 大学生就业现状

近年来，大学生就业难是众所周知的事实。大学生就业形势可以扼要地概括为总量矛盾和结构矛盾。

所谓总量矛盾，就是指毕业生人数快速增加，就业竞争激烈，就业供给大于需求，就业率有所下降。根据麦可思公司发布的中国 2014 届至 2016 届大学毕业生培养质量跟踪评价，包括"受雇全职工作"、"受雇半职工作"、"自主创业"、"毕业后入伍"四类已就业率平均值为 77.9%，含"无工作，继续寻找工作"等其他情况的未就业率平均值为 22.1%，但 2016 届未就业率比例略高于 2015 届、2014 届。2017 年全国高校毕业生人数达 795 万人，较 2016 年增加 16 万人。2018 届全国普通高校毕业生预计 820 万人，占到城镇新增劳动力的一半还多，就业工作任务更为繁重、艰巨。

大学生就业情况基本反映了我国劳动力供给总量过剩的状况。随着国有经济的战略性改组和结构大调整，以及经济增长方式的转变，我国大量的劳动力被释放出来。根据教育部统计数据，自 2011 年以来，全国毕业生人数按照 2%～5% 的同比增长率逐年增长，近 7 年间累计毕业生人数达到 5075 万人。全国 16 岁以上劳动年龄人口增长逐渐达到高峰。从需求情况看，如果经济增长和就业弹性维持近年来的平均水平，一年可增加就业岗位 800 万个左右，加上自然减员提供的就业岗位，仍然无法满足需求。据估计，我国近十年，伴随着经济的增长，每年平均新增劳动力需求仅在 675 万～1031 万之间，即使劳动力需求达到最高预测值，每年劳动力供给也超过劳动力需求 900 多万。

所谓结构矛盾，就是指不同区域、学校、专业、学历之间的就业情况存在严重的不平衡，存在"一边岗少人多，另一边有岗无人"现象，岗位资源难以有效匹配。从区域来看，东部地区人才供给严重大于需求，而不少中西部地区虽然有用人需求，但由于工作和生活条件艰苦，往往招不到合适的人才，出现了"有人没地方去，有地方没人去"的现象。从院校类别看，教育部直属院校的毕业生就业情况好于其他层次的院校，其中地方院校较差。从学历看，用人单位对学历高的毕业生的需求高于对学历低的毕业生的需求，研究生供需比约为 1∶2.6，本科生约为 1∶1.3，专科(高职)生约为 1∶0.4。从专业看，对一些紧缺专业如计算机、通信、电子、土建、自动化、机械、医药和师范等科类的毕业生需求旺盛，毕业生供不应求，而对一些长线专业如哲学、社会学、经济学、法学等科类的毕业生需求较少。从人才类型看，企业急需的实践型、技能型人才存在较大缺口，2016 年中国劳动和社会保障部发布的劳动力市场调查报告显示，劳动力市场中的高技能人才依然供不应求。从供求状况对比看，各技术等级劳动力需求大于供给。

(二) 大学生就业形势严峻原因分析

造成当前大学生就业形势严峻的原因是多方面的，比如，教育体制、专业结构、就业制度、就业政策、劳动力市场建设等。具体来看，当前影响和制约大学生就业的原因主要有以下几点。

1．我国整体就业形势稳中有隐忧

根据国家人力资源和社会保障部报告，当前我国就业形势总体稳定，变动不明显，但是稳中也有隐忧。2012 年以来，我国劳动年龄人口呈现总量持续下降趋势。但是受教育等因素影响，劳动者进入劳动力市场存在滞后期，就业总量的压力依然比较大。同时，就业结构性矛盾更加突出，有一些企业很难招到技能人才、高层次人才，也有些劳动者很难实现稳定就业。此外，区域、行业、企业就业情况的分化趋势也在凸显，结构性和摩擦性失业增多，特别是这两年过剩产能加速出清，职工安置的任务非常繁重。加上国际形势复杂多变，国内经济下行压力在持续加大，结构调整深入推进，就业面临复杂严峻的形势。

2．大学生的就业观念亟须转变

大学毕业生就业观念错误也是造成当前就业困难的原因之一。目前，大学生求职时出现了"三多三少"的现象，即东部多、西部少，城市多、农村少，外企多、国企少。部分大学生宁在城市做不适合自己的工作，也不愿到农村更好地发展；宁肯留在城市待业，也不肯到基层，到艰苦地区创业。还有部分大学生盲目跟风，忽视了学生自身适应性，不能根据实际调整就业目标。部分学生受传统就业观念的影响，依然认为大学生是稀缺的人才资源，存在着身份优越感，对岗位期望值过高，缺少吃苦耐劳、敢于冒险的创新精神，受社会不良风气的影响，就业信息不对称导致学生形成了消极的就业价值观。

另外，很多家庭对大学生就业的期望值较高，认为公务员、事业单位才是体面的工作，才会有发展的前途，对大学生自主创业和多种形式灵活就业不能认同，这些情况都对大学生就业产生了不利影响。其实，从经济理论上分析，当劳动力供给受市场调节后，劳动力价格主要取决于供求关系，劳动力过剩的状况必然决定了劳动力价格的下跌。随着中国的高等教育从精英教育走向平民教育，毕业生就业市场由卖方市场向买方市场转变，人力资本的投资回报呈下降趋势也是必然的。所以在当前的就业形势下，大学生个人的就业观念需要有一个转变，全社会对大学生的就业观念也需要调整。

3．大学毕业生的就业机制和就业政策有待完善

虽然国家已经明确了大学生就业实行"双向选择"的市场就业模式，也制定了许多促进大学生顺利就业的政策，但是大学生的就业机制仍存在不少问题。一是政策支持不到位。关于支持大学生创业就业的贷款、扶持政策在各地普遍存在执行难等问题，在某些地区还存在着户籍限制，造成了毕业生就业过程中由于户籍关系而无法实现跨地区就业，政策执行总体上还处于欠缺状态。比如国家政策规定大学生毕业两年内可以由学校保留档案，但由于派遣指标仅在当年有效，到下一年就不再办理报到证，使得已经找到工作的大学生因为没有指标而不能够派遣，仍然处于不确定的状态。再比如，不少中小型私营(股份)企业急需管理技术人员，却因没有申报用人指标的途径，解决不了大学生派遣、落户、接档案等问题而招不到人，这也导致一些大学生担心自己的身份丧失而对中小企业望而却步。二是就业门槛过高，学历需求过高。现在大多数的用人单位都要有工作经验的毕业生，极大地限制了应届毕业大学生的顺利就业。在大学生就业总体形势不容乐观的情况下，性别歧视明显。用人单位对高学历毕业生的需求量增大，就业与学历层次密切相关，高学历的制约成为了大学生顺利就业的又一个障碍。

第二节　就业准备

了解了就业制度与就业形势后,大学生真正进入求职择业的具体实操第一阶段,就是寻找自己满意的就业岗位。要想有针对性地进行投递简历、应聘测试和面试等一系列的应聘活动,找到合适的就业岗位,就必须做好充分地了解就业途径、科学地收集和处理就业信息、合理地选择用人单位这些必要的就业准备。

一、就业途径的了解

大学生要懂得选择合适的就业途径,才能提高求职的成功率。就业的途径主要包括以下几种。

(一) 校园综合性招聘会

校园综合性招聘会是指高校为本校毕业生举办的校内综合性招聘会。高校每年都会举办1~2场校园综合性招聘会,邀请用人单位集中来校与学生进行供需见面活动。这种招聘会专门针对本校应届毕业生,所招聘岗位要求与本校的专业方向相符或相近,而且来招聘的用人单位多数是学校的合作企业,招用过该校毕业生,较熟悉毕业生的质量,对毕业生有良好的印象。因此,这种求职途径对本校的毕业生来说就业成功率相当可观,专业对口率也相对较高。

(二) 公务员录用考试

公务员考试录用制度是我国干部人事制度改革的一项重大内容。1982年,原劳动人事部在《吸收录用干部的若干规定》中首次提出了"考试录用"的要求。1989年1月,国家在一些部门中试行补充非领导职务,采取"公开考试、严格考核、择优录用"的公务员考试录用制度。1994年6月,国家人事部颁布实施了《国家公务员录用暂行规定》,由此使公务员考试录用工作有法可依,步入了法制化、规范化轨道,并逐步确立了国家行政机关"凡进必考"的用人机制。由于国家公务员的社会地位、工资待遇较高,并具有良好的晋级条件,使得许多人都希望进入到国家公职机关,公务员已成为大学生首选的阳光职业,近年来出现了持续不断的招考热。

(三) 西部志愿者

大学生志愿服务西部计划(简称西部计划)是经国务院常务会议决定,由共青团中央、教育部、财政部、人力资源社会保障部共同组织实施的一项重大人才工程。主要是在教育部公布的全日制普通高校中,于每年6月选拔招募一批应届毕业生,到西部12个省(市、区)贫困县的乡镇一级从事为期1~3年的教育、卫生、农业技术、扶贫以及青年中心建设和管理等方面的志愿服务工作。项目自2003年实施以来,在广大青年中产生了较强示范性和影响力,一批批青年学生踊跃报名西部计划,投身西部地区基层工作,在全社会尤其是在青年中唱响了到西部去、到基层去、到祖国和人民最需要的地方去建功立业的时代旋律。

(四) 三支一扶

中组部、原人事部、教育部等八部门从 2006 年开始组织实施的"三支一扶"(支教、支农、支医和扶贫),引导和鼓励高校毕业生到基层去经受锻炼、健康成长,为促进农村基层教育、农业、卫生、扶贫等社会事业的发展和建设社会主义新农村和构建社会主义和谐社会做出贡献。国家每年招募 2 万名高校毕业生,主要安排到乡镇从事支教、支农、支医和扶贫工作。每年 5 月底前,高校毕业生开始网上报名。各地根据招募计划和实际情况,采取考核或考试的方式进行招募。考核通过的高校毕业生经审核、体检合格后,由省级工作协调管理办公室组织"三支一扶"大学生签署《高校毕业生"三支一扶"计划申请书》,并于每年 6 月底前将"三支一扶"大学生名单上报全国"三支一扶"工作协调管理办公室备案。大学生"三支一扶"服务期一般为 2~3 年,工作期间给予一定的生活、交通补贴,统一办理人身意外伤害保险和住院医疗保险。服务期满考核合格的,经省级工作协调管理办公室审核,颁发由人事部统一印制的《高校毕业生到农村基层服务证书》,作为服务期满后享受相关就业优惠政策的依据。

(五) 应征入伍

每年 4~6 月,有应征意向的毕业生登录报名网(全国征兵网 www.gfbzb.gov.cn)预征报名、确认、填写、打印《应届毕业生预征对象登记表》和《应征入伍高校毕业生补偿学费代偿国家助学贷款申请表》,交所在学校预征工作管理部门。7~8 月,按照兵役机关的统一安排,预征报名毕业生参加体检和政治初审。9 月左右,经审核合格的毕业生凭《入伍通知书》到部队报到,服役期为两年。大学生经过在部队里两年的磨炼,退役后再就业,更受用人单位的青睐。

(六) 升学深造

近年来,国家提升了对本科教育研究型、学术型的要求,而对专科教育则要求向应用型、实用型的技术人才培养过渡。今后对于专科生就是要培养成具有较强的动手和操作能力、能满足生产一线的技术人员。这种培养转型和定位,使得选择毕业后升学深造的大学生越来越多,希望通过提升学历来提升就业层次。

(七) 自主创业

中共中央办公厅、国务院办公厅 2017 年 1 月印发的《关于进一步引导和鼓励高校毕业生到基层工作的意见》中明确规定:支持高校毕业生到基层创新创业。落实国家关于清障减负各项政策,为高校毕业生创新创业营造良好环境。充分挖掘社会组织吸纳高校毕业生就业的潜力,积极发挥社会组织帮扶高校毕业生创新创业的作用。鼓励高校毕业生根据自身专长和区域经济特色,在基层创办企业、从事个体经营或网络创业,并按规定给予就业创业政策支持。教育部 2017 年 12 月下发的《关于做好 2018 届全国普通高等学校毕业生就业创业工作的通知》中指出:省级教育部门要落实创新创业优惠政策,配合有关部门进一步完善落实工商登记、税费减免、创业贷款等优惠政策,为毕业生创新创业开辟"绿色通道"。2018 年 3 月，人社部印发《关于做好 2018 年全国高校毕业生就业创业工作的通知》，要求各地以习近平新时代中国特色社会主义思想为指导，全面贯彻落实党的十九大精神，坚持把高校毕业生就业摆在就业工作首位，以实施就业创业促进计划为抓手，突出创业引领、基层成长两大方向，强化政策落实、服务保障、权益维护，千方百计拓展多元化就业渠道，确保高校毕业生就业水平总体稳定、就业局势基本平稳。

(八) 灵活就业

灵活就业是指在正规形式就业之外的其他就业形式，主要是指在劳动时间、收入报酬、工作场地、保险福利、劳动关系等方面不同于建立在工业化和现代工厂制度基础上的、传统的主流就业方式的各种就业形式的总称。灵活就业可分为三个类别：第一类主要是指小型企业、微型企业和家庭作坊式的就业者，以及虽为大中型企业雇用，但在劳动条件、工资和保险福利待遇以及就业稳定性方面有别于正式职工的各类灵活多样就业形式人员，包括临时工、季节工、承包工、小时工、派遣工等；第二类是由科技和新兴产业的发展以及现代企业组织管理和经营方式的进一步变革引起的就业方式的变革而产生的灵活多样的就业形式，如目前发达国家广泛流行的非全日制就业、阶段性就业、远程就业、兼职就业，如产品直销员、保险推销员等；第三类是独立于单位就业之外的就业形式。

二、就业信息的收集

就业信息就是指通过各种媒介和途径传递的有关就业方面的信息和情报。及时获得就业信息是大学毕业生在激烈竞争中占得先机的先决条件，它不仅可以降低择业的盲目性，而且还可以提高成功率。

(一) 就业信息的来源

信息源是指产生和持有信息的个人、机构或负载信息的载体，产生信息或为了传递而持有信息的系统。就业信息的来源很多，就目前而言，求职者获得就业信息的途径主要有以下几种。

1. 通过学校主管部门获取信息

毕业生就业推荐工作是学校责无旁贷的工作，它们与就业指导机构、社会的方方面面有着密切的联系，通过多年的工作实践与有关部门长期合作，已形成了人才供需网。因此，毕业生与学校就业指导机构建立联系，是毕业生获得就业信息的重要来源和渠道。

2. 从互联网上获取就业信息

随着信息化时代的快速发展，互联网成为大学生求职的主要途径，它具有省时、经济、信息量大、涉及面广且信息集中、便于搜索和选择、求职方便等优势，使得越来越多的大学生开始选择这种求职方式。另外，大多数的注册企业都有自己的网站，用于发布企业基本信息和供求信息。

3. 从劳动部门、人事部门、毕业生分配部门获得信息

这些部门常年向用人单位输送人员，对用人单位的需求情况比较了解，获得的信息比较准确、可靠，并有一定的指导性，是目前大多数中职生求职获得就业信息的主要来源。

4．通过社会交往及社会实践活动获得就业信息

最常见的社会实践活动是毕业实习。实习单位一般比较对口，通过实习可以直接掌握就业信息。此外，在社会交往过程中，通过亲戚、朋友、邻居、老师、校友及其他熟人交流，可以直接或间接地获得有益于择业求职的各类信息。从这些途径中获得的信息准确、迅速，且有效性较高。

5．从各种就业中介机构获得就业信息

常见的就业中介机构有人才交流中心、职业介绍所、就业市场等。在那里既可以通过咨询了解当地就业的规定、实施办法等，也可以获得当地的用人需求信息。与这些机构的联系，不仅可以获取有关的就业信息，而且可得到锻炼或面试的机会。但是，目前对各类职业中介机构的管理不够规范，一些职业中介机构，尤其是职业介绍所，存在着许多不尽如人意的地方，如收费不合理、信息过时、跟踪服务差、承诺不兑现等。毕业生在选择这些信息源时须慎重。

6．通过各种传播媒体获得就业信息

在传媒业高速发展的今天，广播、电视、报刊、杂志等新闻媒体受到了招聘机构和求职者们的共同青睐，如《大学生就业》等每期都刊载有数量不等的招聘信息，除此以外，它还开设"择业指导"和"政策咨询"等专栏，为毕业生就业提供指导。

7．从各种文件中获得就业信息

从国家的有关决议、决定、规划、规定等文件中获得就业信息，也包括各地区发布的有关决定和各种人才流动政策中的信息。这类信息具有较强的宏观指导作用。

8．通过自荐所得反馈来获取信息

毕业生可通过发求职信函、打电话、登门拜访、刊登广告等方式进行自荐。这种方法主动性强，但盲目性较大。在就业信息通道不畅的情况下，也不失为一种获得就业信息的方法。

(二) 就业信息收集原则

知彼知己，是职业生涯成功的基础，每一个职场人士都要学会收集、保存、分析和运用职场信息。就业信息收集工作的好坏，直接关系到求职择业的效果。

1．准确性原则

准确性原则是信息收集的基本原则。一方面要求信息源真实可靠，另一方面在收集信息过程中必须严格分析、筛选，去伪存真。如果我们收集的信息是假信息，不但起不到积极作用，有时还会起反作用。毕业生在收集就业信息时，要深入实际，多观察思考，以保证收集的信息真实可靠。

2．时效性原则

时效性原则是指信息收集中以最少时间、最快的速度对信息及时收集、获取，以提高信息的利用率，就业信息价值的大小，与它收集、传递、使用是否及时直接相关。如能及时收集，及时应用就业信息，就有可能发挥较大作用；反之，就可能降低或失去其使用价值。

3. 目的性原则

目的性原则是为了使信息明确地反映客观事物变化的特征而进行的有目标的信息收集活动。这一原则是由信息收集人根据自身需求决定的，是通过压缩信息虚浮部分、提高信息精密度来实现的。因此，在收集就业信息时，不能漫无边际，而应根据求职择业的实际需要有针对性地进行。如果在就业信息收集过程中不注意目的性，不加限制地收集，就会造成时间和人力上的浪费，影响求职择业活动的实际成效。

4. 系统性原则

系统性原则也称连贯性原则，即避免片面性。一方面要保证信息收集全面、完整。一般而言，各种类型不同的就业信息多以分散的状态存在，集中性不强，连贯性偏弱。这就需要收集人最大范围、最大限度地收集与自身从事职业相关性较强的就业信息，并且经过系统分析、科学提炼。另一方面要坚持重点信息的系统收集，不仅可以了解某一职业的市场状态、工资待遇，更能把握发展方向，达到预期目的，为择业决策提供有力、可靠的信息依据。

5. 开拓性原则

开拓性原则是指收集信息必须具有开拓精神，善于捕捉信息、开发信息的价值。在当今人才市场竞争日趋激烈的情况下，只有抢先得到有关的就业信息，才有可能在求职中处于优势地位。

(三) 就业信息的收集方法及应用

1. 就业信息的收集方法

不仅要依靠丰富的信息源，而且还要有科学的信息收集方法。常见的就业信息收集方法有以下几种。

1) 观察法

观察法是指信息收集者在现场直接利用感官和仪器对客观事物进行仔细考察，从而获得第一手信息的方法。它是收集信息必须掌握的最基本的方法。毕业生在择业前要广泛翻阅各种报纸、杂志，收听广播，收看电视，经常光顾各种中介机构的网络信息平台、广告栏及企事业单位门前的招聘广告或深入企事业单位实地考察。

2) 调查法

调查法是将所要调查的各种问题由调查者当面或通过电话或通过其他形式向被调查者提出询问，通过实地调查了解用人单位情况及自己所关心的问题。其程序一般分为调查准备、调查实施以及分析和总结三个阶段。

3) 投书索取法

投书索取法是信息的收集者给有关单位、部门或个人写信，请他们帮助收集某些信息的方式。采用这种方法一般可免费得到相关的就业信息资料。

4) 咨询法

咨询法即求职者到劳动部门、职业介绍机构及毕业生就业指导机构等单位去咨询，以了解有关的就业信息。提供咨询的机构掌握的社会人才需求信息多而广，并且提供相关用人单位情况的资料供查阅或索取。因此，毕业生应主动地、经常地到有关部门咨询，以获得自己所需要的信息。

5) 交换法

交换法即毕业生之间把自己收集到的信息或资料相互交换。使用这种方法不需要中间环节，可使信息收集迅速、直接，从而节约时间，但要注意避免因重复收集而造成时间与精力的浪费。

6) 购买法

购买法是求职者向就业信息的服务单位有偿获取信息的方法。一般包括订购、选购、代购及复制等。

2．就业信息的应用

就业信息的应用比较广泛，就业信息在求职择业活动中的应用主要有以下几个方面。

1) 确定求职择业目标，选择就业岗位

求职择业目标是求职者期望从事的职业及岗位，确定择业目标的主要依据是：第一，求职者自身的条件，诸如文化素质、所学专业、兴趣爱好、特长等；第二，就业信息，主要指就业政策法规、相关行业及用人单位的情况、人才需求情况等。求职者通过对收集到的就业信息进行处理、选择，结合自己的实际情况，确定择业目标，选择工作单位。

2) 明确应聘、就业程序

明确采用什么样的自荐方式，掌握在求职过程中面谈的技巧，避免由于方法不当而带来择业障碍。

3) 了解职业发展概况，调整学习目标

了解社会各种职业的特点及现代职业对从业人员素质的具体要求，预测所学的知识、技能与就业的适应程度，以调整自身的学习目标。

三、用人单位的选择

当毕业生面临选择实习或就业单位时，要根据自己的实际情况来选择用人单位，用人单位同样也会以他们的要求来选择员工。选择用人单位时究竟用什么样的标准去衡量呢？以下是几个方面情况的分析。

(一) 辨别正式工作岗位和非正式工作岗位

对于公务员，要询问是否进入国家编制，如果不进入国家编制，即为政府雇员；对于国企，不要直接询问自己是否是正式工，他们会义正词严地说："我们这里都是正式员工。"应聘者要注意这里多了一个字：正式"员"工，里面分为正式工和非正式工。应聘者可以通过对此次招聘工作的决策部门的了解进行初步判断。如果是某个业务部门自己在招聘，而不是总部人力资源部出面招聘，则多为非正式工。最后，可以询问招聘人员"转正"的具体时间，如果他们闪烁其词仍然做"都是正式的"等解释，或者他们告诉应聘者3～6个月的"试用期"，那么应聘者基本可以肯定是非正式工。

(二) 权衡工作初期的收入和个人的长远发展

很多专家在这个问题上意见不一。一小部分专家认为一开始不要太在意收入，要看长远发展。而大部分专家则提出，一个岗位收入的多少实际上与工作单位的发展是紧密相连的。例如，将不同的公司作比较，市场形势好的，有长远发展的公司的岗位，要比没有前途公司的同样岗位的收入高；在一个公司内部，有长远发展规划的重要岗位要比没有前途的临时岗位的收入高。开始收入的标准高度反映了公司对应聘者这个岗位的重要性的看法，应聘者需要判断的是一个重要的岗位有前途，还是认为一个不重要的岗位有前途。

(三) 选择公司规模

在公司规模的选择问题上，应聘者往往倾向于小公司任职更可以锻炼人。实际上，小公司由于实力不济，往往没有高水平的人才，也无法开展一些需要强大资源才能进行的市场运作。而大公司管理层次、专业层次等多方面相对稳定和成熟，可为应聘者提供更多向高水平人才的学习机会，使其更好地积累大型市场运作经验。

(四) 选择工作领域

在从事工作领域的选择问题上，遇到最多的疑问是做专业性的工作，还是做销售。这个要看个人情况而定，应聘者首先要看自己是否有做销售的潜力，其次要看销售的领域是否有技术含量，不要放弃自己的专业而去做没有什么技术含量的销售。因为在这个专业领域，自己有一定的优势，更具竞争力。如果能将技术领域优势结合市场销售工作，往往也能事半功倍。

(五) 选择从事行业

高校毕业生对行业的选择要有提前预测性，而不是仅看所学的专业是否"对口"。求职就业不要一味地盯着那些热点行业，行业的就业前景会不断变化，要有前瞻性的眼光。主要从实际工作的角度来选择行业，如应聘者喜欢的工作内容、平衡的生活方式、自己所期望的社会地位和荣誉等方面。

第三节　求职技巧

求职技巧是就业择业的核心内容，也许在短暂的求职中就决定了职业生涯的开启，甚至决定了人生的轨迹。作为一名即将步入社会、走向人生规划中重要转折点的大学生，掌握这个阶段就业推荐表、个人简历这些求职材料的撰写、面试等求职技巧尤为重要。

一、毕业生就业推荐表的撰写

毕业生就业推荐表是由省市教育主管部门或学校统一印制的正式就业推荐资料，在自荐材料中有着举足轻重的地位。可以说，推荐表是一个官方的认证，具有权威性。用人单位对此有较高的信任度，把它放在自荐材料中可以加大自荐材料的可信度及自荐力度。

(一) 毕业生《就业推荐表》的主要内容

毕业生《就业推荐表》主要包括：毕业生基本信息、所学专业及适用方向介绍、个人择业意愿、毕业生及所在院系联系方式、学习(工作)简历、奖惩情况、曾任学生干部和社会职务情况、社会实践或教学实习情况、班集体鉴定、系(院)鉴定及推荐意见、学业成绩表、毕业生综合能力评价、学校毕业生就业主管部门意见等内容。

(二) 毕业生《就业推荐表》的使用要求

1. 实事求是，严禁弄虚作假

学生必须如实填写就业推荐表，严禁伪造证书、篡改成绩和履历等危害学校声誉和用人单位利益的行为。毕业生材料填写完毕后，学生所在院系一般都会进行审核。

2. 灵活使用，避免刻板重复

因为学校推荐表统一规范，易产生千篇一律的感觉，往往缺乏个性，内容上也不够全面，这就要求毕业生在组织编写其他自荐材料时不仅要避免重复，还要进行必要的补充，并可从学校推荐表中选取最有价值和有利于就业的重点部分进行复印(如学习成绩、组织意见等)加入自荐材料中。

3. 妥善保管，防止丢失

每名毕业生只能有一份推荐表原件，联系多家单位时，要使用复印件进行自我推荐。只有在报考公务员、与用人单位签订协议时，才使用推荐表原件。所以推荐表原件一般不要随身携带，应妥善保管，以防遗失。

某高校 2018 届毕业生就业推荐表填写及相关工作要求范例：

关于做好 2018 届毕业生就业推荐表填写及相关工作的要求

毕业生就业推荐表(以下简称推荐表)是学校为帮助毕业生就业，专门向用人单位出具的一份正式的推荐函，具有较强的权威性和可靠性，该表对毕业生和用人单位都很重要。各学院在指导毕业生填写推荐表时，必须要求毕业生认真对待，如实填写，不得弄虚作假。请各学院按照以下要求做好该项工作。

一、工作要求

(1) 以学院为单位组织好毕业生在规定时间内完成推荐表的填写，毕业生填写完成的推荐表经学院审核盖章后，由就业工作负责老师送学校招生与就业指导中心进行复核盖章并签署推荐意见。除外出实习等特殊原因外，学校招生与就业指导中心原则上不受理毕业生个人办理推荐表审核业务。

(2) 考研或出国继续深造等暂时不参加就业的毕业生也必须按规定时间完成推荐表的填写。因特殊原因未能及时完成推荐表填写的毕业生，必须提出书面申请，经学院签署同意意见后，送学校招生与就业指导中心备案，由学院再次集中办理。

(3) 毕业生就业推荐表使用学校就业指导中心统一印制的表格。学校招生与就业指导中心对采用其他格式的推荐表一律不给予办理审核手续。毕业生在找工作时，可用其他求职材料，同时附上推荐表的复印件。

(4) 对于个别撰写推荐表不认真，如自我鉴定、学院推荐意见存在明显有损学校形象的推荐表，一律退回，不予审核，如要重新办理，必须要有学院分管领导签章。

---

(5) 推荐表必须妥善保管，毕业生若不慎遗失，须向所在学院提交遗失情况的书面申请，经核实后到学校招生与就业指导中心申请补办。

(6) 毕业生就业推荐表原件每人只有一份。毕业生在联系就业单位的过程中，需用复印件。待与用人单位达成就业协议后，单位需要推荐表原件时，才将原件交与录用单位。

二、毕业生填写部分要求

(1) 学校名称统一填"××××××大学"，学校隶属填"××省教育厅"。

(2) 专业名称要填写全称，不能填写简称，且应与学校上报到省就业指导中心的专业名称一致；如有修读第二专业可以同时写上，但要在后面括号注明是第二专业。

(3) "修业年限"填写"4年"，"生源地区"填写毕业生入学前户口所在地；"外语水平"填写已通过的外语考试级别(最好不要笼统地填写"一般"、"较好"等)。

(4) "自我鉴定"一般从思想、学习、工作、生活等各方面进行全面的自我总结，篇幅一般要到签名栏的前3~5行结束。

(5) "本人求职意愿"主要填写希望从事的职业、工作岗位、工作单位的性质等情况，填写就业范围要广一些，期望值适度。

三、学院填写部分要求

(1) "院系推荐意见"由学院负责填写，主要填写毕业生德、智、体方面的表现，要突出学生的专长特长、在校的成果、今后的期望等；如由毕业班班主任填写，负责的辅导员必须要审核后方可送到学校招生与就业指导中心复核。

(2) "学校意见"一栏中的联系人、地址、电话等项请按下面所列出的所属校区填写(注：学校推荐意见由学校招生与就业指导中心填写)。

地　　址：×××××大学(××校区)大学生就业指导服务中心　　邮　编：××××××

电　　话：××××-××××××××　　　　网　址：http：//www.××××.×××.cn/

E-mail：×××××@×××.cn

其他各项如实填写。

在指导毕业生填写推荐表的过程中如有疑惑、建议等，请各学院及时与学校就业指导服务中心联系。

就业指导服务中心

二、求职简历的制作

简历，"简"即写作原则，行文简洁明了；"历"为写作内容，阐述自己做过什么。作为与用人单位的初次沟通，简历的成功与否直接决定能否争取到面试资格，进而开始自己的职业生涯。简历能体现一个人的语言表达水平和逻辑思维能力、概括能力，甚至性格特征、审美趣味等。对其技巧性了解愈深，愈有利于个人挖掘、展示自身特质，向招聘方证明自己的优势正是他们需要的。个人求职成功与否取决于应聘、招聘双方的需求是否能够达到一致。因此，简历写作中遵循一定的原则、运用一定的技巧来使对方了解自己，是十分重要的。

(一) 求职简历的基本内容

(1) 个人自我介绍：姓名、性别、出生年月、家庭地址、政治面貌、婚姻状况、身体状况、兴趣、爱好、性格等；

(2) 学业有关内容：就读学校、所学专业、学位、外语及计算机掌握程度等；

(3) 本人经历：入学以来的简单经历，主要是担任社会工作或加入党团等方面的情况；

(4) 所获荣誉：三好学生、优秀团员、优秀学生干部、专项奖学金等；

(5) 本人特长：计算机、外语、驾驶、文艺体育等。

(二) 简历的写作要领

1. 避免烦琐，篇幅适中

简历重在简洁。言简意赅是衡量简历是否适中的标准。"言简"要求语言简洁明快、避免冗长啰唆；"意赅"，要求有内容，信息含量大，对能证明任职资格的信息不能丢三落四或含混不清。

有的毕业生对简历的理解存在误区：唯恐不能把自己全面展示出来，结果事无巨细全部写在简历中，导致简历变成长篇大论，招聘人员对这样的简历没有时间也没有兴趣阅读。通常个人简历应尽量控制在一页纸之内，一般不可超过两页，让招聘人员能在几分钟甚至几十秒钟内看完，并留下一个深刻的印象。

2. 目标明确

简历中最好能体现出求职者明确的求职目标，做到有的放矢，能针对应聘的职位突出重点，使招聘人员觉得求职者情况与任职资格相合，与招聘条件相一致。

3. 层次清晰

简历要布局得当，逻辑结构合理，层次清晰，招聘人员便于阅读、理解。要避免把所有信息掺杂在一起，让人理不出头绪。简历的开头应高度概括，突出求职者的特点；中间部分描述要客观可靠，语气要积极、坚定、有力，让人无可置疑；最后部分一般是获奖材料及能力证明，这部分应充实，有影响力。

4. 用词要准确、恰当

简历尽量少用虚夸的形容词和副词，既不要夸张、言过其实，也不要消极地评论自己，妄自菲薄。

5. 内容要真实可信

不能为赢得面试机会而在简历中捏造事实，随意抬高身价。面试并不是最终目的，取得工作才是目的。即使弄虚作假暂时取得了面试机会，若一旦暴露，终将失败。真实可信，真实是基础，可信是目的，简历写作时可以灵活变通，但要令人可信。简历上写的求职资格和工作能力要有根据，并经受得起检验，使人感觉到是客观的评述，有理有据，让人信服。

(三) 编写简历应注意的问题

1. 外观朴素，独具匠心

简历外观应该朴素、有新意，用细节打动人。简历的版面设计可借鉴报纸的编排风格，突出视觉效果，强化个人的优势和特色。

2．避免过于简单或雷同

简历虽简，但并不空洞。简历应反映出毕业生的全面情况，特别是与职位有关的情况应清楚明了地被反映出来。同时，简历要避免雷同。有的学生从网上下载简历，除了个人基本信息不同以外，其他内容大都相同，写作手法也一样，这样的简历几乎都会被招聘人员排除在选择之外。

3．渲染优势，模糊弱势

招聘单位在筛选简历时，多注重硬件标准，注重职位对求职者的能力要求。所以在简历设计时应特别注意对与自己应聘职位相关的优势进行细致描述，最好对其内容数据化、具体化。当某些条件不符合要求时，可以省略不写，或是含蓄、隐晦地简单描述。

4．避免流水账

毕业生求职简历要突出重点，主次分明，绝不是对经历简单的记录。流水账式的记录法会让阅读者觉得求职者组织能力差。

5．不要把个人简历写成求职信

简历与求职信相辅相成，又不同于求职信。求职信反映求职者主观的情况和求职愿望，简历是叙述求职者的客观情况，是对求职信的深入细化和补充说明，重在证明个人身份，展示个性特点以及工作、学习经历、取得的业绩、成就等，目的是支持求职信，让单位全面了解自己，以此表明自己适合招聘职位的工作。

(四) 简历范例

以下是一名 2018 届毕业生应聘某大型制造企业助理设计师岗位的简历。

<table>
<tr><td colspan="5" align="center">个 人 简 历</td></tr>
<tr><td colspan="5">个人信息</td></tr>
<tr><td>姓　　名：</td><td>李××</td><td>性　　别：</td><td>女</td><td rowspan="7"></td></tr>
<tr><td>出生日期：</td><td>1994 年××月××日</td><td>政治面貌：</td><td>共青团员</td></tr>
<tr><td>民　　族：</td><td>汉族</td><td>婚姻状况：</td><td>未婚</td></tr>
<tr><td>籍　　贯：</td><td>广西××市</td><td>身 份 证：</td><td>45298541994××××</td></tr>
<tr><td>最高学历：</td><td>本科</td><td>最高学位：</td><td>工学学士学位</td></tr>
<tr><td>毕业院校：</td><td>桂林电子科技大学</td><td>专　　业：</td><td>机械设计制造及其自动化</td></tr>
<tr><td>毕业时间：</td><td>2018 年 6 月</td><td>工作时间：</td><td>2018 年 7 月</td></tr>
<tr><td>职业资格：</td><td>数控高级工</td><td>职　　称：</td><td>无</td><td></td></tr>
<tr><td colspan="5">联系方式：136×××××××</td></tr>
<tr><td>手　　机：</td><td>136×××××××</td><td>E-mail：</td><td colspan="2">Ca××××××××@163.com</td></tr>
<tr><td>家庭住址：</td><td colspan="4">广西××市××路 10 号</td></tr>
<tr><td colspan="5">个人简历</td></tr>
</table>

2003.9～2009.6	红新路小学	2009.9～2012.6	红新路初中
2012.9～2015.6	红新路高中	2015.9～2018.6	桂林电子科技大学

培训经历	
2016.7.1～7.6	××市大学生阅读年培训
2017.7.20～7.26	××市大学生教育学心理学理论培训
2018.3.1～3.6	××市普通话培训

主修课程

　　家具设计、模型制作、产品设计、玩具设计、公共环境设施设计、计算机室内设计绘图（CAD）、CDR、PS、工业设计概论、平面构成、立体构成、色彩构成、设计色彩、设计素描、二维软件应用设计、产品效果表现技法等。

职业技能

　　1. 已取得 NACG 全国信息化工程师资格证。

　　2. 有一定的工业设计专业知识，熟悉会计相关操作流程，有一定的设计软件知识，已获得 NACG 全国信息化工程师资格证书。可以熟练应用工业设计类软件应用及操作，能够基本独立完成产品的设计手稿及效果图。

　　3. 能熟练应用设计类基本设计软件，例如：PS、CAD、CDR 等。

　　4. 具备基本的英语听、说、读、写能力。

　　5. 已取得计算机一级证书，能熟练运用 Office 软件，特别是 Word、Excel 和 PPT。

获奖情况

　　大学期间，曾获"2016—2017 年度国家奖学金"、"优秀团员"等称号。

自我评价

　　独立性强、有吃苦精神！认真负责是我一向的做人准则，团队精神是我一直都坚持的态度。一直对自己充满信心，我坚信"不经历风雨，怎能见彩虹"，成功是属于有准备的人的。

三、面试的技巧

　　面试是一种经过组织者精心设计，在特定场景下，以考官对应聘者的面对面交谈与观察为主要手段，由表及里测评应聘者的知识、能力、经验等有关素质的考试活动，也是目前公司挑选职工的一种重要方法。面试的细节非常重要。以下是有关面试的一些技巧以及应该注意的一些问题。

　　1. 要守时

　　守时是面试的"第一印象"。应聘者必须提前到达与对方事先约好的地点等候，以示对应聘单位的尊重和个人对应征工作的重视。不能疏忽和大意，包括不迟到、不随便告假等。如确实有其他紧急情况不能及时到达，应该立即给公司打电话予以说明。

　　2. 要知己知彼，做好充分准备

　　几乎所有的面试官都强调，求职者面试一定要有备而来，要携带简历及相关资料，充分了解应聘单位和应征职位，如应聘单位的主要业务内容和范围，所应征的职位的工作内容等。同时，应聘者还应该了解自己，清楚自己在哪些方面适合这个职位，以便在面试的时候清晰地表现出个人竞争的优势。

3．要实事求是，展现真实的自己

应聘者面试时切忌伪装和掩饰，一定要展现自己的真实实力和真正的性格，这不仅是面试成功的基础，也是以后职业生涯顺利发展的基础。有些毕业生按照所谓的流行标准在面试时把自己塑造了一番，比如自己明明很内向，不善言谈，面试时却拼命表现得很外向、健谈，这样并不利于自身发展(因为企业人力资源部门往往是根据应聘者面试时所表现的性格、能力来给应聘者安排适合职位的)。毕业生面试前需要去学习、去提高，其目的是把自己的能力、品格更好地表现出来、突出出来，而不是伪装和掩饰。

4．要注意个人形象，打扮得体

个人形象应从容、自信，服饰得体，潇洒大方，富有时代特征和年轻人的活力。男生不留长发、胡须，更不要染发；女生不戴耳环与戒指等过多的饰物。服饰以干净、整齐为宜，男生以西服、夹克较为庄重，女生以职业少女服饰为宜，服饰颜色不要太艳。男生不穿背心，女生不穿露脐衫、超短裙或旗袍，男女生都不得穿拖鞋。与人同行，不要搂肩抱腰，嬉戏无常。总之，穿衣要得体，坐有坐相，站有站姿，切不能给人留下不修边幅、不拘小节和丢三落四的负面印象。

5．要注意交谈使用的语言

与人交谈，开始最好以普通话为主，但又要看对方习惯用何种语言，双方能用同一种语言(包括方言)交谈是最轻松的。回答别人提问时，要沉着、冷静，以说清楚、使对方听懂为主。重要的表态，可以重复一遍或加重语气确定其内容；陈述事理要简明扼要，思维清晰，逻辑合理。无论是与人见面还是告别，都要使用礼貌用语，类似"您好"、"再见"等。

6．注意肢体语言

很多毕业生是第一次求职，面试时紧张，于是那些紧张的肢体语言全都表现出来了，比如腿抖、手抖、说话带颤音，这些一定要注意避免。同时，还要注意纠正一些不好的习惯性动作，比如思考时手不自觉地放到嘴边，或是咬手指头，做沉思状。与人谈话时最好保留半米左右的"安全距离"，距离太近，使人产生压迫感，相隔太远又觉得"授受不亲"。好的肢体语言应该是微笑，并对视对方的眼睛，因为对方在提问的时候，肯定也通过眼睛来观察应聘者。

7．调节面试心态和情绪

(1) 淡化面试的成败意识。应聘者对于面试的成败，首先在思想上应注意淡化，要有一种"不以物喜，不以己悲"的超然态度，如果在面试中有这样的心态，才会处变不惊。如果只想到成功而未想到失败，那么在面试中遇到意外情况时，就会惊慌失措，一败涂地。

(2) 保持自信。应聘者在面试前树立了自信，在面试中也要始终保持自信，只有保持了自信，才能够在面试中始终保持高度的注意力、缜密的思维力、敏锐的判断力、充沛的精力，获得面试的胜利。

(3) 保持愉悦的精神状态。愉悦的精神状态，能充分地反映出人的精神风貌。所以，作为应聘者来说，持有愉悦的精神状态，面部表情就会和谐自然，语言也会得体流畅；反之，就会给人一种低沉、缺乏朝气和活力的感觉，从而给主考官一种精神状态不佳的印象，不利于面试的进行。

(4) 树立对方意识。应聘者始终处于被动地位，主考官始终处于主动地位。面试一般采用问答形式，应聘者要注意树立对方意识。首先要尊重对方，对主考官要有礼貌，尤其是当主考官提出一些难以回答的问题时，应聘者脸上不要露出难看的表情，甚至抱怨主考官；其次是要等主考官提问后再回答，这样既不会耽误时间，也不会给主考官带来不愉快。

(5) 缓解紧张情绪。应聘者一进面试室，应该抛开"自愧不如人"的意识，确立"大家都差不多，我的水平与其他人一样"的意识。有了这种意识，紧张的情绪就会减少一大半，随着面试的开始，紧张情绪就有可能完全消失。对于遇到"卡壳"而紧张的问题，如果抱着"能取胜则最好，不能胜也无妨"的态度，紧张就会立即消失，从而进入正常的面试状态，这样有可能会出现"柳暗花明又一村"的境界。

8．面试环节的常见禁忌

1) 忌不良用语

忌急问待遇。"你们的待遇怎么样？"谈论报酬待遇无可厚非，但要看准时机，一般在双方已有初步意向时，再委婉地提出。

忌报有熟人。"我认识你们单位的××"，"我和××是同学，关系很不错"，等等，这样的话语会使主考官对应聘者留下不好的印象。

忌不当反问。主考官问："关于工资，你的期望值是多少？"若应聘者反问："你们打算出多少？"这样的反问很不礼貌，容易引起主考官的不快。

忌不合逻辑。主考官问："请你告诉我一次失败的经历。""我想不起我曾经失败过。"如果这样说，在逻辑上讲不通。又如："你有何优缺点？""我可以胜任一切工作。"这也不符合实际。

忌本末倒置。例如，面试快要结束时，主考官问应聘者："请问你有什么问题要问我们吗？"应聘者欠了欠身，开始发问："请问你们单位有多大？招考比例有多少？请问你们在单位担任什么职位，你们会是我的上司吗？"参加面试，一定要把自己的位置摆正，像这位应聘者，就是没有把自己的位置摆正，提出的问题已经超出了应当提问的范围，会使主考官产生反感。

2) 忌不良习惯

面试时，不良习惯会破坏自己的形象，使面试的效果大打折扣，甚至失败。

手：这个部位最容易出现问题，如手总是不安稳、忙个不停，做些玩领带、挖鼻、抚弄头发、玩主考官递过来的名片等动作。

脚：神经质般不断晃动、前伸、翘起等，不仅人为地制造紧张的气氛，而且显得心不在焉，相当不礼貌。

眼：或惊慌失措，或躲躲闪闪，应正视时，却目光游移不定，给人缺乏自信或者隐藏不可告人的秘密的印象，容易使主考官反感；另外，死盯着主考官，又难免给人压迫感，招致不满。

脸：或呆滞死板，或冷漠无生气等，这些表情无法打动人。反之一张活泼生动的脸则利于面试良好氛围的营造。

行：或动作手足无措，慌里慌张，缺乏自信，或反应迟钝、不知所措，这些都会给主考官留下不好的印象。

总之，面试时，这些坏习惯一定要改掉，并自始至终保持彬彬有礼、不卑不亢、大方得体、生动活泼的言谈举止。这不仅可大大地提升自身的形象，而且往往使成功机会大增。

案例探析

以下是一名 2018 届毕业生的就业推荐表，分析其优缺点。

××××××××大学 2018 届毕业生推荐表

姓　名	张×	性　别	女	出生年月	1995 年 1 月	一寸近期免冠照
民　族	汉族	籍　贯	××省××市××县	政治面貌	共产党员	
专　业	会计	学　历	专科	学制	3 年	
学　院	×××学院	联系方式	×××-××××-××××	班级	×××-××××-×××	
家庭住址	陕西省××市××路 10 号			邮编	××××××	
外语能力	大学英语四级			计算机能力	全国四级	
爱好特长						
在校期间评优获奖情况	2016 年 5 月获"优秀共青团干部"； 2016 年 10 月获"三好学生标兵"； 2017 年 5 月获"优秀共青团干部"； 2017 年 9 月获"优秀学生干部"； 2017 年 9 月获"三好学生"； 2017 年 10 月获"国家励志奖学金"。			在校期间社会实践情况	1. 参加学院"三下乡"实践队 2. 到××××电子商务公司实习 3. 到××××股份有限公司实习	
学院评语	该生思想进步，学习认真，友爱同学，待人真诚，性格开朗，适应能力强，知识面广，有团队精神。在担任班团干部期间，工作认真负责，有较强的组织、协调活动能力，善于沟通，在学生会公共关系部对外工作上表现突出，动手能力较强，积极参加社会活动和社会实践，提高自身各方面素质。 （盖章）			学校推荐意见	同意推荐 （盖章）	
说　明	1. 本表供用人单位招聘毕业生时参考。 2. 用人单位与毕业生签订就业协议时应留存本表原件。					
地　址：××××××大学(××校区)大学生就业指导服务中心　邮　编：×××××× 电　话：××××—×××××××× 网　址：http：//www.××××.××××.cn/　　　　　　E-mail：×××××@×××.cn						

第六章 就业能力与职业适应

在今天这个人才竞争的时代，职业生涯规划开始成为在人才争夺战中的另一重要利器。每位学生在达到一定条件的情况下，都会进入职场，成为职场中的一员。对企业而言，如何体现公司"以人为本"的人才理念，关注员工的持续成长，职业能力的重视和培养是一种有效的手段；对学生而言，职业生命是有限的，如果不进行有效的规划和尽快适应职业，势必造成生命和时间的浪费。作为当代大学生，若是带着一脸茫然，踏入这个竞争激烈的社会，怎能满足社会的需要，使自己占有一席之地？为了使自己可以得到在职场中的发展，需要掌握就业能力、职业适应力及在职场中的注意事项，以便可以更快适应社会，适应工作。

第一节 就 业 能 力

就业能力也称为"可雇佣性"、"就业力"、"就业竞争力"等，目前对大学毕业生就业能力的研究已在高等教育研究中占据主流地位，一些大学已将就业能力作为大学毕业生能否合格毕业的一个重要且关键的指标。

一、就业能力

(一) 就业能力的含义

自 20 世纪 90 年代以来，提升大学生就业能力已经成为欧美高等教育改革的主要驱动力之一。政府和学者都意识到，过去要求大学生具备的知识、技能等因素尽管依然重要，但已不再是大学生成功就业的充分条件，大学生的可持续就业来自范围更加广泛的就业能力。

对于就业能力这一概念，不同的学者和组织有着不同的理解，列举如下：

(1) 根据国际劳工组织的定义，就业能力是指个体获得和保持工作、在工作中进步以及应对工作中出现的变化的能力。

(2) 英国教育与就业委员会(DFEE)认为就业能力是获得和保持工作的能力，进一步讲，就业能力是在劳动力市场内通过充分的就业机会实现潜能的自信。

(3) 美国培训与发展协会(ASTD)对就业能力没有明确的定义,但指出其涵盖了 12 项技能。这 12 项技能分为 5 个类别:基本胜任力(阅读、写作、计算)、沟通能力(说和听)、适应能力(问题解决、创造性地思考)、群体效果(人际技能、团队工作、协商能力)和影响能力(理解组织文化、分享领导行为)。

(4) 我国学者认为,就业能力是指大学毕业生在校期间,通过知识学习和综合素质开发获得的能够实现就业理想、满足社会需求、在社会生活中实现自身价值的本领;就业能力指的是一个人能够寻找到满意的工作、适应环境变化以及调整自己胜任工作的能力,包括工作能力、适应能力和求职能力。用人单位所重视的大学毕业生的"就业力",就是适应工作的能力和潜力。

尽管不同学者和组织对于就业能力的定义各不相同,但总的来说就业能力是一种与职业相关的综合能力,是一种适应性和灵活性的技巧,是涉及能力本身包括态度、个性等的可变化的核心技能。就业能力作为一种能力,不仅与遗传等先天性因素相关,还与基础教育、高等教育、社会关系等后天性因素相关。

(二) 就业能力的特征

一般来讲,就业能力具有下列主要特征。

1. 职业性

不同的职业或岗位需要不同的就业能力,不同的职业对就业能力的要求差异较大。例如,国家公务员要求必须具有较高的政治素质、良好的职业道德修养、较强的业务能力和健康的身心素质等;工程技术人员要求具有坚实的专业基础、较强的实际动手能力,不辞劳苦的创业精神等;管理人员要求具有高度的事业心和责任心、较强的综合分析能力、强烈的市场和用户观念、良好的决策或辅助决策能力等。

2. 稳定性

就业能力作为多种能力的集合,是一种稳定的结构因素。这种稳定的结构因素,并不是仅存在于一时一事之中,而是体现于个体活动的全部时空中。通俗地讲,就业能力的形成是个长期的过程,会受到个体、学校、组织、社会等多因素的影响,但就业能力在相对的时间内具有稳定性,在特定时间内个体对特定事物也会表现出持续而稳定的行为特征。需要说明的是,就业能力并不是一成不变的,它的稳定性是相对的,它也是处于动态变化过程中的。

3. 动态性

就业能力涉及寻找工作岗位、保有工作岗位以及在岗位上得到晋升与发展三个阶段。不同阶段会对个体的就业能力提出不同的要求,也需要个体不断地拓展和提升自身所拥有的就业能力,所以就业能力会随着工作岗位的变动进行动态的变化。

4. 综合性

总的来说,就业能力是一种与就业相关的综合能力。但这种能力不是独立于个体和其他能力以外的一种特殊能力,而是个体现有多种能力的集合,比如说行动力、号召力、就业力、学习力、思想力、实践力、应聘力和适应力等的汇总。

(三) 就业能力的构成

不同学者对于就业能力构成的理解也有较大差异，研究就业能力超过十年的英国学者哈维认为，核心"就业力"包括态度、个人特质、生涯管理与自我营销。瑞士专家戈德斯密德教授认为就业能力主要包括五点：就业动机及良好的个人素质、人际关系技巧、丰富的科学知识、有效的工作方法和敏锐而广阔的视野。美国劳工部 SCANS 共定义了 36 项能力，分为 3 个类别：基本技能、思考技能和个体特质(SCAN5.191)。学者米特切尔(Ayse G.Mitchell)认为，就业能力包括能够强化就业能力的知识、技能和态度，智力能力，即诊断、分析、创新和学会学习智力(或者学术)能力；社会和人际交往能力，包括沟通、决策、团队工作和适应性、积极态度与行为、设想和卸下责任的能力在内的社会和人际能力；经营和创业能力，即在工作中冒险精神的发展、创造力和创新性、辨识和创造机会、应对危机的能力，也包括对于生产力和经营运作的理解，以及对于自我就业的认识；多元技术技能系列，即一系列与岗位相联系的能力。

我国学者郑晓明认为，就业能力包括学习能力、思想能力、实践能力、应聘能力和适应能力等。中山大学的钟一彪博士认为，就业能力包括基础性能力、专业性能力和差异性能力三个方面。其中，基础性能力包括人际交往能力、正确的就业动机、应聘能力、适应能力，专业性能力包括专业知识、职业岗位所需的特殊技能等，差异性能力包括个性化、创新性与创业性。国内学者汪怿认为，就业能力包括基础技能、个体管理技能和团队工作技能三个部分。基础技能是指个体就业和进一步发展必需的、具有基础性的能力，包括沟通能力、信息管理能力，数理运算能力、思考和解决问题能力等；个体管理技能是指促进个体潜力发挥、有利于个体在就业过程中不断成长的技能、态度和行为，包括展现积极态度和行为的能力、负责任、适应变化、不断学习、安全工作等方面；团队工作技能是指和别人一道工作，积极参与项目小组等方面的能力。

(四) 就业能力模型

为了进一步明晰就业能力构成要素之间的结构和动态关系，许多学者对就业能力进行了更加系统的研究，并提出一些就业能力构成的模型。其中，影响最大的是 USEM 模型，大学生要想提升就业能力，除了要了解就业能力的构成要素外，还要了解和掌握就业能力模型。

2004 年，彼得·奈特(Peter Knight)和曼兹·约克(Mantz Yorke)从心理学角度构建了就业能力研究领域最著名并被广泛应用的 USEM 型，USEM 模型包含四个组成要素：理解力(understanding)、技能(skills)，自我效能(efficacy beliefs)和元认知(metacognition)。其中，理解力是指对专业知识的理解，技能包括工作所需的专业技能和通用技能，自我效能主要表现为具有自信心，元认知体现为对自我的反思。根据 USEM 模型，大学生要想提高自己的就业能力，必须提高对学科知识的理解力、技能(关键技能)和元认知能力。除此之外，还要积极修炼自己的个人品质(包括自我理论和自我效能)，因为个性品质直接影响着其他三个方面能力的发展。

(五) 就业能力与胜任力

1. 胜任力的概念

"胜任力"(competency)这个概念最早由哈佛大学教授戴维·麦克利兰(David McClelland)于 1973 年正式提出，目的是有效区分"好的工作者"与"差的工作者"。当时，人们迫切希望了解影响工人绩效的根本原因，却找不到满意的答案；泰勒理论已被基本否定，智商学说也越来越受到质疑，许多跟踪研究发现，很多智商高的人工作表现一般，而许多所谓的差学生在工作中的表现却非常好，所以智商被认为不能作为有效区分"好的工作者"与"差的工作者"的标准。之后，性格也被证实不能对工作绩效产生明显的影响。为此，麦克利兰经过研究，发表了《测量胜任力而非智力》一文，提出胜任力才是有效区分有卓越成就者与普通者的深层次特征，包括动机、特质、自我形象、态度或价值观、某领域知识、认知或行为技能等任何可以被可靠测量或计数的个体特征。

2. 就业能力与胜任力的关系

从某种意义上讲，胜任力是与就业能力既密切联系又有区别的一个概念，早期的就业能力研究者曾把就业能力称为关键胜任力(key competences)，可转换胜任力(transferable competences)等，到了 20 世纪 90 年代，普遍采用可就业能力(employability)这个词。

但是，两者对问题进行描述的角度不同，就业能力是从个体如何获取和保持工作的角度，对人的素质特征进行描述和分类；而胜任力则是从什么样的员工才是可以取得卓越绩效的好员工的角度，对人的素质特征进行描述和分类。

3. 冰山模型

麦克利兰将人的胜任力描述为一座海上漂移的冰山，并将其分为表面的"水面以上部分"和深藏的"水面以下部分"，其中有 7/8 左右存在于水底，只有 1/8 露在海平面以上，这就是著名的冰山模型，冰山模型不仅可以解释胜任力同题，同样也可以解释就业能力的结构。

"水面以上部分"主要包括基本知识、基本技能，是外在表现，是容易了解与测量的部分，可以通过各种学历证书、职业证书来证明，或者通过专业考试来验证。它们相对来说比较容易改变和发展，培养起来也比较容易见成效，但很难从根本上解决综合素质问题。

"水面以下部分"包括社会角色、自我形象、特质和动机，是人内在的、难以测量的部分，它们不太容易通过外界的影响而改变，但却对个体的行为与表现起着关键性的作用。

二、大学生就业能力

(一) 大学生就业能力的含义

我国对于大学生就业能力的研究和应用刚刚开始不久，人们对它的理解存在分歧。大学生就业能力不仅指其获取就业岗位的能力，还应包括维持就业岗位、重新选择和获取新的岗位的能力。

对于大学生就业能力的理解，要防止出现简单化和复杂化两种错误倾向。简单化是把就业能力等同于应聘能力，即毕业生把握并获取就业机会、赢得欣赏的实际能力和比较优势；复杂化是设定复杂的指标体系，弱化了实际的可操作性。

(二) 大学生就业能力的构成要素

大学生就业能力应包括通用技能、求职技能，个人素质及专业技能。

通用技能包括适应环境的能力，组织管理能力、人际沟通能力，团队协作能力、外语和计算机运用能力等。求职技能包括就业信息收集与处理能力、自我定位、机会分析与把握、自我决策与营销等方面的能力。个人素质包括时间管理、诚实、自信、责任心等，良好的职业道德、职业意识和职业精神，是大学生成功就业应该具备的基本素质，是用人单位挑选大学生的首要标准。专业技能是大学生经过严格的专业训练后，具备将本学科、本专业的基本理论和方法运用到实践中分析解决问题的能力。

(三) 大学生就业能力存在的问题

1．职业目标不明确，职业决策盲目

《职业》杂志与搜狐教育频道共同进行的一项调查量示：52%的大学生不知道自己应该找什么样的工作，23.9%的大学生对目标公司的选才和用人标准不清楚，51.4%的大学生没有清楚考虑过自己今后的职业发展。目标模糊与信息贫乏在一定程度上影响和制约了毕业生的就业成功率。

2．缺乏强烈的社会责任感和应有的职业道德

社会责任感指人们在社会生活中对自己完成任务、履行责任的情况下所持有的积极主动的态度和产生的情感体验。当前，社会上出现部分大学生社会责任感缺乏的现象。导致这种现象的原因是多方面的，其中一个重要的原因就是出生于20世纪90年代和21世纪的大学生多是独生子女。由于社会、家庭和学校过分强调个性的培养，致使很多毕业生缺乏对社会、对学校、对父母的责任感。

大学生的诚信也是令用人单位比较头痛的问题。据广东省教育厅对用人单位进行的一次大规模调查研究结果显示，在"大学生最需要加强何种素质提升"的问题上，超过四成的用人单位选择了"职业道德素质"，所占比例远远高出其他选项。另一项调查显示，每年应届毕业生签约后的到岗率不足70%，有两成多单位到岗率甚至不足50%，学生毁约现象比较严重。由此可见，大学的诚信问题显著。

3．缺乏沟通能力，社会适应能力差

沟通能力较差是当前大学生存在的普遍问题。在书面沟通方式上，许多毕业生缺乏基本的写作能力；在语言表达能力上，毕业生不善于把自己的思想比较清楚地表达出来。由于一些大学生不善于沟通或不会沟通，在人际关系上反映出的矛盾也非常突出。有调查显示，13%的毕业生在初入职场过程中不太能与别人和睦相处，有12.06%的毕业生感到自己受到别人的排斥和冷漠对待。

另外，大学生适应社会的能力、受挫能力的培养也需要加强。许多大学生因为在校期间对未来可能出现的挫折与失败心存恐惧或认识不足，导致在求职时或进入职场后，如果

连续碰钉子就会灰心丧气，一旦遭遇失败，便一蹶不振；或对社会现实了解不够，攀比心理过强，导致职业期望值过高而因此失去不少不错的就业机会。

究其原因，许多大学生从小到大都是"温室中的弱苗"，几乎都是在封闭状态下成长起来的，多数大学生直到离校那天也不知"外面的世界"究竟有多"精彩"，对自己如何融入社会缺乏足够的心理和能力方面的准备。

4．知识结构不合理，知识拓展能力差

现在的用人单位偏好一专多能的复合型人才，希望毕业生在具备高专业知识技能的基础上，具有更广阔的视野和合理的知识结构，并善于学习，具备一定的知识拓展能力。在传统社会中，我们以知识的数量作为衡量人才的标准，而在知识经济时代，素质结构的优劣成为新的衡量标准。知识的承载力与知识的活化率，是判断知识结构是否合理的两个主要因素。知识的承载力，强调知识面一定要宽广，要有扎实的基础知识，只有这样建立的知识大厦才会稳固。所谓知识的活化率，是指可以灵活运用的知识占知识总量的比例，它表明一个人驾驭知识解决问题的能力，主要是强调智能素质发展应该与岗位和专业需要相结合，避免盲目的知识获取。

由于受传统的思维方式和教育观念的影响，当前部分大学生存在知识结构不合理、所学专业与社会需求不匹配的问题，突出表现在：多数大学生希望今后工作与所学专业对口，把主要精力花在专业知识的学习上，忽视对知识面的扩展，这样导致知识广博度不够，知识结构单一；片面重视外语、计算机等实用技能性知识，过于热衷于等级考证；知识体系内部缺乏有机联系，知识的陈旧率高与大学生知识运用能力差并存的问题比较突出。

5．专业能力不足，实践能力低下

当前，多数用人单位在进行人才招聘时都优先考虑求职者是否具有一定的实践能力和技能，很多企业希望招聘的大学生能尽快胜任工作。然而，不少大学生在校期间只注重理论知识学习，轻视实际操作能力，较少地参加实践活动，造成了一些大学生专业思路面过窄、技能单一，解决实际问题的能力不强，实际动手能力差。70%的用人单位反映，应届大学生到岗后，即使是专业对口，能独立承担工作任务也要两三年以上；60%的人事主管认为，所招聘的毕业生虽然在校学习成绩比较优异，但大部分实践能力偏低，能较快适应工作的只有10%～20%。

6．创新意识和创新能力缺乏

近年来，随着知识经济时代的到来，创新能力越来越受到社会的重视，然而多数大学生感到自己的创新能力欠缺，大学生缺乏创新意识和创新能力主要表现在：缺乏创新的观念和创新欲望，多数学生虽然不满足于现状，但往往只是牢骚满腹、唉声叹气，对于自己缺乏行动的信心；缺乏创新性思维能力，缺乏深层次思考、另辟蹊径的自我总结和学习能力；缺乏创新的兴趣，调查显示68%的毕业生认为自己"对兴趣的满足程度不够"；缺乏创新的毅力，虽然大学生都能意识到毅力在创新活动中的重要性，但在实际工作中往往虎头蛇尾，见异思迁，轻易放弃追求；缺乏创新所需的观察力，在观察的速度和广度、观察的整体性和概括性、观察的计划性和灵活性等方面，大学生普遍存在不足。

三、大学生就业能力的提升

面对严峻的就业形势以及激烈的竞争，在校大学生要结合自身实际通过以下几个方面提高自身的就业能力，做到"未雨绸缪"，根据自身的兴趣和专业规划好大学生涯，在能力和心理上做好择业、就业和创业的准备。

1. 培养规划学习的能力

规划学习的能力即大学生应根据其职业发展的趋势并结合个人发展的需要学习方法的能力。培养这一能力是一项长期的工程，必须懂得学什么、何时学、何处学等。要时常反思现在的知识结构是否能胜任现在或将来的职位。只有这样才能懂得学习要求、控制学习过程并及时调整自己的学习方法，灵活地适应自己所处的复杂环境，最终使学习活动达到预期目的。

2. 认真做好自身的职业生涯规划

首先要树立正确的职业理想。大学生一旦确定自己理想的职业就会依据职业目标规划自己的学习和实践，并为获得理想的职业做好积极准备。其次，正确进行自我分析和职业分析：自我分析即通过科学认知的方法和手段对自己的兴趣、气质、性格和能力等进行全面分析，认识优势与特长、劣势与不足；职业分析是指在进行职业生涯规划时充分考虑职业的区域性、行业性和岗位性等特性，比如职业所在行业的现状和发展前景、职业岗位对求职者的自身素质和能力的要求等。

3. 提高自我的社会适应能力

虽说大学是个"小社会"，学校和社会的运行规则却有很大不同。许多大学生对社会的看法趋于简单化、片面化和理想化。一些企业在挑选和录用大学毕业生时，同等条件下，往往优先考虑那些曾经参加过社会实践、具有一定组织管理能力的往届毕业生，而不挑选缺乏工作经历与生活经验的应届毕业生。这就需要大学生在就业前就注重培养自身适应社会、融入社会的能力。借助社会实践平台，可以提高大学生的组织管理能力、心理承受能力、人际交往能力和应变能力等。此外，还可以使他们了解到就业环境、政策和形势等，有利于他们找到与自己的知识水平、性格特征和能力素质等相匹配的职业。大学生只有具备较强的社会适应能力，走入社会后才能缩短自己的适应期，充分发挥自己的聪明才智。因此，在不影响专业知识学习的基础上，大胆走向社会、参与包括兼职在内的社会实践是大学生提升自身就业能力和尽快适应社会的有效途径。

4. 培养良好的心理素质

大学生承担着建设祖国的重任，更是社会的顶梁柱。而大学生在求学期间，只注重专业知识、忽视心理素质的情况，使一些人在面对困惑或逆境时，总是不知所措，影响到自己的职业选择。尤其在求职过程中，有些学生抗挫能力差，这也是大学生就业难的原因之一。因此，大学生在求学过程中应注意提高心理素质，尤其是在日常生活中注意锻炼自己坚韧不拔的性格；在求职中，充分了解就业信息，沉着、冷静应对所遇到的困难，用积极乐观的心态克服一切困难。

5. 培养良好的职业精神

大学生要想在事业上取得成功，就必须树立正确的职业理想、职业价值观和人生观。

有忠于职守、献身事业的乐业和敬业精神，实事求是、严肃认真的劳动态度，刻苦钻研、精益求精的工作作风以及在职业活动中团结协作和全心全意为人民服务的精神。在职业活动中，无私、正直、勤奋、诚实、守信、坚定、勇敢等优秀职业品质是人们在工作上做出成绩的必要条件。同时，良好的职业精神也是处理好各种人际关系所不可少的。

第二节 职 业 适 应

对刚毕业的大学生而言，初入职场，正确的心理定位和专业的工作态度是成就出色工作表现的前提。要完成从学生到职业人角色的转变，需要一个过程，积极的态度与良好的习惯仅仅是一个开始。这种角色转变越快、越彻底，做好工作、谋求发展的机会也就越多。

一、职业适应

(一) 职业适应的含义

职业适应性包括很多内容，但由于场合不同，可能会有不同的强调要点：工作效率、无事故倾向、最低能力和特性要求、熟悉工作速度、意愿适应、个人背景等。

职业适应性测评(Vocational adaptability Test)就是通过一系列科学的测评手段，对人的身心素质水平进行评价，使人与职业匹配合理、科学，以提高工作效率、减少事故。职业适应性测评一般不具有强制性，仅作为人才选拔和留用的参考。另外，职业适应性不仅反映安全要求，而且还有效率要求。因此，职业适应性格概念涵盖面比事故倾向性概念相对宽一些(朱智贤《心理学大词典》)。

(二) 职业适应的分类及研究现状

职业适应性可分为一般职业适应性(General occupational Aptitude)和特殊职业适应性(Special occupational Aptitude)两大类。

第一，一般职业适应性，主要指从事一般职业所需的基本的生理、心理素质特征。

第二，特殊职业适应性，主要指从事某一特定职业所需具备的特殊的生理、心理器质特征。对个人从事某项具体工作的职业适应性测评包括一般职业适应性测评和特殊职业适应性测评两方面。

1. 一般职业适应性研究现状

一般职业适应性研究的历史较为久远。1934 年，美国劳工部就业保险局组织有关专家进行了为期 10 年的专门研究。他们对美国 2 万个企业中的 7.5 万个职务进行了调查分析，确定了 20 个职业模式和 10 种能力倾向，由此形成了很有影响力的"一般能力倾向成套测验(General Occupational Aptitude Test Battery，GATB)"。1947 年 GATB 被美国劳工局人力资源部正式采用，并在以后的研究中日趋完善。其后，世界上许多国家，如日本、澳大利亚和加拿大等国，也使用了 GATB 系统，并根据本国情况作了修订，收到良好的效果。

我国从 20 世纪 90 年代起，在对一般职业适应性的研究中取得了长足的进展。1993 年金会庆等发表了应用日本 1983 年修正版 GATB，对我国合肥地区初、高中学生进行测试的研究成果，并初步建立了中国合肥地区常模。1994 年戴忠恒发表了以日本 1983 年修正版为蓝本，根据中国国情对 GATB 进行修订的研究成果，并通过对全国 17 个中等以上城市 2148 名初二至高三学生的测试，制订了 GATB 中国常模。这些研究工作为 GATB 在我国的使用经验与依据。

随着我国改革开放和社会主义市场经济的发展，企业用工制度和用人策略发生了很大的变化，对人才的职业能力测评与咨询已成为急需。中国科学院心理研究所和北京大学、华东师范大学、浙江大学的心理学系等已开展了人才测评的研究，开发了一系列的一般职业能力测评量表和专项能力测评量表；各地的人才市场、劳动力市场也开始开展人才素质测评服务。

2．特殊职业适应性研究状况

特殊职业适应性研究根据各个特殊职业的不同有其特殊性。20 世纪初，尤其是第一次世界大战期间，对飞行员选拔的需要促进了飞行员职业适应性的研究，同时带来了心理测量学的发展。继飞行员职业适应性研究后，又相继开展了宇航员、驾驶员、潜水员、外科医生和音乐家等特殊职业适应性方面的研究。在工业领域，由于有些特殊工种对作业者本人及周围的人与环境具有重大的危害性，因此有必要对特种作业人员的职业适应性进行研究。国外从 20 世纪 60 年代就开始了对焊接工、电工、起重工、司炉工等特种作业人员的职业适应性研究。

从 20 世纪 80 年代开始，我国在驾驶适应性方面开展了系统的研究。金会庆等通过研究发现并证实在中国存在事故倾向性驾驶员，并通过对事故倾向性驾驶员和安全驾驶员的病例对照研究发现，在人体形态、生理机能、视觉机能、心理、神经生化 5 个方面，事故倾向性驾驶员和安全驾驶员在某些生理、心理特征方面存在显著意义的差异，揭示了事故倾向性驾驶员具有易发事故生理、心理特征。驾驶适应性检测系统在全国的推广应用，对筛检事故倾向性驾驶员，训练在职驾驶员的生理、心理素质获得了良好的效果，从而在降低我国道路交通事故的发生率等方面发挥了较重要的作用。

我国国家标准 GB 5306—1985《特种作业人员安全技术考核管理规则》中明确规定了 10 种特种作业，即：电工作业、锅炉司炉、压力容器操作、起重机械作业、爆破作业、金属焊接(气割)作业、煤矿井下瓦斯检验、机动车辆驾驶、机动船舶驾驶和轮机操作、建筑登高架设作业。20 世纪 90 年代初，浙江省劳动保护科学研究所与浙江大学心理学系合作，较系统地进行了起重机械作业人员的职业适应能力要求和测试方法的研究。安徽三联事故预防研究所通过近 10 年的努力，对起重机械作业、锅炉司炉、压力容器操作、金属焊接(气割)作业、电工作业等 5 种特种作业人员的职业适应性进行了系统的研究，提出了特种作业人员职业适应性检测的指标体系，建立了各检测指标的参比值及综合评价方法，为特种作业人员职业选择提供了科学依据。此外，开发了特种作业人员职业适应性检测硬件系统和计算机信息管理系统，为工矿企业及其他有关部门的特种作业人员选聘提供了新的高科技手段。

(三) 职业适应分析的意义

(1) 科学选择与合理使用称职工作者。根据不同的职业特点，确定评价标准及指标，并对求职者进行测定，评价其职业适应性等级。对已上岗的作业人员定期进行测试和评价，建立职业适应性的动态数据库，以进行人员的动态管理。

(2) 为制定合理有效的职业培训计划提供科学依据。

(3) 指导人们选择适合自己特性和条件的职业、职务。通过对求职者的生理、心理属性进行综合测试、评价，对照不同职业或工种的要求，分析被试者适合于何种职业，以利于个人能力的充分发展。

二、职业定位

(一) 职业定位的含义

结合大学生的就业实际需求情况，职业定位有三层含义：第一，确定自己是谁，适合做什么工作；第二，告诉别人自己是谁，擅长做什么工作；第三，根据自己的爱好、特长、能力以及个性将自己放在一个合适的工作(生活)的岗位上。

(二) 职业定位的内容

1. 定位方向

想找准职业定位和发展方向，就要先挖掘自己的职业气质、职业兴趣、职业能力结构等方面的因素，找到自己的职业潜力集中在哪个领域，只有找准方向才能最大限度地开发和发掘自己的潜力。

2. 定位行业

要看清目标行业的发展趋势，就要主动、全方位地了解目标行业现状和前景。俗话说隔行如隔山，不能仅仅靠网络、报纸、杂志介绍，比较理想的做法是向自己在该行业供职的朋友了解，以便获得可靠消息，内容包括升迁制度、薪资状况等各个方面，多多益善。

3. 剖析自我

认清自己的优势和不足。假如不能准确地为自己定位，不清楚自己的强项、弱项，只是盲目跟风或跟着感觉走，这是绝对不行的。要掂量一下自己的优势在哪里，这些优势是否足以帮助自己在新的行业站稳脚？自己的弱点在哪里，有什么方法可以尽快提升自己的能力？从自身的角度讲，了解和分析的主要因素应该包括：喜欢做什么(主要包括职业兴趣、职业价值观等)；适合做什么(主要包括职业性格、气质、天赋才干、智商情商等)；擅长做什么(主要包括职业能力倾向，比如言语表达、逻辑推理、数字运算等)；能够做什么(主要包括自己掌握的专业知识、技能和工作经历)。

(三) 职业定位的作用

1. 定位准确，持久发展

很多人事业上发展不顺利不是因为能力不够，而是选择了并不适合自己的工作，他们并没有认真地思考一下"自己是谁"、"适合做什么"，也因为不清楚自己要什么，而无法体会如愿以偿的感觉。很多人把时间用于追逐不真正适合自己的工作上，所以随着竞争的加剧会感觉后劲不足。准确的定位可以让自己获得更加长足的发展。

2. 善用资源，集中发展

定位准确，就会善用自己的资源，集中精力发展自己，而不是"多元化发展"，这是职业发展的一个规律。很多人多年涉足很多领域，学习很多知识，其实内部很虚弱，每一项都没有很强的竞争力。人们常说，"学 MBA 吧，大家都在学"，"出国吧，再不出国就来不及了"，"读研究生和博士吧，年龄大了就读不动了"。现实已经说明，MBA、出国、研究生博士生不代表持续发展，投资很多，收益很少，因为过于分散精力会失去原有的优势。

3. 抵抗干扰，不易放弃

过去，有的人选择工作，用现实的报酬作为准则，哪里钱多去哪里，什么热门做什么，会发现头几年可能在待遇上会跟别人有一些差距，但是后来薪酬的差距并不大。风水轮流转，今天热门的过几年不热门了，从前挣钱容易过几年挣钱不容易。有的人凭借机遇获得一个好职位，但是轻易地放弃了，而选择了短期内看似不好但却更适合长远发展的职位。若能给自己准确定位，就容易能够理性地面对外界的诱惑。

4. 方向明确，易受重用

定位准确，就会获得合适的用人单位青睐，或者得到上司的重点培养，会得到有关系的帮助。有的人在写简历和面试的时候，不能准确地介绍自己，使得面试官不能迅速地了解自己。有的人在职业定位上摇摆不定，使得单位不敢委以重任。还有的人经常换工作，使得朋友们不敢积极相助。定位不准，就好像游移的目标，让人看不清真实的面目。

三、学生角色与职业角色转换

(一) 角色及角色转换的概念

角色是一个社会名词，是指一个人根据社会的舆论、规范和约定形成的习惯所表现出来的思维、行为方式。比如作为一个学生，在人们的印象当中是一个以学习为主、生活单纯、富于想象、天真烂漫的形象。一个人在生活当中会同时扮演着很多个不断变化的角色，比如他在学校是一个学生，在父母面前是一个孩子，在商场购物的时候又是一个顾客。因此，他就必须随着他所处的环境和场所的变化而不断地调节自己，变化着自己的角色和角色行为。

社会角色是指由人们所处的特定社会地位和身份所决定的一整套规范系列和行为模式，是人们对具有特定地位的人的行为的一种期望，是社会群体的基础，它随着社会实践的发展而不断地发展更新其内容。社会角色是社会赋予人的社会权利和义务，它反映了每个人在社会中的地位和在人际关系中的位置，代表了每个人的身份。每个人扮演的主要角色不同，是由其承担的主要任务所决定的。学生的主要任务是读书学习，其主要角色就是学生。

每个人在社会中所扮演的主要角色并不是固定不变的，往往会发生多次的角色转换。角色转换是个体的人在社会中的动态描述。人的社会任务和职业生涯不断变化，角色也随之变化，从一个角色进入另一个角色，这个过程称为角色转换。角色转换的根本变化是社会权利和义务的变化。大学生走向工作岗位是一个角色转换的过程。大学生走向社会，开始新的工作，从承担新的任务这一时刻起，他们由原来主要承担的学生角色变为另一个新的社会角色。

大学生要实现从学生角色到职业角色的转换并不是瞬间可以完成的，而是需要一个过程，主要包括取得角色和进入角色两个环节。

第一，取得角色。大学毕业生通过学校推荐、市场角逐、与单位双向选择，最后双方达成就业协议，并完善就业协议书的各项手续，毕业离校后凭就业报到证到工作单位报到，并获准承担某个角色，这时角色转换正式开始。

第二，进入角色。毕业生到单位报到后，获得承担某个角色的认可，并开始熟悉单位的工作制度，了解本职工作的业务流程，逐步表现出扮演这一角色必须具备的品质和才能，从精神上和行动上完全投入到这一角色，称之为进入角色。

(二) 学生角色与职业角色的差异

大学毕业生要尽快适应社会职业角色，首先要了解学生角色与职业角色的差异，其差异主要表现在如下几个方面。

1. 社会角色不同

学生角色是受教育，储备知识，掌握本领，接受经济供给和资助，逐步完善自己的过程；职业角色则是用自己掌握的本事，通过具体工作为社会付出，独立作业，具有一定的权利和义务，以自己的行为承担责任的过程。两者的区别表现在以下几方面。

(1) 社会责任不同。学生角色的主要责任是努力吸取知识，使自己在德、智、体等方面得到全面发展。责任的履行主要关系到本人知识掌握的多少和能力培养的程度。而职业角色的责任是以特定的身份去履行自己的职责，依靠自己的本领或技能去工作，去服务社会，完成某个事项的过程。责任履行的优劣，不仅影响到个人价值的实现，还会影响到单位、行业的声誉。

(2) 社会规范不同。学生角色规范主要是从教育的角度出发，要求其遵守学生规范，使之被培养成为合格的人才。职业角色的规范则是社会提供的从业者的行为模式，因职业的不同而不同。这些规范既具体又严格，违背了就要承担一定的责任，甚至是法律责任。

(3) 社会权利不同。学生角色的权利主要是依法接受教育，并取得经济生活的保障或学习条件的帮助，同时根据父母的期望，履行努力学习的义务。职业角色的权利主要是受到相关部门劳动法则的保障在其工作中获得劳动报酬、工作福利，同时随着报酬，职业角色需要履行贡献劳动力的行为。

2. 人际关系不同

现代的人际关系，即人与人之间的相互交往关系。学习是学生的主要任务，能否学好科学文化知识，提高自身的素质和能力，主要取决于学生本身。竞争只是促进学习的手段，并未从根本上影响学生的利益，这便决定了学生的人际关系是比较简单的。成为从业者以后，竞争是不可避免的，谁能迅速转换角色，谁的能力、素质高，谁就能在竞争中取胜，并获得相应的收益，竞争的胜败关系到利益的分配，由此决定了从业者的人际关系是较为复杂的。

3. 生活管理方式不同

学生的学习生活是一种集体生活，住的是学生宿舍，若干人同一间宿舍，在集体食堂用餐，学校实行统一的生活作息制度，对学生提出统一的行为规范，违反了纪律还要受到处罚。在社会上，单位在工作时间内对员工提出要求，其他时间主要由员工自行支配。在遵守国家法律法规和社会公德的前提下，员工在生活上享有很大的自由度，没有严格统一的管理方式来约束。

4. 对社会认识的内容、途径不同

学生是受教育者，他们对社会的认识、了解主要来自书本，来自课堂的学习，认识的途径主要是间接的，认识的内容主要是理论性的。他们对社会的期望值很高，有完美的理想，充满着浪漫的色彩。从业者则通过自身的实践加深对社会的认识、了解，认识的途径是直接的，认识的内容主要是实践性的、具体的、带有现实主义的。理想与现实总是存在着一定的差距，有的毕业生走向社会后，习惯用在学校时的思维方式去认识社会，遇到现实矛盾容易产生困惑、迷惘、彷徨、甚至失望，无法适应工作环境，难于转换角色；相反，有的毕业生则能正确认识这一差距，通过艰苦的努力拼搏，最终实现了理想。

(三) 影响毕业生角色转换的因素

由于学生角色与职业角色不同，毕业生步入社会后，必须按承担的职业责任和行为规范调整角色。角色转换的时间有长有短，有的一年半载，有的一年至两年。适应期的长短受诸多因素的影响，概括起来有自身因素和社会因素两大类。

1. 自身因素

(1) 心理因素。理想与现实的差距、期望与实际的不平衡使毕业生产生了一系列的不适应心理现象：依赖心理、自我否定心理、失望心理、寻求理解的心理、攀比与嫉妒心理。毕业生在争取单位帮助的同时，应当注意调整、控制、改善自身的心理状况，以乐观的精神面貌和勤学苦练、踏实肯干的良好作风赢得大家的认可，顺利地融入社会环境，成为一名合格的社会成员。

(2) 身体因素。健康的体魄是事业成功的基础。学生在校努力学习的同时应该注意加强锻炼，以良好的身体状态迎接工作的挑战，充分利用学校的体育设施设备来进行身体锻炼，加强体质锻炼，练就强健体魄。俗话说："身体是革命的本钱。"只有拥有强健的身体，才可以顺利完成工作任务，成为一名受重用的职业能手。

(3) 素质因素。毕业生在知识结构和能力上的不适应的原因为：一是所学到的理论知识与实际工作中的要求存在相当大的差距；二是在知识经济时代，知识更新周期加快，所学的知识很快就会变得陈旧；三是目前我国高等教育存在着与社会需求适配性欠佳的现象，有的毕业生不能做到学用一致，况且知识并不等于能力，在实际工作中存在着把知识化为能力优势的问题。

(4) 观念因素。读书时主要靠个人努力获得知识，工作后不仅需要个人努力，更需要有整体工作观念。学习书本知识是一种半封闭的常在书本知识上跳跃的思维；而走上工作岗位后，广泛接触实际，就要建立开放性思维观念。课堂教学的形式使学生对老师产生一定的依赖心理；而在工作岗位上，主要是靠自己摸索、掌握工作方法、完成工作任务、虚心向他人请教、培养独立工作的观念。

(5) 性格因素。各个工作岗位的特点不同，对从业者性格的要求也不同，有的岗位要

求从业者性格开朗、外向、善于言辞，否则就难以完成工作任务，如销售人员，要喜欢交际、开朗大方，能用恰当的语言将产品的性能、特点向客户宣传。有的岗位则要求从业者性格要稳重、细心，如医生，必须耐心地倾听病人对病情的叙述，细心观察病情变化，面对突发事件沉着冷静、不乱方寸。当然，任何一个工作岗位对性格的要求都不是绝对的，关键是一个从业者必须根据工作需要，努力克服个人性格缺陷，培养良好的素质、性情，以恰当的心态去对待工作，才能真正把工作做好。

2．社会因素

(1) 学校教育与社会现实的矛盾。大学生在校期间接受的都是健康、正面的教育，常常以理想的思维方式看待社会，看待人生。一旦置身于社会当中，对社会中的一些不良现象，他们既看不惯又无能为力，便会处于困惑之中，产生种种疑问。这导致他们难以使自己的思维结果与社会现实相协调，反映出对社会生活的不适应，甚至还表现出对单纯、浪漫的学生生活的留恋。

(2) 社会需要与自我完善的矛盾。当今社会是改革的社会、竞争的社会，是科技迅速发展的社会。社会不仅需要知识面宽、动手能力强、有一定的组织管理能力、素质较高的大学生，更需要具有开拓性、创造性的大学生。然而，尽管多年来我国教育改革在逐步深入，但我们的学习教育仍有一定的封闭性，与社会实际还有一定的距离。投身于社会后，大学生便会发现自己的知识面窄，知识结构不完善，思维刻板，理论与实际相脱节，很难适应工作。

以上这些矛盾导致了大学生对工作、生活、环境的不适应。在这些矛盾和困惑面前，是主动适应，还是畏缩消沉，这是大学毕业生必须考虑的一个问题。

第三节　职场认知

当今社会，很多人赞扬职场的精英们个个有能力、懂政治。个人能力表现为时间掌控能力、知识水平、现场问题解决能力，职场政治能力表现为判断自身所处环境的能力以及创造利于自己条件的能力。真正的职场精英是可以做到三件事的：我知道该做什么，我知道该怎么做，我有时间去做。对于初入职场的当代大学生来说该如何去做才能最快适应职场的环境，认识职场是首当其冲的任务。

一、应对职场压力

职场压力指人在职场心理感受压力太大。职场压力属于压力的一种压力，是工作本身、人际关系、环境因素等诸多因素给工作者造成的一种紧张感。压力过大或者这种紧张感过于持久则会出现焦虑烦躁、抑郁不安等心理障碍，甚至形成心理疾病，严重者更可能会导致精神问题。经调查研究表明，目前工作者每天面对的职场压力是 20 年前人们面对的 5 倍，90% 的人打破了正常的生活规律，其中有许多人对健康多有抱怨。压力太大，不仅会导致精神不足时，工作效率欠佳，甚至面对事情的抗压能力也下降。因此，我们需要学会如何应对职场压力。

(一) 增强抗压能力

职场中的压力是常有的，压力的大小取决于自己的承受能力。现在要做的就是提高自己的抗压能力，找到缓解压力的办法，比如外出聚会、锻炼等。

(二) 培养工作兴趣

很多人在求职的时候总是把岗位想象的很好，但是现实很可能事与愿违，自己并不喜欢这份工作。其实可以摆正自己的心态，重新喜欢上这份工作。

(三) 争取职位晋升

对于很多新手来说，工资多薪资太低这只是一个阶段性而已，所以只要熬过这段时间就好。此外，还要自己主动争取职位晋升等来改变自己的收入。

(四) 拓宽发展空间

真正身在职场中才发觉自己选择的这份职业发展空间太窄了，这时自己就可以选择一些技能提升自己，从而通过部门转换拓展自己的发展空间。

(五) 理清人际关系

职场的人际关系不如学生时的那么单纯，里面存在的各种利益关系错综复杂，使得自己难以融入其中，而且还要十分谨慎地处理。这时你最好的办法就是保持低调，先观察、理清一些利益关系，才能融入其中。

二、掌握入职技巧

(一) 培养人际关系

美国著名的成功学大师卡耐基曾说过："一个人事业上的成功等于15%专业技术加上85%人际关系和处事技巧。"美国哈佛大学就业指导小组对数千名被解雇的员工进行了综合调查发现：因人际交往关系不好而被解雇的人比因不称职被解雇的人高出两倍多。可见，人际交往在职业工作中具有不可忽视的重要性。新员工刚进入一个组织，一切都是陌生的。但人是社会的人，常常要与工作环境周围的人交往、合作。尽快地适应交往对象，并融入群体之中，对打开工作局面非常重要。如果处理不好人际关系，不但影响工作，也影响人的生活质量。

新入职的员工刚开始一定要注意观察，多做少说，避免人际关系的失败。要特别注意与上司的交往，因为上司通常是代表组织行事的，他们占有相对多的资源，对个人成长有十分重要的影响。如果工作做得好，留给领导的印象也好，个人发展的机会就更多。否则，即使有很强的能力，也可能被说成"年轻气盛、不成熟、有傲气"，从而与重要的培养、提升机会无缘。

新入职员工进入一个新的单位，会接触同事、上级，他们可能成为好的合作伙伴、朋友、知己，也有可能成为彼此不想多交往的人、需防范的人，甚至是敌人。在一般情况下，新员工在进入单位时，如果不注意建立良好的形象，往往会给别人带来一些消极的印象，影响自己职业生涯的发展，因此应该注意以下几点。

1. 适当地讲究着装

穿着不一定很名贵，但衣服一定要合体、干净、整洁，而且颜色和图案的搭配一定要协调，鞋子应该是舒适而又不引人注目的。对男士而言，如果是文职人员，可以是西装，稍微正式一些，也可以是夹克、西裤，更休闲和轻松一些。对女士而言，不可浓妆艳抹，否则给人以轻浮的印象。

2. 要有时间观念

现代人讲究时间观念，不守时常常被人们视为不敬业、不礼貌、不可靠。如果上班来得早，可以先熟识几个人，还可以为单位做些力所能及的事情，可以给老员工留下一个良好的印象。

3. 出色地完成第一件任务

新到工作岗位主要的问题是缺乏经验，但不能将没有经验作为办事质量差的理由。为此，如果遇到以前没有经验的事情，不妨自己先考虑考虑，理清思路，看主要有什么困难，再将难以处理的问题向同事或上司请教，这样既不会被看成是能力差，又可以确保工作不出差错，也显示了对老员工的尊重。

4. 积极利用非正式场合熟悉周围的员工

在正式场合，很多人的行为和态度受工作情境的制约，不能表现出个人的所有特点。但在非正式场合，限制较少，人们的言谈举止比较随意，表现比较真实，是认识同事的好机会。

5. 经常记录，总结得失，不断改善工作

在工作中，有成功的喜悦，也会有失败的烦恼。成功了，要总结经验；失败了，要吸取教训。要记录工作中常见的问题，对工作中的不愉快也要细心分析，找出原因，以便今后杜绝类似情况的发生。

6. 注意交往技巧

每个单位都有一些非正式群体，有些人关系比较好，有些人关系比较差，还有一些人游离于群体外。有些同事可能由于过去的利益分配问题有矛盾，有些同事可能是性格不好而不受欢迎，有些同事因为观点不同会经常争吵。作为应届毕业生，初来乍到，首先应该熟悉环境，观察如果是有矛盾的人，他们的问题在哪方面？如果是被孤立的人，是交往能力问题，还是品行问题？如果是喜欢争吵的人，是为公，还是为私？只有将这些问题弄清楚了，交往才会有针对性。

(二) 找准职业方向

人生有涯，事业无涯。将人生所有的时光都用在自己适合、喜欢的领域积累，这种积累就会丰厚，成功的可能性就比较大。当然，也有些人不是以社会的成就作为自我成就的判断标准，而是注重人生的过程和体验，也许社会成就不高，但自我感觉比较满意。然而，人是社会中的人，不受社会价值标准的影响是十分困难的，因而不注重社会成就的人也只是极少数。综观职业成功人士，大多数是弯路走得比较少的人。如果人生的美好时光都在

反复地摸索中度过，尽管能丰富生活阅历，但离成功目标就远了。因此，尽早地给自己定位，确立努力的方向，显得十分重要。

我们可以通过许多途径来了解自我：可以倾听老师、父母、朋友、同学对自己的评价；也可以进行内省，通过分析自己学习某种活动的难易程度、成绩高低，在比较中发现自己的优劣；还可以通过分析自己的作品、自己对从事某种活动的感受来获得对自己的认识。在认识职业自我时，除了考虑自己的专业外，还有一点要考虑的是所加入组织自身的发展机会。人们寻找的工作往往与自己所学的专业有关，但工作不等于专业，专业只是个人职业生涯的出发点。因为有些工作仅仅靠专业知识是不够的，比如一名优秀的管理者，除了要懂管理专业的知识外，还要有较强的人际交往能力、组织协调能力、激励能力以及为了配合组织的发展，个人既要充分发挥自己的专业优势，又不能局限在专业领域中。最好是根据组织提供的机会，以专业为依托，学习相关岗位的知识技能，以寻求最大化利用自己专业外的优势，根据组织的实际慎重选择努力方向。如果自己一时拿不定主意，可以寻求他人帮助，来指导自己选择职业生涯目标。职业生涯早期走的弯路越少，人的社会成就可能就越高。

(三) 不断学习，提升自我

适应社会的过程是一个学习、适应、再学习、不断适应的过程。首先要追求知识结构的完善，需要不断学习。大学生虽然已掌握了一定的科学文化知识，具备了一定的能力，但知识结构还不尽完善，知识还不够丰富，解决实际问题的能力及动手能力较差。只有不断地学习，才能在工作实践中不断完善自己的知识结构，丰富自己的知识。其次为适应工作的要求，也需要不断学习。大学生初到工作岗位，对自己所要从事工作的基本情况还不了解，况且所学的理论知识与工作实践总会有一定的差距。只有不断学习、勤于思考、善于总结，尽快熟悉和掌握有关的业务知识，并及时补充业务知识的不足，才能更好地适应工作。要跟上科学技术的迅猛发展，也需要不断学习。飞速发展的科学技术，使知识更新的速度加快，大学毕业生如果仅仅停留在大学所学的知识基础上，知识很快就会老化。时代的发展要求科技人才要不断更新知识、开阔视野、推陈出新、瞄准世界科技的前沿。

(四) 把握时机，适时调整

大学生的首次就业并不一定就是终生的职业选择。由于最初择业时受某些条件的限制，一部分大学生就业后对自己的职业并不满意。对此我们应当具体问题具体分析，当然，我们首先要考虑国家的需要，提倡干一行爱一行，安心自己的本职工作，但这并不意味着绝对限制人才的流动。如果经过一段较长的时间你仍难以适应工作、难以培养起职业兴趣、难以施展自己的才华，那么重新选择职业将是你的选择。随着社会需求的变化，根据自身的实际条件，一些已经就业的大学生完全可以适时调整自己的奋斗方向，把握好重新选择的机会，找到更适合自己的职业。

重新选择职业是基于对自己重新认识、重新发现的基础上，为了寻找新的、更快的自我发展，以求自我完善，即人生价值的最大限度的实现，而对职业和环境做出的重新选择。重新选择职业一定要抱着慎重和负责的态度，不可盲目跟风，更不能在工作中稍不如意就盲目跳槽，从长远来看，这样做对自己的发展是不利的。

（五）立足新岗位，树立新意识

1．树立角色意识

适应工作、适应社会，首先要树立新意识，最主要的是要树立角色意识。尽快完成对新角色的领悟、认识和实践，这是适应职业和社会的关键所在。

2．树立独立意识

大学生在校的主要任务是学习，长期依靠教师，生活也主要靠家人供给，形成了依赖心理。工作后大学生要承担一定的社会责任，工作中要能够独当一面。人们也开始把大学生作为一个独立的社会人来看待，这就要求大学生具有独立意识。只有具备了独立意识，才能真正地立足于社会，才能为以后的工作打下良好的基础。

3．要树立主人翁意识

学生时代，大学生主要是在教师的指导下学习、生活，扮演的主要是被动的角色。除学习外，凡事很少需要操心，社会活动较少，承担的社会责任也相对较少。毕业后，大学生多数要参与管理工作，要参与决策，对单位和部门甚至对社会都要承担更多的责任和义务。个人工作成绩的好坏，不仅关系到个人的前途，还和单位、部门的兴衰荣辱息息相关。这就要求大学生要树立主人翁意识，以单位部门的兴衰为荣辱，以国家的兴旺、民族的强盛为己任。

4．树立协作意识

大学生在校期间的学习基本上是一种单纯的个体活动。毕业后从事的工作与在校的学习则有很大的不同。随着科学技术的高速发展，社会分工越来越细，部门与部门之间、个人与个人之间的协作关系日益密切。因此，刚走上工作岗位的大学毕业生一定要树立协作意识，这不仅是科技和社会发展的要求，也是个人成才所必须具备的，切勿片面强调个人的作用，要从整体利益出发，顾全大局。

三、维护劳动者权益

劳动者的合法权益的保护主要是依赖于《劳动合同法》的具体实施和保障，下面依据《劳动合同法》这部法律就"如何保护新入职劳动者的合法权益"来进行分析。

我国宪法明确规定保护劳动者的合法权益，而且我国的劳动法把维护劳动者的合法权益作为首要的基本原则。在我国，维护劳动者合法权益具有十分重要的意义。

维护劳动者的合法权益是调动劳动者积极性、提高劳动生产率、发展社会生产力的需要。劳动者是社会生产力中活的要素，在社会生产力中起决定作用，而劳动者的物质利益需要是其从事生产劳动的最终动因和目的，且人都有避害趋利的特征，因此维护劳动者的合法权益能够充分调动其劳动积极性、创造性，从而为社会、为国家、为人民也为其个人创造财富，使社会生产力得到提高。

维护劳动者的合法权益是从我国具体国情出发的。我国是人口大国，劳动力始终供大于求，且劳动力素质有待于提高，劳动就业问题十分突出。此外，再加上我国目前正处于社会转型期，市场化的劳动关系刚刚建立，劳动法制不健全，往往导致劳动关系的恶化，劳动者的合法权益受到损害。因此，必须注重维护劳动者的合法权益，尤其是要注重运用法律手段来维护劳动者的合法权益，防止经营者的劳动侵权行为，防止劳动关系的恶化。

维护劳动者的合法权益也是从保护弱者的角度出发的。劳动力具有人身性，它无法储藏，必须当天出售。其过度使用或在不安全、不卫生的条件下使用又会危及劳动者的生命和健康。因此劳动力的这种特点决定了劳动关系中劳动者的弱者地位，决定了劳动者始终受制于雇佣者，而雇佣者利用其强势以强凌弱。社会主义国家也是如此，这是经济运行中的客观现实，为使劳动关系双方得到实质上的公平，国家必须通过各种手段，尤其是通过立法来保护新入职劳动者，我国的劳动法便具有这种倾斜保护的性质。

(一) 劳动者权益受到侵害的表现

我国劳动者合法权益受到侵害的对象主要是部分非公有制、中小型用人单位职工、部分进城就业的农民工、部分改制改组和关闭的国有企业职工，出现如：劳动合同签订率低、内容不规范，履约率低的情况。据调查，在全国私营企业与劳动者签订劳动合同的不足50%。即使部分企业签订劳动合同，也很不规范。有的缺少必备的劳动时间和休息休假、劳动报酬及支付形式和支付时间、劳动安全卫生等条款。有的权利与义务不对等，部分还有"生死合同"条款。

1. 压低、拖欠工资、延长工时

有不少私营企业均以当地最低工资标准作参照来支付一般雇员工资，有的甚至低于当地最低工资标准。有的实行计件工资制，但计件定额使多数雇员无法在 8 小时之内完成，只得延长工时。拖欠工资特别是拖欠农民工工资的现象十分普遍。

2. 劳动安全与卫生条件普遍恶劣

一些私营企业不重视对职工进行安全防护和保护，企业安全生产投入严重不足，不具备劳动卫生设施，职工劳动卫生环境极差，职工生命安全和身体健康得不到基本保障，伤亡事故和职业病频繁发生。

3. 不为入职职工缴纳或欠缴社会保险费

一些用人单位尤其是一些私营企业不依法为职工参加养老、医疗等社会保险和缴纳社会保险费，有的即使参加了社会保险，也不能按时和足额缴纳，甚至无理由拖欠。在部分改制改组企业，企业在与职工解除劳动关系时，不依法支付经济补偿金。有的企业欠缴社会保险费，使职工社会保险关系接续困难。

(二) 怎样维护劳动者的合法权益

劳动者维权应该根据《中华人民共和国劳动法》依法进行维权，劳动者维权应做到：提高自身素质，学法懂法用法；依法签订合同，维护合法权益；加入工会组织，依靠工会维权。当代大学生正处在学生与社会人员两重身份衔接的阶段，因此准备毕业的学生毕业之前进入职场，称为实习生；毕业之后进入职场，经过试用期正式转正，成为正式员工。

1. 实习生的合法权益维护

1) 主动学习实习生相关的法律法规

我国相关法律法规以及有关的司法解释对劳动者的年龄、学历、是否纳入就业保障范围都作了明确的规定，而在校学生并不具备这些劳动者的条件。如果学生实习中受到伤害，实习单位也是要承担法律责任的，学生可以依据民法要求用人单位承担责任。实习生与用人单位间的法律关系不属于劳动关系，但可以归入民法的范畴，直接适用我国《合同法》以及《最高法院关于审理人身损害赔偿案件适用法律若干问题的解释》等民事法律来调整和赔偿，因此赔偿的数额略低于工伤赔偿的标准。

2) 通过正当途径找实习单位

每年应届毕业大学生在找工作期间，往往为找工作四处奔波，这也给不法分子带来了通过各种手段诱惑大学生加入传销等组织的机会。因此，为避免不必要的权益纠纷，同学们务必要通过正当途径寻找实习单位，不要盲目听从他人的利益诱惑。

3) 与用人单位签订实习协议

实习协议是学生保护自我权益的有力武器，因此必须与用人单位签订明确的实习协议，运用法律手段保护自己的权益。签订实习协议的时候，应注意以下几点：首先，查明用人单位的主体资格是否合法。协议双方的主体资格是否合格是协议书是否具有法律效力的前提。因此，实习生签协议之前，一定要先审查用人单位的主体资格。其次，看清协议条款是否明确合法。实习协议的内容是整个实习协议的关键部分，实习生一定要认真核查双方权利义务是否合法；是否符合国家相关法律和政策；是否明确了岗位与薪酬等。再次，查看签订实习协议的程序是否完备。

实习生和用人单位经协商一致，签协议时要注意完整地履行手续。其一，要签名并写清签字时间；其二，必须加盖单位公章并注明时间，不能用个人签字代替单位公章；最后，注意违约责任的界定是否明确。在协议内容中，应详细表述当事人双方的违约情形及违约后应负的责任，同时还应写明当事人违约后通过何种方式、途径来承担责任。这样有利于当事人双方履行协议，也有利于防止纠纷的发生及纠纷的解决。

4) 遇事向学校或者相关部门寻求帮助

在实习期间，学生可以主动向学校老师汇报自己的实习情况，职场工作中有不明白的地方可以咨询学校老师，遇事更可寻求学校领导及老师的帮助。除此之外，还可以向有关部门提出权益保护的帮助。

2. 正式员工的合法权益维护

1) 积极主动学习和了解相关的劳动法律法规

正式进入职场之后，实习生的角色变为了正式员工的角色，为了促使同学们在正式进入职场之时，可以顺利掌握职场规则，建议多积极主动学习并了解相关的劳动法律法规，比如《中华人民共和国宪法》、《劳动法》等。

2) 遇到问题可与用人单位先行协商，摆事实，讲道理

按相关法律规定，发生劳动争议，劳动者可以与用人单位协商，也可以请工会或者第三方共同与用人单位协商，达成和解协议。因此，在同学们成为正式员工之后，完全可以将企业中不合理或者损害个人的利益的事情和用人单位进行协商，将事情捋顺，摆事实，讲道理。

3) 通过正规的调解组织进行调解处理

劳动者在自身合法权益受到侵害时，如果单位当事人不愿协商、协商不成或者达成和

解协议后不履行的，可以向调解组织申请调解；如果调解组织不愿调解、调解不成或者达成调解协议后不履行的，可以向劳动争议仲裁委员会申请仲裁；对仲裁裁决不服的，除本法另有规定的外，可以向人民法院提起诉讼。

4) 向有管辖权的劳动争议仲裁委员会申请劳动仲裁

有管辖权的劳动争议仲裁委员会即为用人单位所属地域的劳动争议仲裁委员会，即劳动争议由劳动合同履行地或者用人单位所在地的劳动争议仲裁委员会管辖；双方当事人分别向劳动合同履行地和用人单位所在地的劳动争议仲裁委员会申请仲裁的，由劳动合同履行地的劳动争议仲裁委员会管辖。在遇到自身劳动合法权益受到损害，而且正规调解组织都无法调解处理的，就可以向该委员会申请劳动仲裁。

在以上维护自身合法权益过程中，劳动者在这些维权方法中依然需要依靠组织如工会组织、法律援助机构的帮助，所以同学们成为职场一员的时候还应该了解法律援助的资格审核等知识。

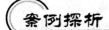

案例探析

职 业 适 应

进了生平第一家公司，小陆心情还不错。对做一些制作 PPT、打印之类的基础性工作，他毫无怨言，很快开始跟着主管做公司里一些具体的咨询项目。尽管工作表现不错，小陆却经常因为一些他自认为"小节"的问题被主管批评，主管对他的评价是"大病没有，小病不断"：每天上班都险些迟到；开会最后一个来，第一个走；办公室里他的桌子总是最脏最乱；不管是给客户还是主管打电话，第一声总是"喂"。因此，有一次，主管因为小陆开会迟到扣了他当月的奖金；同时，在检查办公室环境时，甚至还叫清洁阿姨把小陆桌上的杂物统统当成垃圾扔掉。

现在有些刚毕业进公司的新人工作习惯确实不好，在有些公司，刚开始对新进职员工作能力的要求并不高，主要是看个人的责任心怎么样，包括个人习惯如何。所以，新人进公司不能再像在家里或者在学校那样自由散漫，得学习基本的职场礼仪并尽快适应职场的生活。

第七章　创业基础知识教育

改革开放以前，大学生毕业后由国家统一分配，不存在毕业之后找工作的问题。实行社会主义市场经济体制以来，大学生毕业后不再由国家统一分配，而是实行双向选择，大学生可以选择自己理想的、专业对口的、能够发挥自己作用的单位施展自己的才华。然而，随着大学教育的发展，特别是大学扩招之后，大学生就业难的问题已凸显出来。面对就业难的问题，新一代的大学生不再把眼睛盯在国家机关、国有企业、中外合资和外资企业，而是另辟蹊径，自主创业，自谋发展。在这方面，许多大学生已经走上了成功之路，为在校生和有志于自谋发展的学子们树立了榜样。

第一节　创业的内涵

这是一个创业形成潮流的时代，百姓创家业，能人创企业，干部创事业，由此汇集成中华民族共创民族大业，即共创中国特色社会主义千秋大业伟大时代。创业已成为中华民族的共同话题。

一、创业概述

(一) 创业的概念

传统上，创业指的是个体创建新企业的行为。在今天变化迅速和不确定性增加的动态复杂环境下，创业成为获取竞争优势、推动经济变革和促进社会进步的重要动力，创业所体现的价值越来越受到重视。综合来看，我们将创业定义为：某一个人或一个团队，不局限于外界现有的资源，运用个人或团队的力量开创性地去寻求机遇，创立企业和实业并谋求发展的过程，通过这个过程来满足其精神和物质的需求和愿望。创业是一个发现和捕捉机会并由此创造出新颖的产品、服务或实现其潜在价值的过程，而创业者则是追求这些机会的人。

(二) 创业的内涵

1. 创业是一种生存活动

创业是在传统工资性就业岗位不能满足人们的就业需要，知识经济的发展不断对人们的素质提出新要求，失业问题日益严重的情况下萌发的。在此背景下开展创业活动不仅让人获得创业感性认识，使人们了解和学会创业必备的知识和能力，而且还能引导人们去开拓一种新的生存理念和生存模式，从而改变人们原有的生活方式、提高人们的生存能力。

2．创业是个体发展的活动

创业强调人的首创、冒险和积极进取的精神，就是要让人们主动适应社会和环境。通过开展创业实践活动，培养创业主体的创业意识、创业认识、创业能力和创业素质，也就是培养创业者主动适应社会的素质，使其智慧和个性得到全面合理的发展，进而促进社会的发展。

3．创业是一种创新活动

创业作为一种新的生存理念和生存模式，从根本上讲是一种创新能力的培养，它是在挖掘人类最高潜质的基础上，把创造力的开发作为根本功能的一种全新的生存理念和行为。

4．创业是提升素质的活动

通过创业活动，培养创业主体的创业心理品质、创新开拓意识，发展创业者的创造思维能力、专业能力、实践能力，促进创业者的综合素质的全面提升。因此，创业活动是高层次、高质量的素质培养活动，是素质教育的最高体现。

5．创业是终身性的学习过程

随着社会科学技术的进步和经济环境的急剧变化，一次性创业已不能终身受用，各个行业都存在二次创业或者人的工作岗位转型的可能。创业必须由阶段性走向终身性，要把创业作为创业者的综合素质不断提高的终身学习过程，伴随创业者的创业及其企业发展而一直持续，创业应是贯穿人的职业生涯发展始末的终身学习活动。

二、创业类型

中国的经济处于高速发展阶段，因此创造了相当多的创业机会，并催生出大量的创业类型。目前学术界对创业类型的划分尚未得出统一的定义。本书以中山大学南方学院为研究对象，根据以往的资料分析，按照组织形式，将该校大学生创业模式分为四大类，即：独立自创类型、加盟代理类型、创意类型和孵化器类型。其中独立自创类型及加盟代理类型在调查中占的比例较大。

(一) 独立自创类型

独立自创类型是指由个人或团队经营的创业模式，一般为个人独资或合资，主要目的是在实现就业的基础上积累原始资本和经验，主要采取自我雇佣的业主组织形式进行管理。在该校，此类型基本集中在商品零售行业，如零食、体育器材、电脑配件、正装、日用品、餐厅等方面。这一类型的投资小、成本低、风险小，再加上创业者为该院校学生，非常了解周围大学生消费群体及消费需求，故创业成功率较高。

(二) 加盟代理类型

加盟代理类型是以个人或团队进行创业的模式，其管理方式按规模的大小分为个人或团队全权负责一切经营活动，以总店或中心统一的模式自我雇佣、自我管理。经调查发现，这一模式主要涉及快递、美容产品、服装等科技含量低和消费人群大的行业。虽然所代理企业的品牌效应有助于减少经营风险，并带来较大的经济利益，但其门槛较高，需要较多的资金投入，因此该校大部分的大学生选择加盟代理模式仅局限于做校园代理，长远发展受到限制。

(三) 创意类型

创意类型是一种崭新的创业模式，是创业者利用新颖想法进行的创业活动。在该校，此创业类型基本集中在一些新兴行业，如网络、艺术、装饰等领域。其组织管理形式不受限制，多数以个人独资或合伙形式，规模较大的采用股份公司。但创意类型创业具有很强的不确定性，创业难度系数高，对创业者的能力要求较高。从该校情况上看，从事创意类型创业的学生所占比例较小，绝大部分仅停留在理论成果阶段，并没有投入实际运行；或者由于各种条件的限制，无法进入实际运营阶段。

(四) 孵化器类型

孵化器类型是大学生受创业大赛驱动和高校创业园区环境熏陶、资助、催化而产生的创业活动。大学生们在创业比赛中不断成长，当中的优秀创业者还有机会获得创业基金或大学生创业投资公司的资金支持、专家培训指导以及一系列的优待政策。该模式对资金、技术、创业者能力以及政府支持要求较高，主要集中在高科技行业，服务行业所占的比例不大。由于专业限制，该校大学生的创业项目基本上不涉及这一模式。

三、大学生创业选择

当代大学生作为社会新技术、新思想的前沿群体、国家培养的高级专业人才，代表着最先进的流行文化，代表着年轻有活力的一族，是推动社会进步的栋梁之才。然而，随着教育制度的深化改革，随着全国高校扩招规模的不断扩大，凸显出的是大学生的就业困难问题。自从改革开放以来，计划经济体制逐步被市场经济体制取代，大学生不再享受手捧"铁饭碗"的特权，每年数以百万计的大学毕业生涌入社会，供求严重失衡的情况导致就业问题日益显著。面对严峻的就业问题，越来越多的大学生开始尝试自主创业。近几年来，大学生养猪、养鸡鸭、卖水果、卖肉夹馍等早已不再是新闻。大学生创业也成了人们津津乐道的社会性热论话题。

(一) 大学生创业优势分析

新生代大学生往往对未来充满希望，有着年轻的血液、蓬勃的朝气，以及"初生牛犊不怕虎"的精神，而这些精神也造就了大学生创业的动力源泉，成为其成功创业的精神支柱。大学生在学校里学到很多理论性、专业性的知识与技能，有着较高层次的技术优势，其最大好处是能提高自己的能力、增长经验，以及学以致用；最大的诱人之处是通过成功的创业，可以实现自己的理想，证明自己的价值。

1. 大学生创业的创新优势

刚进入社会的大学生充满活力，勇于拼搏，无太重包袱，具有较强的社会适应本领。

决心较强，对本身认准的事物会有激情去体验。对于创业，大学生有着自己独特的创意和资源，有着较强的领悟能力和自主学习的本领。这使得他们成为创业的主力军和最有发展力的潜力股。

2. 大学生创业团队组建优势

大学生是一个知识、智力和活力都相对密集的群体，他们接受了专业领域的分工，具有较强的专业能力。因此，知识资源成为大学生创业的最大优势，资源的整合和团队组建成为大学生创业的有利条件。

3. 大学生创业的政策优势

目前，从中央到地方，各个高校都热情鼓励、支持大学生自主创业，各级政府为大学生创业出台了一系列的优惠政策，各高校也为大学生创业积极创造各方面的条件。对有条件的大学生来说，自主创业已经具备了难得的机遇。

我国政府大力支持大学生自主创业，积极为大学生提供了良好的市场环境和融资政策，在 2009 年出台的《国家促进和支持高校毕业生就业政策公告》中明确指出了鼓励和支持高校毕业生进行自主创业。同时，国家还建立了创业基金。这些政策的出台，目的就是鼓励大学生进行创业。

(二) 大学生基于自身优势的创业选择

大学生如何根据自身能力和条件作出创业选择呢？做什么？怎么做？为谁做？市场是否有需求？经验、实践能力、资金等对大学生来说都是必须要面对的问题。在这个现代化竞争激烈的社会里，都是物竞天择，适者生存。作为当代大学生，应根据自身条件理智地做出选择，从科学的角度出发，从正当生意做起，积累经验，为以后的发展铺垫坚硬的基石。创业的同时首先要发现自身的创业优势，这会让我们在选择的时候抓住有利的机会。

1. 校园代理

校园的消费市场很大，学生的消费能力强，生产厂家想要进入校园市场，就需要有人为其在学校里进行宣传推广，所以商家要在校园里寻找能为其工作的在校大学生，即校园代理。对于经验、能力、资金不足的大学生来说，校园代理无疑是一个不错的选择，不但能积累市场经验，而且能够锻炼自身的创业能力。如果做得好，还可以赚到人生的第一桶金，为以后的创业之路提供了必要的物质和精神条件。

2. 电子商务

电子商务是一种新兴的、处于发展过程中的现代商务方式。从 1995 年以来，电子商务得到了迅速发展，并显现了巨大的现代商业价值。电子商务使现代商务活动具有安全、可靠、快速、明确和方便的特点，通过国际互联网络我们可随时随地开展电子商务活动。例如开网店，从货物选择到货物来源，都需要亲力亲为，这样更能锻炼自己的实践能力。

3. 连锁加盟

如果觉得自己没有开店经验，加入一些连锁经营品牌也是一个不错的选择。在加盟之前，加盟总部会先将他们经营店面时的经验提供给加盟者，并且协助其创业与经营。加盟总部都有自己的形象、品牌、声誉，加盟之后加盟者就可以使用它来招揽消费者，但是加盟者需要根据加盟性质付出一定的加盟资金。

4. 学科创业

学科领域也是大学生创业不错的选择。如果所学专业是计算机专业，不妨把软件开发、网页制作、网络服务、手机游戏开发等当做自己的创业项目，当然家教、翻译事务所等智力服务领域也是不错的选择。现实中，大学生利用自己的学科创业成功的案例屡见不鲜。

第二节　创业精神

什么是真正的创业精神？哈佛大学商学院对其的定义是："创业精神就是一个人不以当前有限的资源为基础而追求商机的精神"。从这个角度上来讲，创业精神代表着一种突破资源限制，通过创新创造机会、创造资源的行为，而不是简单地体现在创造新企业或创新上。因此，创业精神可以简洁地概况为"没有资源创造资源，没有条件创造条件，用有限资源去创造更大资源"。

一、创业精神的认识

大学生创业精神既是知识经济发展的需要，也是大学生严峻就业市场的现实需要。大学生是未来社会的中流砥柱，提高其创业意识和就业能力，实现充分就业和成功创业，才能从根本上促进社会繁荣与稳定，并且为社会经济奠定可持续发展的基础。我国从社会主义初级阶段起步，要建成富强、民主、文明的社会主义现代化国家，实质上是全国各族人民的一场伟大的集体创业，这场伟大的集体创业需要大学生的创业意识和创业行动。

(一) 创业精神的自我认识

都说年轻人的精力永远是充沛和旺盛的，这一点并不假，每一个走向社会的大学生对未来都是充满希望的，大学生充满活力、积极向上，但社会经验不足、盲目乐观、急于求成、市场观念淡薄是大学生创业的弊端，要懂得什么时候该做什么事，分清楚条理是很重要的。

(二) 创业精神的科学认知

创业需要精神动力，而科学的认知精神是协调、变革自然的科学技术活动和人文活动过程中的精神实质。在科学认知的驱动下，创业者能够对科学的实践活动产生浓厚兴趣和极大热情，能够不为世俗的狭隘偏见所限制，不为短期的近利所诱惑，始终把目光和兴奋点聚集、锁定在创业目标上，成为创业者进行创业活动的支撑力量。在社会实践对科学的依赖性越来越强的今天，如果不具备科学精神、掌握科学知识、提高科学认知，就不可能在创业实践的道路上长久发展，更谈不上自主创业了。科学理性的认知就像是前进道路上的明灯，指引着当代大学生找到成功的大门。

(三) 创业精神的奋斗意识

每一个成功的人，往往能在他的背后找到坚持、顽强拼搏、绝不退缩等闪光点。一个在困难面前轻言放弃的青年是很难获得成功的。当代的大学生首先要学会的就是在困难面前不要退缩和畏惧，一次挫折或阻碍算不了什么，这并不会使你失去"面子"，反而会让他人更加尊敬你。因为一个懂得在困难面前永不服输、敢于挑战的人，才更值得人们尊重。

二、大学生创业精神的意义

在知识经济时代，在科教兴国的客观需要面前，大学生作为接受高等教育的人群，从道义上也应该为社会承担更多的创业责任和义务。目前，农村剩余劳动力要向外转移，国有企业大量人员下岗分流，社会失业人员骤增，这都迫切需要创业，特别是大学生创业。通过创业，向社会提供就业机会，促进社会发展。培养和强化大学生的创业意识，为社会培养创业者是社会发展的客观要求。由于知识经济对个人的创造精神、开拓精神的重要性，智力已成为个人获取财富的资本，又由于计算机网络等通信手段的发达，知识的生产、传播、转移的成本降低，创业变得容易实现，这也使大学生创业能够成为现实。所以强化创业意识，培养创业品质，提高创业技能，引导和帮助大学生成为创业者，已成为新的历史条件下高校思想政治教育的一项重要内容。

(一) 告别迷茫，学会独立自主

在进入社会后，我们首先要告别迷茫，认清楚自身，要坚定自己的前进方向和前进目标，认清楚自己的社会定位，在生活中也要不断地丰富自己、充实自己，不断地积累文化知识，这不仅会使我们的知识面变得更广，在人与人的交流当中也会更有魅力。其次是要在复杂多变的社会环境中学会独立自主，不要对他人产生过多的依赖。在校园中有老师、有同学，这些很可能使我们产生依赖心理，过多的依赖会使自身变得更加没有主见；相反，一个凡事没有对他人有过多依赖的人往往会获得成就，取得成功。因为在平时一点一滴中，他懂得了方法，吸取了经验教训，在一次次的成就感积累后就会更加的自信，做起事来会更加得心应手。

(二) 挖掘自身潜力，充分发挥自身潜能

具有创业精神的大学生，必然具有较强的环境适应能力，在人与环境的互动过程中，能够以前瞻性的思维与眼光做出预测与判断，并及时调整自己的人生目标和行动方案以保持与变化着的环境的协调统一，而不是消极被动地等待和忍耐。特别是在知识技术不断更新、职业岗位不断转换、人际关系不断变化的情况下，人们始终处在一个陌生的社会环境中，这就尤其需要具备良好的自我调适能力。而具备创业精神，与时俱进，充分地发挥出自身的潜能，事业才能更加成功。

案例探析

案例一

某高校学生陈浩将在 2016 年夏季顺利迎来其本科的毕业典礼，这是他入校的第 8 年。为了创业，经历多次失败，他曾两度休学。

2014 年 12 月 10 日，教育部发布通知，允许在校学生休学创业。陈浩得知这个消息后感慨万千，他说："大学生创业往往是带有兴趣和情怀的，在大学时期创业，是一个难得的人生机会，因为大学时代是最有激情、敢闯敢拼、输得起的时期，允许休学创业这种弹性学制，赋予大学生更多的人生选择。"

如今，陈浩已是一家拥有 40 名员工的公司老板，2014 年公司营业额达 3000 多万元，大约有 40 万人次穿过他创办的"马奇菲尔"品牌的衣服。

2015 年 3 月，陈浩以自己的创业项目，在学校组建团队，参加由共青团中央、教育部等部门联合主办的"创青春"全国大学生创业大赛。这次大赛首次设立创业实践项目，全国高校共有 8 个电子商务项目入围决赛，最终陈浩团队获金奖。

2008 年，他大一，不安分的他在网上发现南方有很多人在做一款手机企业信息的软件，"很冲动，感觉机遇来了就要抓住。"

他给父亲来了个"先斩后奏"，到了广州之后给父亲打电话说要休学。他说服父亲给自己一年时间，"如果成功了就不再回来，失败了就回来重新开始。"

后来，父亲带着他与学校辅导员"谈判"。"当时老师们很诧异，毕竟大一学生这么做在想法上不成熟，而且也不能提供正当的理由。"陈浩说。

陈浩投了 10 万元，是公司最小的股东，公司一开始利润不错。后来，公司又"转战"手机终端市场，与深圳的供应商合作开发了一款手机客户端软件，类似现在的微信，叫做"即通"。

但是开发手机软件"烧钱"烧得让人出乎意料，他们的投资很快被耗尽。2009 年 6 月，陈浩在团队中第一个选择退出。

"其实是我们做早了，要合适的时候做合适的事。"陈浩分析，当时手机市场混乱，智能机使用还不够普遍。后来了解到腾讯公司也是那时候开发跟进技术，一直在等待时机。

这次失败，让陈浩认识到真正的创业并不是励志书中描述的"心灵鸡汤"，"创业不是那么简单，这些励志书多写成功的案例，失败的写得很少，让人感觉到'努力了就有回报'，给人带来误区"。

陈浩说，虽然创业小有成绩，但参照行业里做得最好的，他感觉自己在知识、能力等许多方面还需提升，应该继续回到校园，完成学业。现在陈浩每天抽时间学习功课，有空的时候也要去跟比他小很多岁的学弟学妹"抢座位"。

2015 年 3 月，陈浩的创业项目申报"创青春"全国大学生创业大赛。身为盐城的"男装"大户，直到陈浩率领的团队获得全国"创青春"金奖，很多老师才惊奇地发现自己就是陈浩的客户。

陈浩的创业故事在校园里引起很大反响，校长王保林还在表彰大会上为他颁发了"校长奖章"。

对于毕业论文，副校长薛浩说："陈浩参赛的项目报告就是最好的毕业论文。"此时陈浩显得有些激动："这篇论文是我两度休学打造的。"

陈浩说，他深切地感受到母校日益深厚的创业氛围。近几年来，学校出台了一系列制度措施扶持学生创业，进行学分制改革，同时积极利用地方资源，成立了青年创业学院和市创业研究院。学校"大学生创业街区"吸引了一批批孵化成熟的大学生创业项目进驻，目前，由学生参股或领办的企业已达几十家。

为了回报学校，陈浩与学校的纺织工程、服装设计和电子商务等专业合作共建了"青年就业创业见习基地"，为学弟学妹们提供创业演练地和实战场。

(摘自《学优网》自学频道)

案例二

陈生毕业于北京大学，十多年前放弃了自己在政府中让人羡慕的公务员职务毅然下海，倒腾过白酒和房地产，打造了"天地壹号"苹果醋，在悄悄进入养猪行业后，在不到两年的时间在广州开设了近100家猪肉连锁店，营业额达到2个亿，被人称为广州千万富翁级的"猪肉大王"。

据不完全统计数字显示，目前我国大学生创业成功率只有2%～3%，有97%～98%的大学生创业失败。专业人士分析，缺乏相关的创业教育和实战经验、缺乏"第一桶金"等都是其中的重要原因。然而，对于成功创业的大学生来说极为重要的实战经验及"第一桶金"都是"天上掉下来的"吗？为什么陈生在不到两年的时间里进入养猪行业，就能在广州开设近100家猪肉连锁店，营业额达到2个亿？这个问题，的确值得好好追问。

实际上，之所以在养猪行业里很短时间就能取得骄人成绩，成为拥有数千名员工的集团的董事长，还在于陈生此前就经历的几次创业的"实战经验"：陈生卖过菜，卖过白酒，卖过房子，卖过饮料，这使得陈生有着这样的独到见解：很多事情不是具备条件、做好了调查才去做就能做好，而是在条件不充分的时候就要开始做，这样才能抓住机会。

然而，"条件不充分"时到底怎么才能"抓住机会"呢？我们来看一下陈生的做法：他卖白酒时，根本没有能力投资数千万设立厂房，可是他直接从农户那里收购散装米酒，不需要在固定设施上投入一分钱便可以通过广大的农民帮他生产，产能却可以达到投资5000万的工厂的数倍。此后，他才利用积累起来的资金开始租用厂房和设施，打造自己的品牌，迅速地进入和占领市场，让他在白酒市场上打了个漂亮仗。而当许多人"跟风"学习一位到南方视察的国家领导人用陈醋兑雪碧当饮料的饮食方法时，善于"抓住机会"的陈生想到了如何将这种饮料生产出来。经过多次尝试，著名的"天地壹号"苹果醋就此诞生。

当然，资金积累到一定程度时，陈生成功的秘诀更让人难忘：在经济飞速发展的年代，无数企业"抓破脑袋"寻求发展良机，在这样的情况下，只有技高一筹者才能够取得成功。而一些企业运用精细化营销，就是一种技高一筹的做法。于是，从传统的中国猪肉行业里，陈生分析到了其中的巨大商机，因为中国每年的猪肉消费约500亿公斤，按每公斤20元算，年销售额就高达上万亿。而与其他行业相比，猪肉这个行业一直没有得到很好的整合，基本上没有形成像样的产业化，竞争不强，档次不高，机会很多。更重要的是，进入这一行业的陈生，机智地率先推出了绿色环保猪肉"壹号土猪"，开始经营自己的品牌猪肉。

虽然走的还是"公司+农户合作"的路子，但针对学生、部队等不同人群，却能够选择不同的农户，提出不同的饲养要求，比如，为部队定制的猪可肥一点，学生吃的可瘦一点，为精英人士定制的肉猪，据传每天吃中草药甚至冬虫夏草，使公司的生猪产品质量与普通猪肉"和而不同"。在这样的"精细化营销"战略下，陈生终于在很短的时间内叫响了"壹号土猪"品牌，成为广州知名的"猪肉大王"。

(摘自《学习时空》网)

第八章　创业形势分析与政策解读

　　我们分析创业项目的特点及其成长基础规律，以创业项目为主线，设计相应的项目和任务模块，旨在降低创业风险，从而提高创业的成功率，推动创业的健康发展。那么关于创业在实施阶段的基本特点，以及创业实践中的相关问题，我们该如何解读？本章节将围绕创业实施的过程进行学习。

第一节　大学生创业形势分析

　　由于国际金融危机的影响，近几年中国就业问题日益突出。高校毕业生就业形势更加严峻。从在京召开的 2014 年全国普通高校毕业生就业工作视频会议，我们可以得知 2014 年全国普通高校毕业生人数达 727 万人，比 2013 年增加了 28 万。大学生就业之难，失业人数之多，已经成为无法改变的现实。为了缓解我国大学生就业困难的问题出现，现今社会的焦点已聚焦在大学生的创业问题上了。

　　大学生作为一个相对独立的创业群体，其优势在于大学生年轻有活力、勇于拼搏，而且他们的学习能力和创新能力很强，家庭负担也较轻，相对于其他群体来说，知识技能也较多。由此可见，大学生作为一个创业群体拥有更多的人力资本和巨大的发展潜力，是我国创业的主力军。接下来，我们通过分析来进一步了解目前大学生创业的形势。

一、大学生创业形势的现状

(一) 大学生自身方面的问题

1. 创业资金不足

　　目前大学生创业最主要的融资渠道就是自己拿着项目找投资人。因为基本没有其他融资渠道，风险投资在我国被称为"保险投资"，但企业老板不太看得上大学生创业的项目，大学生创业项目也很难在银行贷到款。资金缺乏，社会环境不完善。资金是制约大学生创业的瓶颈，没有资金，再好的新技术也难以化为现实生产力。我国社会处于转型期，创业所需的各种服务体系还不完善，如银行贷款、申请工商注册等环境因素也使他们雪上加霜。

2．创业选择模糊

到底该选择在哪方面创业，是每一个想创业的大学生必须要面对的问题。大多数大学生都选择和自身学习专业相关的行业进行创业，这有好处也有坏处。选择和自己相关的行业能让自己有更多的准备，同时，自己对于这一行业也有更深刻的理解。目前中国大学教育中，素质教育还相对薄弱，如何把学到的知识变成自己创业的"武器"，对于多数大学生来说是一个难题。

3．创业经验缺乏

实践证明，对困难的准备不足成为许多创业失败的大学生在总结自己创业道路时经常提到的感悟。因此，大学生缺少经验是创业的一大难题。大学生在创业过程中的大多数情况下，也仅限于模仿，没有自己的创新。根据一项调查表明，大多数大学生希望有一次有关创业的公益性指导，这样有助于他们在未来创业中掌握主动权，同时，他们也希望能够接受一些创业培训，比如如何培养驾驭市场的应变能力，避免走歪路。

4．心理素质不强

当今社会，一个成功的创业者首先要有较高的文化素质，如从事行业的技能和文化水平；其次要有好的身体素质，创业的初期是艰难的，没有一个好的身体很难做好每一件事；同样，其他因素对创业者来说也很重要，例如创业者的性格、人品和心理健康情况等。由于我国目前的高等教育模式存在局限性，导致大学生思维不够开阔，从而导致其创业素质存在不足和缺陷，特别是其自主能力、实践能力、创新能力普遍不强，从而使得大学生创业无法取得较高的成就。

5．创业动机不同

在将近一半的大学生的心中，创业就是为了赚钱。这让我们十分惊讶。也许读者会很奇怪，问："创业不就是为了赚钱嘛，有什么不对吗？"那么就请听一下我们接下来的分析。就像大多数人所说的那样，创业的确是为了赚钱，创造财富。对于这点我们也很赞成，但是我们今天讨论的是大学生创业，当主角定位在大学生身上时，我们就应该改变看法。我们认为大学生创业更多的应该是为了得到锻炼的机会、创业的经验，或者说是为了丰富人生的履历，而不是将赚钱定位自己的第一目标。当然，我们这样说可不是反对大学生创业者赚钱，能赚钱固然好，但是你赚的钱能多过你从中获得的宝贵的经验吗？我们认为，大学生创业不应该操之过急，不管成功与否，我们都要更多地去关注创业成功或者失败背后的经验和教训，为以后真正的创业打基础。

(二) 外部环境问题

1．家庭、学校环境分析

大学生在创业的时候会强调自己的愿望和要求，但是一个人的成长离不开家庭环境的熏陶，每个人性格和品质的形成也离不开家庭环境的影响。在做职业生涯规划的时候，我们应该考虑家庭经济状况、家人期望、家人教育背景和家族文化等因素对自己的影响，分析哪些因素是难以改变的，家人的哪些愿望是应当尊重的，努力在自己的想法和家人的愿望之间找出平衡点。

学校的环境是指你所在学校的教学特色与优势、专业设置、校园文化、社会实践经验等。高等职业教育与传统的普通高等教育相比，更讲究实用性、技能性等特点。专业知识强调适度、够用，而专业技能则要求较高，强调动手实践能力，最好一专多能，一专多证，成为技能型、实用型复合人才。因此，应该深入地分析自己所接受教育的优势与劣势，扬长避短，以个人的不可替代性进入职场，把接受高职教育大学生的动手能力强、适应能力强的优势发挥出来，并以此作为出发点来设计规划自己的职业生涯，使之更加切合实际，更具可行性。

2. 资源状况分析

1) 资金资源

资金是企业资本资源最主要的表现形式，它是企业经济运行的血液，是企业进行生产经营活动的必要条件。没有足够的资金，企业的生存与发展就没有保障。任何企业的生产经营，首先要考虑的就是以何种方式、选择何种渠道来筹集资金。企业能否筹集到所需的资金，是决定企业生存和发展的重大问题。

2) 关系资源

当前，我国仍处于由计划经济体制向市场经济体制转轨的过程中，国家宏观调控在资源配置中的控制虽然在逐渐地放松，但它的主导地位仍然没有改变。大量的社会资源处在国家行政权力和国有单位的控制下，私营企业在创办和发展的过程中所需的资源相对短缺。因此，创业者通过不断地建立社会网络来获取和利用各种资源创业是企业持续发展的基本条件。

3) 人力资源

企业的生产过程实质上是其生产要素的优化配置过程，而生产要素的优化配置过程实质上是人的主动性、积极性和创造性的发挥过程，这是因为人是企业的主体。人对企业成长之所以重要，在于人力资源是一种特殊资源。人力资源的开发价值是无限的，企业可以通过不断开发人力资源，以提升自身的整体素质和竞争力。在人力资源中需要特别指出的是创业者本身，因为创业者在企业组织与管理结构中处于顶端位置，它对于企业组织与管理的决策结构、动力结构和信息结构的形成，对于企业战略、企业内部整合和要素资源配置都起着不可忽视的作用。与其他要素不同，其他要素只是从局部或间接地传导到整体，而创业者总是对企业从整体上发生作用和影响。

4) 信息资源

处于信息时代，企业要想在全球市场环境中生存，就要跟踪瞬息万变的市场信息。企业通过收集有关部门、竞争对手和市场的信息可以辅助决策者做出诸如开发新产品或开辟新的市场领的决策等，有利于降低市场交易的风险。再者，企业通过了解资本市场信息、人才市场信息等还可以获得企业生存和成长所需的资金和人才等资源。

5) 知识资源

对于企业，其知识资源主要包括三个方面：智力资源、信息资源、企业所创造和拥有的无形资产，企业品牌、销售渠道等市场资产和知识产权资产以及管理流程、管理模式与方法、信息网络等组织管理方面的资产。基于知识的资源观点，企业是基于知识资源构建起来的。知识形态的资源是决定企业能否保持核心竞争力的关键性资源，也是企业获取生存并保持较高绩效水平的重要因素。目前知识密集型企业的不断增加也表明了企业竞争越来越依赖于知识资源的创新能力。另外，需要特别指出的是，创业者的自身所具备的综合知识是影响企业发展的一个重要的因素。创业者作为创业企业的决策者，需要具备管理、营销、财务、法律等各方面与创业相关的知识。有很多的实证研究表明，缺乏管理等方面的知识是造成创业失败的一个重要原因。

3. 社会环境分析

(1) 从政策制定看，现行社会政策多为应急性的社会政策，缺乏对于大学生创业的稳定、持续的激励与保障机制，其作用受到了限制。

(2) 从实施方式看，现阶段政策支持主要依靠政府行政推动，缺乏广泛的社会参与和社会支持，没有形成有效的大学生创业支持体系。目前官方的创业支持意识强，各个部门创业支持网络也初步建立，但是社会参与的力度仍比较弱。

(3) 从政策执行看，政策执行力较低。良好的社会政策需要具有良好执行力的保证。在自上而下的体制约束下，政策执行者多是将完成工作指标作为自己的目标，一些政策执行者对管理角色的认同远远超过对服务角色的认同，这使得他们对大学生创业活动的管理有余，而服务意识相对较弱。这些均导致国家的创业支持政策得不到有效的实施，大学生创业仍然面临重重政策困难。

二、大学生创业发展趋势

1. "大众创业"成新趋势

在 2014 年 9 月召开的 2014 夏季达沃斯论坛开幕式上，李克强总理首次提出：要借改革创新的"东风"，推动中国经济科学发展，在 960 万平方公里土地上掀起"大众创业"、"草根创业"的新浪潮，形成"万众创新"、"人人创新"的新态势。

2015 年 1 月，李克强再次主持召开常务会议，确定支持发展"众创空间"的政策措施，为创业创新搭建新平台。2015 年两会上，李克强总理在政府工作报告中指出要把"大众创业、万众创新"打造成推动中国经济继续前行的"双引擎"之一。李克强鼓励大众创业成为中国经济持续发展新动力。

为了给"大众创业、万众创新"，提供良好的发展环境，2014 以来，党中央、国务院高度重视大众创新创业，李克强总理也多次对大众创新创业做出重要指示，强调要将此作为新常态下经济发展的新引擎。并且仅在 2014 年，国务院和相关部委就出台了 13 个关于促进创业创新的文件，这其中包括了简政放权、金融支持等多个方面的鼓励扶持政策，为大众创业松绑。官方数据显示，2014 年新登记注册市场主体达到 1293 万户，其中新登记注册企业增长 45.9%，形成新的创业热潮。

2. 大学生创业优势

大学生知识层次较高，是一个知识和智力都相对密集的群体，其最大的优势在于知识资源丰富，年轻有活力，勇于拼搏。除此之外，大学生普遍还有如下优点：对事物较有领悟力，接受新鲜事物快，自主学习知识的能力强，易接受新鲜事物；自信心较足，对认准的事情有激情去做；思维普遍活跃，不管敢不敢干、至少敢想；运用 IT 技术能力强，能够在互联网络上搜寻到许多信息；得到国家的资金、政策支持力度相对较大等。

第二节 创业政策解读

党的十八大报告提出："引导劳动者转变就业观念，鼓励多渠道多形式就业，促进创业带动就业。"创业可以增加就业机会，是落实建设新型国家战略的需要。大学生创业既是教育体制改革和高新技术产业跨越式发展的动力源，也是繁荣社会主义市场经济，加速我国经济发展的动力源。大学生创业对我国经济的发展起着至关重要的作用，大学生创业不仅可以解决自身的就业问题，还能提供更多的就业机会。

政府在大学生创业方面的职能是要秉承"服务型政府"的理念，制定鼓励创业、支持创业、服务创业，保护创业的公共政策。如何为大学生创业者提供系统、完善、积极有效的创业政策已成为目前政府迫切需要解决的问题。

一、注册登记类政策

注册登记类政策主要解决创业者创业行为的"准入"问题。创业者创业行为最现实的表现就是以一定的形式进入市场，进入社会系统。而"准入"问题往往是一些初次创业者，或者大学生这种基础条件比较薄弱创业者所面临的第一个现实问题。因此，包括国家和地方政府都对创业者创业实体的注册登记给予了大力支持。

二、财政金融类政策

财政金融类政策主要解决创业者的投资融资问题，具体体现在对资金资本的支持上。资金资本问题往往是创业者在创业过程中考虑最多也是最困难的一个问题。没有一定的资金资本作基础，创业行动往往无法实现，创业行程难以起航。因此解决创业者的资金资本问题成为国家和地方政府创业政策重点需要解决的问题。比如 2009 年 1 月国务院发布《关于加强普通高校毕业生就业工作的通知》（"国办发〔2009〕3 号"），鼓励和支持毕业生自主创业。对高校毕业生从事个体经营符合条件的，免收行政事业性收费。在当地公共就业服务机构登记失业的自主创业高校毕业生，自筹资金不足的，可以申请不超过 5 万元的小额担保贷款；对合伙经营和组织起来创业的，可按规定适当扩大贷款规模；从事当地政府规定微利项目的，可按规定享受贴息扶持。鼓励企业、行业协会、群团组织、天使投资人等以多种方式向创业大学生提供资金支持；设立重点支持创业大学生的天使投资和创业投资基金；对支持早期创业企业的投资，按规定给予所得税优惠或其他政策鼓励。逐步对现有各类高校毕业生就业创业基金进行整合，完善管理体制和运营机制，给大学生创业实体提供支持。

三、税收类政策

税收类政策无论是对人们行为的影响，还是对社会价值观与优先顺序的象征来说，都是相当重要的。税收政策对于创业者来说，一方面影响到创业过程中的活力实现，另一方面也体现了创业者应当承担的社会责任。我国《企业所得税暂行条例》规定，个人独资企业所得税按 33%的税率缴纳企业所得税,个人独资企业的投资人应从企业利益中按 20%的比例提取缴纳个人所得税。这便形成了不合理的双重征税,显然非常不利于自主创业的开展。而税法也同时规定创业投资企业若从事国家需要重点扶持和鼓励的创业投资,可以按投资的一定比例抵扣应缴纳所得额。对创业投资企业采取股权投资方式投资于未上市中小高新技术企业 2 年以上(含 2 年),凡符合国家规定条件的,可按照其投资额的 70%在股权持有满 2 年的当年抵扣该创业投资企业的应纳税所得额;当年不足抵扣的,可以在以后纳税年度结转抵扣。这对创业者来说又是比较有利的。各地区、各有关部门进一步落实和完善工商登记、场地支持、税费减免等各项创业扶持政策。并拓宽高校毕业生创办企业的出资方式,简化工商注册登记手续。我国首次对大学生自主创业出台了税收优惠的政策,高校毕业生(含大学专科、大学本科、研究生)从事个体经营的,自批准经营日起,1 年内免交个体户登记注册费、个体户管理费、经济合同示范文本工本费等。此外,如果成立非正规企业,只需到所在区县街道进行登记,即可免税 3 年。自主创业的大学生,向银行申请开业贷款,担保额度最高可为 7 万元,并享受贷款贴息。

四、人事档案类管理政策

人事档案管理是我国的人口管理的基本制度。创业者在创业之初,其人事档案无确实的挂靠单位,尤其是对一些异地创业者来说,不便于对其户籍、工龄、组织发展等个人问题进行管理。为了解决创业者的后顾之忧,各级部门都出台了相应的人事档案管理政策,支持大学生创业。比如重庆市对自谋职业的毕业生根据本人意愿,可将户口和人事档案暂存就读学校两年或由市大中专毕业生就业指导中心存管两年,存管期间免收档案管理费。

五、教育培训类政策

教育培训类政策主要是为创业者在创业前和创业过程中提供智力支持,从创业精神的培养、创业知识的教育和创业行为的锻炼等方面给予大学生实际的帮助。国办发〔2009〕3 号文件规定"有创业意愿的高校毕业生参加创业培训的,按照规定给予职业培训补贴。强化高校毕业生创业指导服务,提供政策咨询、项目开发、创新培训、创业孵化、小额贷款、开业指导、跟踪辅导的'一条龙'服务。各地要建设完善一批投资小、见效快的大学生创业园和创业孵化基地,并给予相关政策扶持。"大学生创业孵化基地建设为有创业意愿的大学生提供全程化的跟踪指导,同时使创业带头人在基地中迅速成长起来,成为大学生效仿的榜样,也是突破目前大学生创业瓶颈的关键。各高校要广泛开展创新创业教育,将创业教育课程纳入学分管理之中,有关部门研发适合高校毕业生特点的创业培训课程,根据需求开展创业培训,提升高校毕业生创业意识和创业能力。

六、创业基地类政策

国家对于大学生创业的基地扶持的主要选择是创业园,对各高校在创业中心设立科技研发创业园的,给予一定优惠。鼓励入园的各类企业和其他非公有制经济组织吸纳高校毕业生就业。对当年新招用普通高校毕业生,与其签订 1 年以上劳动合同并依法缴纳社会保险的,在 3 年内按实际招用人数予以定额依次扣减营业税、城市维护建设税、教育费附加和企业所得税优惠。对入园创业的高校毕业生，可免费获得创业指导服务，包括政策咨询、信息服务、项目开发、风险评估、开业指导、融资服务、跟踪扶持等"一条龙"创业服务。

以创业创新创优贯彻落实十八大精神积极搭建政策平台。充分发挥共青团组织化动员和社会化动员优势，积极协调党政部门、金融机构出台一系列有利于青年创业的政策措施，协调落实一系列支持青年创业的金融、财税、培训、技术等政策措施，着力解决青年创业过程中的融资难问题，积极开辟面向青年创业的绿色通道。积极搭建服务平台。积极筹备成立州青年创业促进会，引进瀛公益基金会扶持青年创业的 YBC 模式标准，为广大创业青年提供无利息、无抵押、免担保的资金支持以及"一对一"的陪伴式导师辅导和系统的创业培训，推动全国青年创业并带动青年就业。充分发挥青年创业就业服务园、服务中心、服务站、联络点的作用，多层次、多渠道、多形式主动服务青年创业就业。积极搭建载体平台。积极采取送资金帮助创业起跑、送项目帮助资源整合、送培训帮助提高能力、送导师帮助释惑解困、送文化帮助提振精神的"五送五帮"举措。大力实施"十万青年创业就业行动"，组织、引导、服务十万名以上农村青年、城镇青年和青年学生创业就业。积极搭建"青年创业孵化园"、"青年创业产业园"，积极探索建立青年创业基金、青年创业担保公司、青年创业小贷公司以及开办青年创业卡，积极开展"优才创业(加盟)计划"，鼓励广大青年敢于创业，支持广大青年能够创业。

第三节　相关创业法律知识

创业是一项事业，有一定难度，有较大风险，创业者应当了解与创业有关的法律知识。大学生创业所面临的困难更大，更需要了解相关的法律法规以及税务管理等相关知识，只有具有创业法律意识以及寻找到法律资源帮助渠道，才能够运用法律在创业过程中得到保障。

一、企业的法律形式

(一) 个人独资企业

个人独资企业，是指依照《中华人民共和国个人独资企业法》的规定，在中国境内设立，由一个自然人投资，财产为投资人个人所有，投资人以其个人财产对企业债务承担无限责任的经营实体。

(二) 合伙企业

合伙企业，是指自然人、法人和其他组织依照《中华人民共和国合伙企业法》在中国境内设立的普通合伙企业和有限合伙企业，共同出资，共同承担责任。

(三) 公司企业

《中华人民共和国公司法》规定，公司是指依法在中国境内设立的有限责任公司和股份有限公司。

有限责任公司又称有限公司，是根据《公司法》及有关法律规定的条件设立，股东以其出资额为限对公司承担责任，按股份比例享受收益，公司法人以其全部资产对公司的债务承担责任的经济组织。

股份有限公司全部注册资本由等额股份构成并通过发行股票(或股权证)筹集资本，公司法人以其全部资产对公司债务承担有限责任的经济组织。

(四) 个体工商户

个体工商户是指在法律允许的范围之内，依法经核准登记，生产资料为个人或者家庭所有，以个人或者家庭劳动为主要形式，经营所得由个人或者家庭支配的经营者。

二、税务管理的相关规定

(一) 税务登记

1. 税务登记的对象和期限

企业及企业的外地设立的分支机构和从事生产、经营的场所，个体工商户和从事生产、经营的事业单位，自领取营业执照之日起 30 日内，持有关证件向税务机关申报办理税务登记。承包和租赁及实行自负盈亏的生产经营者也应办理税务登记。

不从事生产、经营活动，但是依照法律、行政法规规定负有纳税义务的单位和个人，除临时取得应税收入或发生应税行为以及只缴纳个人所得税、车船使用税以外，应当自依照税收法律、行政法规成为纳税义务人之日起 30 日内所在地税务机关申报办理税务登记。

2. 税务登记的种类

税务登记分为设立登记，变更登记，外出经营报验登记，停、复业登记，注销登记等。

3. 社会信用代码营业执照的主要内容

营业执照应当载明：纳税人名称、统一代码、经济类型、住所、法定代表人、注册资本、经营范围、经营期限、登记机关。

4. 营业执照的使用

纳税人应当将营业执照张挂在其生产、经营场所内明显、易见处，亮证经营。税务登记证件不得转借、涂改、毁损、买卖或者伪造。遗失营业执照者，应当及时报告主管税务机关，并申请补办。

(二) 纳税申报程序

(1) 纳税人向国税局的征管部门提出网上申报纳税申请，经县(市)区局审批同意后，正式参与网上申报纳税。

(2) 纳税人向税务机关提供在银行已经开设的缴税账户，并保证账户中有足够用于缴税的资金。

(3) 纳税人与银行签署委托划款协议，委托银行划缴税款。

(4) 纳税人利用计算机和申报纳税软件制作纳税申报表，并通过电话网、因特网传送给税务机关的计算机系统。

(5) 税务机关将纳税人的应划缴税款信息，通过网络发送给有关的银行。由银行从纳税人的存款账户上划缴税款，并打印税收转账专用完税证。

(6) 银行将实际划缴的税款信息利用网络传送给税务机关的计算机系统。

(7) 税务机关接收纳税人的申报信息和税款划缴信息，打印税收汇总缴款书，办理税款的入库手续。

(8) 纳税人在方便的时候到银行营业网点领取税收转账完税证，进行会计核算。

(三) 减、免税的手续

纳税人申请减税、免税的，必须向主管税务机关提出书面报告，说明申请减税、免税的原因和减免税金的用途，提供可靠的数据资料，并提出减税、免税后可能达到的经济效益目标和可行的措施。

主管税务机关在接到纳税人减税、免税申请后，必须对纳税人的减免税申请报告认真地逐项核实，提出具体的初审意见和报告，并按税务管理体制的规定逐级上报税务机关。

上级税务机关按照税收管理体制的规定，对纳税人的减税、免税申请和下级税务机关提出的初审意见进行审批，对金额较大或影响面广的减税、免税申请，派人进行调查，然后做出审批。符合减税、免税条件的，批准纳税人减税、免税；对不符条件的申请，不予批准。

对减税、免税期满的纳税人，应当按期恢复征税；个别纳税人恢复纳税仍有困难的，应当按规定重新办理减免税申报审批手续。

三、银行开、销户手续

1. 银行开户的基本种类

一般存款账户是企事业单位在基本账户以外的银行因借款开立的账户，该账户只能办理转账结算和现金的缴存，不能支取现金。

临时存款账户是外来临时机构或个体经营户因临时经营活动需要开立的账户，该账户可办理转账结算和符合国家现金管理规定的现金收付。

专用存款账户是企事业单位因基本建设、更新改造或办理信托、政策性房地产开发、信用卡等特定用途需要开立的账户，该账户支取现金时必须报当地人民银行审批。

2. 银行销户的有关规定

一般存款账户余额不得超过企事业单位在开户银行的借款余额，超过部分开户行将通知单位 5 日内将款项划转至基本存款账户，逾期未划转的，银行将主动代为扣收，借款清偿后要办理销户。

临时存款账户的使用期限不得超过一年，超过一年的将予以销户。

企业销货款、异地汇入款项中除基建或专项工程拨款外的非专项资金不得进入专用账户。

存款人改变账户名称的应先撤销原账户，再开立新账户。

开户行对一年内未发生收付款活动的账户，应通知存款人自发出通知起 30 日内(以邮戳日为准)前去办理销户手续。逾期将视为自愿销户。

四、专利申请的相关规定

1．有关专利的法律、法规

1984 年 3 月 2 日，第六届全国人民代表大会常务委员会第四次会议通过了《中华人民共和国专利法》，第二年，即 1985 年 1 月 19 日，中华人民共和国国务院又发布了《中华人民共和国专利法实施细则》。

《中华人民共和国专利法》于 1992 年 9 月修改，《中华人民共和国专利法实施细则》在 1992 年 12 月作了修订。

1993 年 1 月 1 日正式实施《中华人民共和国专利法》与《中华人民共和国专利法实施细则》。

2．申请专利所需文件

申请书、说明书、权利要求书、说明书附图、说明书摘要及摘要附图、外观设计的图片或者照片。

3．提交要求

提交专利申请文件应当使用专利局发布的统一表格，使用计算机中文打印或者印刷(包括表格中文字)，一式两份。

4．申请文件的递交

申请文件可以请专利局或专利局设在各地的代办处办理、当面递交或以邮寄方式递交。

以邮寄方式递交申请文件的，必须按照专利法的要求以挂号信函方式邮寄，并保存好挂号凭证。以非挂号信函方式邮寄申请文件的，专利局将不予查询。

以包裹形式邮寄申请文件的，专利局将不予受理。

根据《中华人民共和国专利法实施细则》第一百一十九条规定，以邮寄方式递交专利申请的，每封挂号信函只能邮寄同一件专利申请的文件。

五、合法经营的有关法律规定

1．反不正当竞争法

中华人民共和国反不正当竞争法是为保障社会主义市场经济健康发展，鼓励和保护公平竞争，制止不正当竞争行为，保护经营者和消费者的合法权益，制定本法。本法由 1993 年 9 月 2 日第八届全国人民代表大会常务委员会第三次会议通过，自 1993 年 12 月 1 日起施行。

2．产品质量法

为了加强对产品质量的监督管理、提高产品质量水平、明确产品质量责任、保护消费者的合法权益、维护社会经济秩序，制定了中华人民共和国产品质量法。本法于 1993 年 2 月 22 日第七届全国人民代表大会常务委员会第三十次会议通过，自 1993 年 9 月 1 日起施行。

3．劳动合同法

《中华人民共和国劳动合同法》是为了完善劳动合同制度，明确劳动合同双方当事人的权利和义务，保护劳动者的合法权益，构建和发展和谐稳定的劳动关系，制定本法。由第十届全国人民代表大会常务委员会第二十八次会议于 2007 年 6 月 29 日修订通过，自 2008 年 1 月 1 日起施行。2012 年 12 月 28 日第十一届全国人民代表大会常务委员会第三十次会议《关于修改〈中华人民共和国劳动合同法〉的决定》修正。

附：《中华人民共和国劳动合同法》。

第一章　总　则

第一条　为了完善劳动合同制度，明确劳动合同双方当事人的权利和义务，保护劳动者的合法权益，构建和发展和谐稳定的劳动关系，制定本法。

第二条　中华人民共和国境内的企业、个体经济组织、民办非企业单位等组织(以下称用人单位)与劳动者建立劳动关系，订立、履行、变更、解除或者终止劳动合同，适用本法。

国家机关、事业单位、社会团体和与其建立劳动关系的劳动者，订立、履行、变更、解除或者终止劳动合同，依照本法执行。

第三条　订立劳动合同，应当遵循合法、公平、平等自愿、协商一致、诚实信用的原则。

依法订立的劳动合同具有约束力，用人单位与劳动者应当履行劳动合同约定的义务。

第四条　用人单位应当依法建立和完善劳动规章制度，保障劳动者享有劳动权利、履行劳动义务。

用人单位在制定、修改或者决定有关劳动报酬、工作时间、休息休假、劳动安全卫生、保险福利、职工培训、劳动纪律以及劳动定额管理等直接涉及劳动者切身利益的规章制度或者重大事项时，应当经职工代表大会或者全体职工讨论，提出方案和意见，与工会或者职工代表平等协商确定。

在规章制度和重大事项决定实施过程中，工会或者职工认为不适当的，有权向用人单位提出，通过协商予以修改完善。

用人单位应当将直接涉及劳动者切身利益的规章制度和重大事项决定公示，或者告知劳动者。

第五条　县级以上人民政府劳动行政部门会同工会和企业方面代表，建立健全协调劳动关系三方机制，共同研究解决有关劳动关系的重大问题。

第六条　工会应当帮助、指导劳动者与用人单位依法订立和履行劳动合同，并与用人单位建立集体协商机制，维护劳动者的合法权益。

第二章　劳动合同的订立

第七条　用人单位自用工之日起即与劳动者建立劳动关系。用人单位应当建立职工名册备查。

第八条　用人单位招用劳动者时，应当如实告知劳动者工作内容、工作条件、工作地点、职业危害、安全生产状况、劳动报酬，以及劳动者要求了解的其他情况；用人单位有权了解劳动者与劳动合同直接相关的基本情况，劳动者应如实说明。

第九条　用人单位招用劳动者，不得扣押劳动者的居民身份证和其他证件，不得要求劳动者提供担保或者以其他名义向劳动者收取财物。

第十条　建立劳动关系，应当订立书面劳动合同。

已建立劳动关系，未同时订立书面劳动合同的，应当自用工之日起一个月内订立书面劳动合同。

　　用人单位与劳动者在用工前订立劳动合同的，劳动关系自用工之日起建立。

　　第十一条　用人单位未在用工的同时订立书面劳动合同，与劳动者约定的劳动报酬不明确的，新招用的劳动者的劳动报酬按照集体合同规定的标准执行；没有集体合同或者集体合同未规定的，实行同工同酬。

　　第十二条　劳动合同分为固定期限劳动合同、无固定期限劳动合同和以完成一定工作任务为期限的劳动合同。

　　第十三条　固定期限劳动合同，是指用人单位与劳动者约定合同终止时间的劳动合同。

　　用人单位与劳动者协商一致，可以订立固定期限劳动合同。

　　第十四条　无固定期限劳动合同，是指用人单位与劳动者约定无确定终止时间的劳动合同。

　　用人单位与劳动者协商一致，可以订立无固定期限劳动合同。有下列情形之一，劳动者提出或者同意续订、订立劳动合同的，除劳动者提出订立固定期限劳动合同外，应当订立无固定期限劳动合同：

　　(一) 劳动者在该用人单位连续工作满十年的；

　　(二) 用人单位初次实行劳动合同制度或者国有企业改制重新订立劳动合同时，劳动者在该用人单位连续工作满十年且距法定退休年龄不足十年的；

　　(三) 连续订立二次固定期限劳动合同，且劳动者没有本法第三十九条和第四十条第一项、第二项规定的情形，续订劳动合同的。

　　用人单位自用工之日起满一年不与劳动者订立书面劳动合同的，视为用人单位与劳动者已订立无固定期限劳动合同。

　　第十五条　以完成一定工作任务为期限的劳动合同，是指用人单位与劳动者约定以某项工作的完成为合同期限的劳动合同。

　　用人单位与劳动者协商一致，可以订立以完成一定工作任务为期限的劳动合同。

　　第十六条　劳动合同由用人单位与劳动者协商一致，并经用人单位与劳动者在劳动合同文本上签字或者盖章生效。

　　劳动合同文本由用人单位和劳动者各执一份。

　　第十七条　劳动合同应当具备以下条款：

　　(一) 用人单位的名称、住所和法定代表人或者主要负责人；

　　(二) 劳动者的姓名、住址和居民身份证或者其他有效身份证件号码；

　　(三) 劳动合同期限；

　　(四) 工作内容和工作地点；

　　(五) 工作时间和休息休假；

　　(六) 劳动报酬；

　　(七) 社会保险；

　　(八) 劳动保护、劳动条件和职业危害防护；

　　(九) 法律、法规规定应当纳入劳动合同的其他事项。

　　劳动合同除前款规定的必备条款外，用人单位与劳动者可以约定试用期、培训、保守秘密、补充保险和福利待遇等其他事项。

　　第十八条　劳动合同对劳动报酬和劳动条件等标准约定不明确，引发争议的，用人单位与劳动者可以重新协商；协商不成的，适用集体合同规定；没有集体合同或者集体合同未规定劳动报酬的，实行同工同酬；没有集体合同或者集体合同未规定劳动条件等标准的，适用国家有关规定。

　　第十九条　劳动合同期限三个月以上不满一年的，试用期不得超过一个月；劳动合同期限一年以上不满三年的，试用期不得超过二个月；三年以上固定期限和无固定期限的劳动合同，试用期不得超过六个月。

同一用人单位与同一劳动者只能约定一次试用期。

以完成一定工作任务为期限的劳动合同或者劳动合同期限不满三个月的，不得约定试用期。

试用期包含在劳动合同期限内。劳动合同仅约定试用期的，试用期不成立，该期限为劳动合同期限。

第二十条　劳动者在试用期的工资不得低于本单位相同岗位最低档工资或者劳动合同约定工资的百分之八十，并不得低于用人单位所在地的最低工资标准。

第二十一条　在试用期中，除劳动者有本法第三十九条和第四十条第一项、第二项规定的情形外，用人单位不得解除劳动合同。用人单位在试用期解除劳动合同的，应当向劳动者说明理由。

第二十二条　用人单位为劳动者提供专项培训费用，对其进行专业技术培训的，可以与该劳动者订立协议，约定服务期。

劳动者违反服务期约定的，应当按照约定向用人单位支付违约金。违约金的数额不得超过用人单位提供的培训费用。用人单位要求劳动者支付的违约金不得超过服务期尚未履行部分所应分摊的培训费用。

用人单位与劳动者约定服务期的，不影响按照正常的工资调整机制提高劳动者在服务期期间的劳动报酬。

第二十三条　用人单位与劳动者可以在劳动合同中约定保守用人单位的商业秘密和与知识产权相关的保密事项。

对负有保密义务的劳动者，用人单位可以在劳动合同或者保密协议中与劳动者约定竞业限制条款，并约定在解除或者终止劳动合同后，在竞业限制期限内按月给予劳动者经济补偿。劳动者违反竞业限制约定的，应当按照约定向用人单位支付违约金。

第二十四条　竞业限制的人员限于用人单位的高级管理人员、高级技术人员和其他负有保密义务的人员。竞业限制的范围、地域、期限由用人单位与劳动者约定，竞业限制的约定不得违反法律、法规的规定。

在解除或者终止劳动合同后，前款规定的人员到与本单位生产或者经营同类产品、从事同类业务的有竞争关系的其他用人单位，或者自己开业生产或者经营同类产品、从事同类业务的竞业限制期限，不得超过二年。

第二十五条　除本法第二十二条和第二十三条规定的情形外，用人单位不得与劳动者约定由劳动者承担违约金。

第二十六条　下列劳动合同无效或者部分无效：

(一) 以欺诈、胁迫的手段或者乘人之危，使对方在违背真实意思的情况下订立或者变更劳动合同的；

(二) 用人单位免除自己的法定责任、排除劳动者权利的；

(三) 违反法律、行政法规强制性规定的。

对劳动合同的无效或者部分无效有争议的，由劳动争议仲裁机构或者人民法院确认。

第二十七条　劳动合同部分无效，不影响其他部分效力的，其他部分仍然有效。

第二十八条　劳动合同被确认无效，劳动者已付出劳动的，用人单位应当向劳动者支付劳动报酬。劳动报酬的数额，参照本单位相同或者相近岗位劳动者的劳动报酬确定。

第三章　劳动合同的履行和变更

第二十九条　用人单位与劳动者应当按照劳动合同的约定，全面履行各自的义务。

第三十条　用人单位应当按照劳动合同约定和国家规定，向劳动者及时足额支付劳动报酬。

用人单位拖欠或者未足额支付劳动报酬的，劳动者可以依法向当地人民法院申请支付令，人民法院应当依法发出支付令。

第三十一条　用人单位应当严格执行劳动定额标准，不得强迫或者变相强迫劳动者加班。用人单位安排加班的，应当按照国家有关规定向劳动者支付加班费。

第三十二条　劳动者拒绝用人单位管理人员违章指挥、强令冒险作业的，不视为违反劳动合同。

劳动者对危害生命安全和身体健康的劳动条件，有权对用人单位提出批评、检举和控告。

第三十三条　用人单位变更名称、法定代表人、主要负责人或者投资人等事项，不影响劳动合同的履行。

第三十四条　用人单位发生合并或者分立等情况，原劳动合同继续有效，劳动合同由承继其权利和义务的用人单位继续履行。

第三十五条　用人单位与劳动者协商一致，可以变更劳动合同约定的内容。变更劳动合同，应当采用书面形式。

变更后的劳动合同文本由用人单位和劳动者各执一份。

第四章　劳动合同的解除和终止

第三十六条　用人单位与劳动者协商一致，可以解除劳动合同。

第三十七条　劳动者提前三十日以书面形式通知用人单位，可以解除劳动合同。劳动者在试用期内提前三日通知用人单位，可以解除劳动合同。

第三十八条　用人单位有下列情形之一的，劳动者可以解除劳动合同：

(一) 未按照劳动合同约定提供劳动保护或者劳动条件的；

(二) 未及时足额支付劳动报酬的；

(三) 未依法为劳动者缴纳社会保险费的；

(四) 用人单位的规章制度违反法律、法规的规定，损害劳动者权益的；

(五) 因本法第二十六条第一款规定的情形致使劳动合同无效的；

(六) 法律、行政法规规定劳动者可以解除劳动合同的其他情形。

用人单位以暴力、威胁或者非法限制人身自由的手段强迫劳动者劳动的，或者用人单位违章指挥、强令冒险作业危及劳动者人身安全的，劳动者可以立即解除劳动合同，不需事先告知用人单位。

第三十九条　劳动者有下列情形之一的，用人单位可以解除劳动合同：

(一) 在试用期间被证明不符合录用条件的；

(二) 严重违反用人单位的规章制度的；

(三) 严重失职，营私舞弊，给用人单位造成重大损害的；

(四) 劳动者同时与其他用人单位建立劳动关系，对完成本单位的工作任务造成严重影响，或者经用人单位提出，拒不改正的；

(五) 因本法第二十六条第一款第一项规定的情形致使劳动合同无效的；

(六) 被依法追究刑事责任的。

第四十条　有下列情形之一的，用人单位提前三十日以书面形式通知劳动者本人或者额外支付劳动者一个月工资后，可以解除劳动合同：

(一) 劳动者患病或者非因工负伤，在规定的医疗期满后不能从事原工作，也不能从事由用人单位另行安排的工作的；

(二) 劳动者不能胜任工作，经过培训或者调整工作岗位，仍不能胜任工作的；

（三）劳动合同订立时所依据的客观情况发生重大变化，致使劳动合同无法履行，经用人单位与劳动者协商，未能就变更劳动合同内容达成协议的。

第四十一条　有下列情形之一，需要裁减人员二十人以上或者裁减不足二十人但占企业职工总数百分之十以上的，用人单位提前三十日向工会或者全体职工说明情况，听取工会或者职工的意见后，裁减人员方案经向劳动行政部门报告，可以裁减人员：

（一）依照企业破产法规定进行重整的；

（二）生产经营发生严重困难的；

（三）企业转产、重大技术革新或者经营方式调整，经变更劳动合同后，仍需裁减人员的；

（四）其他因劳动合同订立时所依据的客观经济情况发生重大变化，致使劳动合同无法履行的。

裁减人员时，应当优先留用下列人员：

（一）与本单位订立较长期限的固定期限劳动合同的；

（二）与本单位订立无固定期限劳动合同的；

（三）家庭无其他就业人员，有需要抚养的老人或者未成年人的。

用人单位依照本条第一款规定裁减人员，在六个月内重新招用人员的，应当通知被裁减的人员，并在同等条件下优先招用被裁减的人员。

第四十二条　劳动者有下列情形之一的，用人单位不得依照本法第四十条、第四十一条的规定解除劳动合同：

（一）从事接触职业病危害作业的劳动者未进行离岗前职业健康检查，或者疑似职业病病人在诊断或者医学观察期间的；

（二）在本单位患职业病或者因工负伤并被确认丧失或者部分丧失劳动能力的；

（三）患病或者非因工负伤，在规定的医疗期内的；

（四）女职工在孕期、产期、哺乳期的；

（五）在本单位连续工作满十五年，且距法定退休年龄不足五年的；

（六）法律、行政法规规定的其他情形。

第四十三条　用人单位单方解除劳动合同，应当事先将理由通知工会。用人单位违反法律、行政法规规定或者劳动合同约定的，工会有权要求用人单位纠正。用人单位应当研究工会的意见，并将处理结果书面通知工会。

第四十四条　有下列情形之一的，劳动合同终止：

（一）劳动合同期满的；

（二）劳动者开始依法享受基本养老保险待遇的；

（三）劳动者死亡，或者被人民法院宣告死亡或者宣告失踪的；

（四）用人单位被依法宣告破产的；

（五）用人单位被吊销营业执照、责令关闭、撤销或者用人单位决定提前解散的；

（六）法律、行政法规规定的其他情形。

第四十五条　劳动合同期满，有本法第四十二条规定情形之一的，劳动合同应当续延至相应的情形消失时终止。但是，本法第四十二条第二项规定丧失或者部分丧失劳动能力劳动者的劳动合同的终止，按照国家有关工伤保险的规定执行。

第四十六条　有下列情形之一的，用人单位应当向劳动者支付经济补偿：

（一）劳动者依照本法第三十八条规定解除劳动合同的；

(二) 用人单位依照本法第三十六条规定向劳动者提出解除劳动合同并与劳动者协商一致解除劳动合同的;

(三) 用人单位依照本法第四十条规定解除劳动合同的;

(四) 用人单位依照本法第四十一条第一款规定解除劳动合同的;

(五) 除用人单位维持或者提高劳动合同约定条件续订劳动合同,劳动者不同意续订的情形外,依照本法第四十四条第一项规定终止固定期限劳动合同的;

(六) 依照本法第四十四条第四项、第五项规定终止劳动合同的;

(七) 法律、行政法规规定的其他情形。

第四十七条 经济补偿按劳动者在本单位工作的年限,每满一年支付一个月工资的标准向劳动者支付。六个月以上不满一年的,按一年计算;不满六个月的,向劳动者支付半个月工资的经济补偿。

劳动者月工资高于用人单位所在直辖市、社区的市级人民政府公布的本地区上年度职工月平均工资三倍的,向其支付经济补偿的标准按职工月平均工资三倍的数额支付,向其支付经济补偿的年限最高不超过十二年。

本条所称月工资是指劳动者在劳动合同解除或者终止前十二个月的平均工资。

第四十八条 用人单位违反本法规定解除或者终止劳动合同,劳动者要求继续履行劳动合同的,用人单位应当继续履行;劳动者不要求继续履行劳动合同或者劳动合同已经不能继续履行的,用人单位应当依照本法第八十七条规定支付赔偿金。

第四十九条 国家采取措施,建立健全劳动者社会保险关系跨地区转移接续制度。

第五十条 用人单位应当在解除或者终止劳动合同时出具解除或者终止劳动合同的证明,并在十五日内为劳动者办理档案和社会保险关系转移手续。

劳动者应当按照双方约定,办理工作交接。用人单位依照本法有关规定应当向劳动者支付经济补偿的,在办结工作交接时支付。

用人单位对已经解除或者终止的劳动合同的文本,至少保存二年备查。

第五章 特别规定

第一节 集体合同

第五十一条 企业职工一方与用人单位通过平等协商,可以就劳动报酬、工作时间、休息休假、劳动安全卫生、保险福利等事项订立集体合同。集体合同草案应当提交职工代表大会或者全体职工讨论通过。

集体合同由工会代表企业职工一方与用人单位订立;尚未建立工会的用人单位,由上级工会指导劳动者推举的代表与用人单位订立。

第五十二条 企业职工一方与用人单位可以订立劳动安全卫生、女职工权益保护、工资调整机制等专项集体合同。

第五十三条 在县级以下区域内,建筑业、采矿业、餐饮服务业等行业可以由工会与企业方面代表订立行业性集体合同,或者订立区域性集体合同。

第五十四条 集体合同订立后,应当报送劳动行政部门;劳动行政部门自收到集体合同文本之日起十五日内未提出异议的,集体合同即行生效。

依法订立的集体合同对用人单位和劳动者具有约束力。行业性、区域性集体合同对当地本行业、本区域的用人单位和劳动者具有约束力。

第五十五条 集体合同中劳动报酬和劳动条件等标准不得低于当地人民政府规定的最低标准;用人单

位与劳动者订立的劳动合同中劳动报酬和劳动条件等标准不得低于集体合同规定的标准。

第五十六条　用人单位违反集体合同，侵犯职工劳动权益的，工会可以依法要求用人单位承担责任；因履行集体合同发生争议，经协商解决不成的，工会可以依法申请仲裁、提起诉讼。

第二节　劳务派遣

第五十七条　经营劳务派遣业务应当具备下列条件：

(一) 注册资本不得少于人民币二百万元；

(二) 有与开展业务相适应的固定的经营场所和设施；

(三) 有符合法律、行政法规规定的劳务派遣管理制度；

(四) 法律、行政法规规定的其他条件。

经营劳务派遣业务，应当向劳动行政部门依法申请行政许可；经许可的，依法办理相应的公司登记。未经许可，任何单位和个人不得经营劳务派遣业务。

第五十八条　劳务派遣单位是本法所称用人单位，应当履行用人单位对劳动者的义务。劳务派遣单位与被派遣劳动者订立的劳动合同，除应当载明本法第十七条规定的事项外，还应当载明被派遣劳动者的用工单位以及派遣期限、工作岗位等情况。

劳务派遣单位应当与被派遣劳动者订立二年以上的固定期限劳动合同，按月支付劳动报酬；被派遣劳动者在无工作期间，劳务派遣单位应当按照所在地人民政府规定的最低工资标准，向其按月支付报酬。

第五十九条　劳务派遣单位派遣劳动者应当与接受以劳务派遣形式用工的单位(以下称用工单位)订立劳务派遣协议。劳务派遣协议应当约定派遣岗位和人员数量、派遣期限、劳动报酬和社会保险费的数额与支付方式以及违反协议的责任。

用工单位应当根据工作岗位的实际需要与劳务派遣单位确定派遣期限，不得将连续用工期限分割订立数个短期劳务派遣协议。

第六十条　劳务派遣单位应当将劳务派遣协议的内容告知被派遣劳动者。

劳务派遣单位不得克扣用工单位按照劳务派遣协议支付给被派遣劳动者的劳动报酬。

劳务派遣单位和用工单位不得向被派遣劳动者收取费用。

第六十一条　劳务派遣单位跨地区派遣劳动者的，被派遣劳动者享有的劳动报酬和劳动条件，按照用工单位所在地的标准执行。

第六十二条　用工单位应当履行下列义务：

(一) 执行国家劳动标准，提供相应的劳动条件和劳动保护；

(二) 告知被派遣劳动者的工作要求和劳动报酬；

(三) 支付加班费、绩效奖金，提供与工作岗位相关的福利待遇；

(四) 对在岗被派遣劳动者进行工作岗位所必需的培训；

(五) 连续用工的，实行正常的工资调整机制。

用工单位不得将被派遣劳动者再派遣到其他用人单位。

第六十三条　被派遣劳动者享有与用工单位的劳动者同工同酬的权利。用工单位应当按照同工同酬原则，对被派遣劳动者与本单位同类岗位的劳动者实行相同的劳动报酬分配办法。用工单位无同类岗位劳动者的，参照用工单位所在地相同或者相近岗位劳动者的劳动报酬确定。

劳务派遣单位与被派遣劳动者订立的劳动合同和与用工单位订立的劳务派遣协议，载明或者约定的向被派遣劳动者支付的劳动报酬应当符合前款规定。

第六十四条　被派遣劳动者有权在劳务派遣单位或者用工单位依法参加或者组织工会，维护自身的合法权益。

第六十五条　被派遣劳动者可以依照本法第三十六条、第三十八条的规定与劳务派遣单位解除劳动合同。

被派遣劳动者有本法第三十九条和第四十条第一项、第二项规定情形的，用工单位可以将劳动者退回劳务派遣单位，劳务派遣单位依照本法有关规定，可以与劳动者解除劳动合同。

第六十六条　劳动合同用工是我国的企业基本用工形式。劳务派遣用工是补充形式，只能在临时性、辅助性或者替代性的工作岗位上实施。

前款规定的临时性工作岗位是指存续时间不超过六个月的岗位；辅助性工作岗位是指为主营业务岗位提供服务的非主营业务岗位；替代性工作岗位是指用工单位的劳动者因脱产学习、休假等原因无法工作的一定期间内，可以由其他劳动者替代工作的岗位。

用工单位应当严格控制劳务派遣用工数量，不得超过其用工总量的一定比例，具体比例由国务院劳动行政部门规定。

第六十七条　用人单位不得设立劳务派遣单位向本单位或者所属单位派遣劳动者。

第三节　非全日制用工

第六十八条　非全日制用工，是指以小时计酬为主，劳动者在同一用人单位一般平均每日工作时间不超过四小时，每周工作时间累计不超过二十四小时的用工形式。

第六十九条　非全日制用工双方当事人可以订立口头协议。

从事非全日制用工的劳动者可以与一个或者一个以上用人单位订立劳动合同；但是，后订立的劳动合同不得影响先订立的劳动合同的履行。

第七十条　非全日制用工双方当事人不得约定试用期。

第七十一条　非全日制用工双方当事人任何一方都可以随时通知对方终止用工。终止用工，用人单位不向劳动者支付经济补偿。

第七十二条　非全日制用工小时计酬标准不得低于用人单位所在地人民政府规定的最低小时工资标准。

非全日制用工劳动报酬结算支付周期最长不得超过十五日。

第六章　监　督　检　查

第七十三条　国务院劳动行政部门负责全国劳动合同制度实施的监督管理。

县级以上地方人民政府劳动行政部门负责本行政区域内劳动合同制度实施的监督管理。

县级以上各级人民政府劳动行政部门在劳动合同制度实施的监督管理工作中，应当听取工会、企业方面代表以及有关行业主管部门的意见。

第七十四条　县级以上地方人民政府劳动行政部门依法对下列实施劳动合同制度的情况进行监督检查：

(一) 用人单位制定直接涉及劳动者切身利益的规章制度及其执行的情况；

(二) 用人单位与劳动者订立和解除劳动合同的情况；

(三) 劳务派遣单位和用工单位遵守劳务派遣有关规定的情况；

(四) 用人单位遵守国家关于劳动者工作时间和休息休假规定的情况；

(五) 用人单位支付劳动合同约定的劳动报酬和执行最低工资标准的情况；

(六) 用人单位参加各项社会保险和缴纳社会保险费的情况；

（七）法律、法规规定的其他劳动监察事项。

第七十五条 县级以上地方人民政府劳动行政部门实施监督检查时，有权查阅与劳动合同、集体合同有关的材料，有权对劳动场所进行实地检查，用人单位和劳动者都应当如实提供有关情况和材料。

劳动行政部门的工作人员进行监督检查，应当出示证件，依法行使职权，文明执法。

第七十六条 县级以上人民政府建设、卫生、安全生产监督管理等有关主管部门在各自职责范围内，对用人单位执行劳动合同制度的情况进行监督管理。

第七十七条 劳动者合法权益受到侵害的，有权要求有关部门依法处理，或者依法申请仲裁、提起诉讼。

第七十八条 工会依法维护劳动者的合法权益，对用人单位履行劳动合同、集体合同的情况进行监督。用人单位违反劳动法律、法规和劳动合同、集体合同的，工会有权提出意见或者要求纠正；劳动者申请仲裁、提起诉讼的，工会依法给予支持和帮助。

第七十九条 任何组织或者个人对违反本法的行为都有权举报，县级以上人民政府劳动行政部门应当及时核实、处理，并对举报有功人员给予奖励。

第七章 法律责任

第八十条 用人单位直接涉及劳动者切身利益的规章制度违反法律、法规规定的，由劳动行政部门责令改正，给予警告；给劳动者造成损害的，应当承担赔偿责任。

第八十一条 用人单位提供的劳动合同文本未载明本法规定的劳动合同必备条款或者用人单位未将劳动合同文本交付劳动者的，由劳动行政部门责令改正；给劳动者造成损害的，应当承担赔偿责任。

第八十二条 用人单位自用工之日起超过一个月不满一年未与劳动者订立书面劳动合同的，应当向劳动者每月支付二倍的工资。

用人单位违反本法规定不与劳动者订立无固定期限劳动合同的，应当自订立无固定期限劳动合同之日起向劳动者每月支付二倍的工资。

第八十三条 用人单位违反本法规定与劳动者约定试用期的，由劳动行政部门责令改正；违法约定的试用期已经履行的，由用人单位以劳动者试用期满月工资为标准，按已经履行的超过法定试用期的期间向劳动者支付赔偿金。

第八十四条 用人单位违反本法规定，扣押劳动者居民身份证等证件的，由劳动行政部门责令限期退还劳动者本人，并依照有关法律规定给予处罚。

用人单位违反本法规定，以担保或者其他名义向劳动者收取财物的，由劳动行政部门责令限期退还劳动者本人，并以每人五百元以上二千元以下的标准处以罚款；给劳动者造成损害的，应当承担赔偿责任。

劳动者依法解除或者终止劳动合同，用人单位扣押劳动者档案或者其他物品的，依照前款规定处罚。

第八十五条 用人单位有下列情形之一的，由劳动行政部门责令限期支付劳动报酬、加班费或者经济补偿；劳动报酬低于当地最低工资标准的，应当支付其差额部分；逾期不支付的，责令用人单位按应付金额百分之五十以上百分之一百以下的标准向劳动者加付赔偿金：

（一）未按照劳动合同的约定或者国家规定及时足额支付劳动者劳动报酬的；

（二）低于当地最低工资标准支付劳动者工资的；

（三）安排加班不支付加班费的；

（四）解除或者终止劳动合同，未依照本法规定向劳动者支付经济补偿的。

第八十六条　劳动合同依照本法第二十六条规定被确认无效，给对方造成损害的，有过错的一方应当承担赔偿责任。

第八十七条　用人单位违反本法规定解除或者终止劳动合同的，应当依照本法第四十七条规定的经济补偿标准的二倍向劳动者支付赔偿金。

第八十八条　用人单位有下列情形之一的，依法给予行政处罚；构成犯罪的，依法追究刑事责任；给劳动者造成损害的，应当承担赔偿责任：

(一) 以暴力、威胁或者非法限制人身自由的手段强迫劳动的；

(二) 违章指挥或者强令冒险作业危及劳动者人身安全的；

(三) 侮辱、体罚、殴打、非法搜查或者拘禁劳动者的；

(四) 劳动条件恶劣、环境污染严重，给劳动者身心健康造成严重损害的。

第八十九条　用人单位违反本法规定未向劳动者出具解除或者终止劳动合同的书面证明，由劳动行政部门责令改正；给劳动者造成损害的，应当承担赔偿责任。

第九十条　劳动者违反本法规定解除劳动合同，或者违反劳动合同中约定的保密义务或者竞业限制，给用人单位造成损失的，应当承担赔偿责任。

第九十一条　用人单位招用与其他用人单位尚未解除或者终止劳动合同的劳动者，给其他用人单位造成损失的，应当承担连带赔偿责任。

第九十二条　劳务派遣单位违反本法规定的，由劳动行政部门和其他有关主管部门责令改正；情节严重的，以每人一千元以上五千元以下的标准处以罚款，并由工商行政管理部门吊销营业执照；给被派遣劳动者造成损害的，劳务派遣单位与用工单位承担连带赔偿责任。

第九十三条　对不具备合法经营资格的用人单位的违法犯罪行为，依法追究法律责任；劳动者已经付出劳动的，该单位或者其出资人应当依照本法有关规定向劳动者支付劳动报酬、经济补偿、赔偿金；给劳动者造成损害的，应当承担赔偿责任。

第九十四条　个人承包经营违反本法规定招用劳动者，给劳动者造成损害的，承包的组织与个人承包经营者承担连带赔偿责任。

第九十五条　劳动行政部门和其他有关主管部门及其工作人员玩忽职守、不履行法定职责，或者违法行使职权，给劳动者或用人单位造成损害的，应当承担赔偿责任；对直接负责的主管人员和其他直接责任人员，依法给予行政处分；构成犯罪的，依法追究刑事责任。

第八章　附　则

第九十六条　事业单位与实行聘用制的工作人员订立、履行、变更、解除或者终止劳动合同，法律、行政法规或者国务院另有规定的，依照其规定；未作规定的，依照本法有关规定执行。

第九十七条　本法施行前已依法订立且在本法施行之日存续的劳动合同，继续履行；本法第十四条第二款第三项规定连续订立固定期限劳动合同的次数，自本法施行后续订固定期限劳动合同时开始计算。

本法施行前已建立劳动关系，尚未订立书面劳动合同的，应当自本法施行之日起一个月内订立。

本法施行之日存续的劳动合同在本法施行后解除或者终止，依照本法第四十六条规定应当支付经济补偿的，经济补偿年限自本法施行之日起计算；本法施行前按照当时有关规定，用人单位应当向劳动者支付经济补偿的，按照当时有关规定执行。

第九十八条　本法自 2008 年 1 月 1 日起施行。

第四节　大学生创业风险防范

一、大学生创业的风险

大学生创业是一个充满风险的过程，这些风险包括项目风险、团队风险、财务风险、技术风险和环境风险。之所以存在这些风险，一方面是由于大学生自身的原因，另一方面也是由市场的复杂性、创业环境的不确定性和企业成长的不可预料性决定的。要防范这些风险，大学生应不断健全知识结构，提高创业能力，充分利用学校提供的创业孵化园等实践平台，全面把握各类大学生创业有利政策，积极参加各类大学生创业计划竞赛。

(一) 大学生创业存在的风险

风险是指在一定条件下和一定时期内，由于各种结果发生的不确定性而导致行为主体遭受损失的大小以及这种损失发生可能性的大小。创业风险是在企业创业过程中存在的风险，属于风险的一个分支，是指由于创业环境的不确定性、创业机会与创业企业的复杂性，创业者、创业团队与创业投资者的能力与实力的有限性而导致创业活动偏离预期目标的可能性。

大学生创业既存在着一般创业风险，同时大学生作为创业的一个特殊群体，受教育背景、社会环境与创业政策的影响，其面临的创业风险又具有与众不同的特征。

大学生创业存在的风险主要体现在六个方面，分别是：机会风险、资金风险、技能风险、资源风险、管理风险以及环境风险。

1. 机会风险

创业的机会风险是指创业者能否在选择创业项目时作出正确的决定，抓住正确的方向。如果对机会把握不准或者推理偏误，则会使创业在开始就面临方向错误的风险。同时，也会存在由于创业而放弃了原有的学业所面临的机会成本风险，或者选择创业就放弃了就业的选择，也是该阶段存在的风险，构成机会成本风险。

2. 资金风险

资金风险是指因资金不能适时地筹集和供应而导致创业失败的可能性。可以说，资金风险贯穿于创业活动的整个过程之中。当今社会，空手套白狼的创业奇迹越来越少，如果没有足够的流动资金，很可能会导致在创业初期就遭遇失败，资金风险普遍是创业前期的"命门"。大学生更是缺乏财务分析，在资金管理上表现出明显的不足，相当多的大学生创业企业会在创办初期因资金紧缺而严重影响业务的拓展，甚至错失商机而不得不关门大吉。

3. 技能风险

大学生从象牙塔走出来，还未实现由"学校人"向"社会人"的完全转变，由于年龄、阅历、心理等与有社会经验的人相比处于劣势。而创业本身是一个复杂的系统工程，市场不会因为创业者是学生就网开一面，在单纯的校园环境中成长起来的大学生，在面对社会和市场时，比有社会经验的人更容易迷失和迷茫，思考问题理想化，对困难估计不足。同时，大学生还缺乏创业必备的知识和能力，不了解创业的相关政策法规，创业基本技能的匮乏直接影响大学生创业成功。

4. 资源风险

这里所说的资源风险主要是由于社会资源贫乏而产生的风险。大学生创办企业、市场开拓、产品或服务宣传等工作都需要调动社会资源。但是大学生在校期间进行的创业策划所利用的社会资源相对较少，有老师、同学的帮助支持，无需太多宣传公关。当走入社会实施创业时，在宣传广告、市场营销、工商税务、融资租赁、生产服务等方面将会遇到很多挫折和困难，耗费很大精力。

5. 管理风险

由于长期接受应试教育，不熟悉经营"游戏规则"，一些大学生创业者虽然在技术上出类拔萃，但财务、营销、采购、广告、管理等方面的能力普遍不足。大学生有理想与抱负，但初涉商场，知识单一，又缺乏实践经验，往往出现决策随意、信息不通、理念不清、用人不当等问题，对具体的市场开拓缺乏相关的经验与知识。在这种情况下，大学生创业就会遇到各种不可预见的问题，很可能会使创业者犯一些低级错误，导致创业困难。

6. 环境风险

环境风险是指在创业过程中由于环境发生变化而给创业带来的利益损失。这一风险也贯穿在创业的过程中，在中、后期的表现更为突出，一旦发生，可能会给企业带来致命的打击。特别是高技术产品的创新活动，由于所处的社会、政治、政策、法律环境变化或由于意外灾害发生而造成失败的可能性更大，而且对这种变化，创业者自身是无法改变的。

(二) 大学生创业风险产生的原因

大学生创业风险产生的原因从外部环境来看，职业精神和道德秩序的缺失是形成创业风险的前提。一个成熟的、健康的竞争生态圈，不是简单地在政府所提供的若干法律、法规的框架内追求利益，它更应该体现为法律与道义传统、社会行为规范的整体协调。目前对中国的创业者们来讲，要想事业成功并成为这个社会和时代的主流，最重要的工作是塑造中国企业家的职业精神和重建中国企业的道德秩序。企业家及创业者以道德为约束，以诚信、平等、公正、公开为信条，创造中国特色的商业环境也是我们这一代大学生创业者的责任与义务。

从内部环境来看，创业者决策的独断和无制约，企业盲目的扩张和多元化；创业者一夜暴富的投机性，以及内部管理不善，创办人缺少必要的经营企业的经验，财务上没有遵循审慎原则，错把人材当人才等一系列的问题，使得创业者时时有风险、处处有风险。

从大学生创业者自身来看，大学生创业中容易出现以下情况：第一，眼高手低，盲目乐观。比尔·盖茨的神话使 IT 业、高科技业成为大学生眼中的创业金矿，以至于不少学生不屑于从事服务业或技术含量较低的行业。如果大学生对自身经验和能力认识不足，对创业的期望值又过高，一开始就起点较高，很容易失败。第二，纸上谈兵，经验不足。缺乏经验是目前大学生创业中普遍存在的问题，不少大学生创业者不习惯对其产品或项目做市场调查，而是进行理想化的推断，例如："如果有 3 亿人需要我们的产品，每件售价 100 元，我们就有 300 亿元的销售市场。"这种推断方法是站不住脚的，而且常常起着误导作用。第三，单打独斗，缺乏合作。在强调团队合作的今天，创业者想靠单打独斗获得成功的几率正大大降低。团队精神已成为不可或缺的创业素质，风险投资商在投资时更看重有合作能力的创业团队。如今大学生一般都有个性，自信心较强，在创业中常常自以为是、刚愎自用，这些都影响了创业的成功率。另外，大学生创业时资金准备不足、市场应变不灵、法律意识单薄，同时，缺乏对创业项目缺乏深度审视和对市场前景缺乏理性评估以及创业的良好的心态，都是造成创业风险的重要原因。

二、大学生创业风险的防范

风险的存在是必然的。关于风险，邓小平同志曾经说过："搞改革完全是一件新的事情，难免会犯错误，但我们不能怕，不能因噎废食，不能停步不前。""没有一点'闯'的精神，没有一点'冒'的精神，没有一股气呀、劲呀，就走不出一条好路，走不出一条新路，就干不出新的事业。"这种在风险面前的大无畏态度，来自于他对风险的清醒认识和战胜风险的坚定信心。因此，大学生创业应在各个环节做好风险的防范。

(一) 大学生自身素质的提升

大学生创业所存在的风险往往是由大学生这个特殊的群体在创业过程中具有的劣势造成的，因此想要规避风险，就必须从实际出发，提升大学生自身能力，培养各项创业所需的技能与素质。分析众多大学生创业成功的案例，他们成功创业可以归因于以下几方面的能力：创新能力、策划能力、组织能力、领导能力、管理能力以及公关能力。也只有这几方面的能力同时具备，大学生在创业中才能技高一筹，降低失败的几率。

(二) 准备好创业必备的硬件

俗话说"巧妇难为无米之炊"，没有充分的硬件准备，再好的创意也难以转化为现实的生产力，再优秀的人才也没有用武之地。大学生创业所需要具备的硬件主要是经验、资本和技术。经验的积累可以避免陷进眼高手低、纸上谈兵的误区，资金为成功创业建立物质基础，技术则是大学生想要在高科技领域占有一席之地的王牌。

(三) 进行风险意识教育

各高校可以有计划的开设有关于创业风险的课程，通过实际案例理性分析创业活动的复杂性，让大学生能够清醒地认识到创业历程中存在的风险，以及如何防范和应对创业过程危机，指导大学生在创业前期、创业当中如何对待和化解创业风险，促进大学生进行创业能力的自我培养和技能的提高。

(四) 了解政策和相关法律

近年来，为支持大学生创业，国家各级政府出台了许多优惠政策，只有了解这些政策，才能走好创业的第一步。同时应该要学习相关的法律知识，如工商注册登记、经济合同和税务等法律知识。这些是大学生创业过程必备的知识。只有懂法、守法，并依据法律保护自己的合法权益，才能确保大学生们的创业行动稳健与长久。

(五) 创业不同阶段应注意的问题

当然，真正实际进行创业时，无论是创业前期的准备、创业中期的运行还是创业后期的完善，都有许多问题需要注意。在创业前期，要谨慎选择项目，避免盲目跟风，合理组建团队，避开熟人搭伙，注重实践磨炼，回避准备不足。在中期要强化内部管理，培养骨干队伍，积极参与竞争，杜绝急功近利，加强内涵建设，创立品牌形象。在创业后期，面对"守业"的艰巨任务，要懂得建立激励机制，凝聚创新人才，尝试权力授予，完善组织架构，逐步合理扩张，健全制约机制。如此，才能算得上成功创业。

结语：在经济高速发展的当下，到处蕴藏着创业的机会，大学生创业是大学生实现自身价值、创造财富的一个重要途径。但是不可否认的是，创业风险也是客观存在、不可避免的。尤其是对资金、能力、经验都有限的大学生创业者来说，并非"遍地黄金"。所以，想要创业的大学生必须用敏锐的眼光去发现风险，用超人的智慧去应对风险，积极投身到创业的潮流中，并在其中站稳脚跟，求得发展。同时，创业大学生要根据自身特点，找准"落脚点"，从害怕风险、不敢迈步之中解放出来，敢于去市场经济的大潮中劈风斩浪，又要在敢于经受商海的历练和锻打中，善于规避风险，化解风险。使自己在迎战风险的过程中站立起来，成熟起来，才能闯出一片真正适合自己的新天地，成为商海的精英和栋梁。

案例探析

大学生创业失败案例：经营饰品店为何失败

一个偶然的机会，在校大学生梁某在一个本地网站的二手市场上发现有人要转让一批饰品，出于好奇，梁某跟那人联系问了问情况。起初梁某并没有想买，因为梁某毕竟毫无这方面的经验。谁知两天后那人又给梁某打电话，热情地说让梁某先看看货，迫于情面和女人的爱美心理梁某答应了。那人是一个很有气质也很精明的南方妇女。她说要出国，所以想把刚从广州精心挑来的饰品转让出去。据她介绍，做饰品利润非常高。非典时期利润是最少的时候，但就是那时，每月的纯利润还有两千多元。她的说法很让梁某动心。

梁某随后又看了看她带来的样品。那些样品很精致，当然标价也很高。她说可以按照标价的二折转让给梁某，这样的话无论梁某怎么卖都不会赔钱的。听了这话，梁某真的动心了。可是，梁某告诉对方自己现在没有店铺。对方听了以后又给梁某推荐了两个地方，并说马上就要出国，要梁某抓紧时间决定，还有别人也在跟她联系。

于是，梁某就去了她推荐的一个地方。那里是一个国际商业中心。市场组成大部分是小商铺，面积也就四五平方米，月租金一千元左右。这样的条件梁某觉得还可以接受。正巧的是这里还有几家空房，都写着转租。梁某试着联系了几家，有一家位置不错，租金也较低。

其实，梁某也怀疑过这里是否生意不好，可是问了几家店主，他们都说现在刚开业没多久，商铺嘛，肯定要养一段时间的，这个商厦有政府的投资，不会垮的。梁某想想，觉得这个说法还是有道理的，反正梁某做兼职，也不靠这个买卖吃饭，只要不赔钱就行了，先在这练练呗。别的准备好了，现在就剩下人的问题了。梁某每天是要上学的，雇人又不知根底，找谁呢？梁某想到了待业在家的小妹，她那么聪明能干，先帮帮忙肯定没问题。跟她一谈，她马上就同意了，说好先帮帮忙等理顺以后再雇人。万事俱备，梁某觉得上天可能在帮忙吧，什么事都这么顺利，注定梁某要干这行了。梁某马上接收下那批饰品并租下店面。谁知，梁某刚付完钱，小妹却通知梁某她要准备考试，帮不了忙了。

　　这是给梁某的第一个打击，可是箭已在弦，不得不发了。梁某只能是硬着头皮走一步算一步了。小妹不来，大不了就是雇个人呗。但是第二个打击随后就来了。在办进场手续的时候，商厦宣称二楼是服装商场，不能经营饰品。转租的时候房东和租户都告诉梁某合同上写的是经营服饰，包括服装和饰品，而且当时也有其他人在经营饰品，梁某就没有深究。现在管理人员告诉梁某，他们正在清理那些不守规定的摊位。梁某的心凉了一半，难道梁某白交租金了吗？好多人劝梁某先干着再说，反正现在还没管。租金已交，也只好这样了。

　　租房后正赶上梁某去杭州游玩，于是顺便采购了一些饰品，也采购了少量的睡衣、肚兜等，以防真的不让卖饰品梁某无法应付。等梁某回来，已经是两周之后了。时间就是金钱呐！梁某草草装修，把货物上柜。看着那些精美的货物，梁某还是很有信心的。刚开始没有雇员，梁某和母亲轮流去，虽然辛苦点，但是能够做成生意还是很高兴的。白天的时候想到店里正关着门，心里就火烧火燎的，于是贴出了招聘广告。人可是大事。好在没几天，就有人介绍了个小姑娘给梁某。梁某看了看，感觉小姑娘条件还不错，就雇佣了她。

　　有了人，梁某就省心了。什么事都有人顶着，梁某就是没事去抽查一下，看看缺货去附近的批发市场上点货。梁某发现，总有人问梁某店里没有的东西，比如指甲油、假睫毛、唇油、钥匙链等，应顾客需求梁某都上了点。两个月下来一盘点，每个月都要亏损一二百元，梁某认为生意刚开始也没有太介意。谁知道，这个商厦的情况每况愈下，过了七、八月份的旺季，顾客越来越少。这个商厦的开发商是地产商，他们在开盘时炒作得非常厉害，买商铺的人甚至连夜排队，然而商铺卖出后他们就不再宣传。

　　商厦都开业半年了附近住的人竟然还有不知道的。而且由于商铺大部分都卖给了个人，由业主进行出租，给管理带来很大困难，到后来根本无法管理。另外，由于开始大家对商厦的期望值很高，租金也定得很高，相应的货物的价格就水涨船高，而附近居民的购买力和层次并不高。这也是造成人们望而却步的原因之一。

　　随着客流量日渐减少，商户的商品开始积压，大家情绪十分低落。一些商户在秋冬季还在卖夏天的衣服，有的商户干脆退场，有的商户没退场却也总是关着门，而开着门的商户又打牌、下棋，总之不务正业。商场的这种情况使客流量更加稀少，如此形成恶性循环。到后来，商场的摊位租金降到300元，于是梁某赔钱赔得更厉害了。那时梁某连服务员都雇不起了，因为雇人比关着门还要赔钱。商厦此时门可罗雀，成天空荡荡的，只有几个摊主在聊天。在这种情况下，就是想赔钱甩货都没有人搭理。

　　合同到期后，90%的商户已经撤场。梁某也无法再继续支持下去，只得带着一堆货物收场，到现在梁某的手里还剩下一堆精美的但已经过时的饰品。

　　这场生意梁某支持了半年，赔掉了几千元钱。

案例解析：每个创业过程都有它的风险，并不是每一个创业者都能成功，而梁某创业失败的教训总的来说有以下几点：

首先，选择项目一定要谨慎，尤其是涉足自己不了解的行业，最好有行家指导，要多做调查研究。

第二，对于饰品来说一般不要接手转让的，因为再好的饰品都有时尚性，过了时就一文不值。

第三，做买卖最重要的是选址。要仔细考察地理位置，还要考察客流量以及附近居民的购买能力，还有一点，就是考察物业的管理能力。千万不能租那种产权和经营权都出售给个人的商铺。如果一个地方同时有很多商铺转让，一定不能租。

第四，开始上货不要求全求多，再全也会有人需要你没有的东西，而上太多的货就会占压资金，而且太全的话还会形成杂乱的感觉。

第五，创业并不是容易的事，不是你雇个人干就能赚钱，至少在先期要付出很多的精力和时间，因此兼职创业要有足够的时间和自由度才能考虑。要审时度势，见好就收。如果是自己无法控制的原因造成经营不好，马上止损撤退、另谋高就还能避免更大损失。

第九章　创 业 筹 备

　　　　大学生创业是大学生实现自身价值的一个重要途径。创业之前需要认真思考、反复评估、考虑成熟再行动，除了要有足够的创业理论知识，了解相关创业政策以及做好心理准备外，如何开发创业项目、选择创业模式、建立创业团队等方面的问题也值得大学生好好思考。

第一节　创 业 项 目

　　创业初始，创业项目的选择和确定对于初创企业而言犹如指路明灯，照亮企业奋斗的方向。选到适合自己的项目，可以使团队少走很多弯路。

一、创业项目的开发

　　创业项目的开发从信息的获得渠道上大体可以分为以下四大类。

　　一是各省、市、区重点关注的政府有关部门、国务院各部委。例如，国家发改委能源局表示：未来 5 年我国将投资 100 亿元利用太阳能资源。由此可以得出两个方面的项目信息，即建立太阳能发电站的项目信息与制造太阳能发电设备的项目信息。又如，国家商务部经常发布国家进口货物信息，这些信息说明我国市场目前短缺的物资，从这些信息中我们或许可以提炼出一些好项目。

　　二是科研院所、大专院校和企业、事业单位。科研院所、大专院校有很多优秀的科技成果，需要转化为项目，如生物工程的应用，纳米材料在医药、建材等方面的应用等。有一些优秀大中型企业在技改、产品深加工等方面寻求合作或配套时也会有很多好项目。

　　三是各类投资贸易洽谈会。如行业性的专门会议、名特优的展览、高科技产品展览等都会使我们开阔眼界，寻觅到一些商机。

　　四是技术、商品、生产资料交易中心和各级各类驻外机构等。上海技术交易中心每年交易额都在上千亿元，蕴藏着极大的商机。收集项目信息的工具及媒介主要有互联网、报纸杂志、广播电视等。互联网是我们进行信息收集工作最重要的手段和工具，它是链接外部世界的窗口，其信息量大、涉及面广、时效性强，是目前最快的消息来源，是收集项目信息最便捷的通道。在互联网上的搜索引擎中，只要输入"项目"，我们就能很快找到并进入中国项目网及其相关的网站、网页。寻找项目的重要网站有：中国项目网、中国专利信息网、中国技术交易网、中国经济信息网及国务院部委网等。各种经济类的报纸杂志是我们寻找项目的主要媒介，但要做好平时的收集、分类整理工作，在计算机上建立分类文档，按新技术、新材料、新产品或按行业分类，用时就会很方便。

二、创业项目的类型

(一) 拉动型——现有问题

创业项目的种类不同，创业的前景以及资料就不相同。与社会现有问题相比较，创业项目的选择对于拉动社会经济有着重要的作用，现有问题的解决代表创业项目的前景性与执行性。

(二) 推动型——未来趋势

创业项目对于社会发展以及行业的进步有着重大的意义。选择一个好的创业项目，与未来社会的发展相结合，在很大程度上会对项目起到推动作用。

创业者是发展高新技术产业的主体，极具能动性，通过创业者的能动性可以推动风险投资体系的完善。但是创业者赢得风险投资并不是创业成功的标志，只有新产品或服务经受住市场的考验，产生经济效益，才是真正的创业成功。这就要求创业者不仅有创造性和盈利潜力的完整的创业计划，还必须愿意和能够说服各种各样的人，诸如风险投资商、相关产业的公司经理、政府官员和顾客，这样才能真正让自己的事业为更多的人所接受。

(三) 资源型——闲置资源

现今社会许多资源处于闲置、浪费状态，如果能够有效利用闲置资源创业，则可减少社会垃圾的产生。利用资源创造发现更好的、更新颖的创业项目，是一种挑战，更是一种不可多得的机遇。

闲置资源大致可以分为三大类：闲置资产(如汽车、住房、设备等)、闲置技能(不作为主业的特长、技能)、闲置时间(非正常营业时间)。随着移动互联网的普及，工作生活节奏的加快，个人闲置时间又出现了更为细分的碎片时间(等电梯、等公交或上班的短途时间)，这些都是可供考虑和挖掘的创业点。

三、创业项目的选择

每一个创业项目的选择，都有它应该遵循的原则，违背原则的盲目选择，只会增加创业失败的风险。创业项目选择遵循的原则如下。

(一) 选择趋势性的、有前景的朝阳产业

选择趋势性的、有前景的朝阳产业是好行业、好产品的第一个必备特性。所谓朝阳产业，是指这个产业或产品在未来的10～20年中将很有前景、很有市场，将被消费者广泛地接受和使用。大多数的富豪都因为具有超前的智慧与眼光，选择了很有前景的朝阳产业。比如世界首富比尔·盖茨，他在大学时期就具备了超人的智慧和眼光，他清晰地看到，在

未来的生活中，人人将离不开电脑，家家户户都将拥有电脑，因而毅然放弃学业，创立了微软公司，致力于小型家庭电脑及应用软件的开发。因为他当初选择了世界上最有前景的朝阳产业，所以今天他是世界首富。

(二) 选择市场空间大、竞争对手较少的行业

很多人在选择行业的时候，往往看到别人在一个行业中赚到了钱，然后也跟着去从事那个行业。其实这是一种严重的错误。因为自己不是在这个地域中最早从事这个行业的人，大块的市场和利润已经被别人所占领，如果大家都来模仿，则最后的结局就是大鱼吃小鱼，实力弱的被淘汰出局。例如，十几年前，福建地区很少有人销售茶叶、开茶庄，所以短短的几年时间，早期的极少数经营茶叶生意的人赚了大钱。结果很多人看到卖茶叶能赚钱就蜂拥而上，竞相模仿。如今一个小小的城市有几百人、甚至上千人在开茶叶店，做茶叶生意，这些人很难赚大钱，因为整个市场利润都被瓜分了。因此，选择创业项目时要选择市场空间大、竞争对手少的行业。也就是说，还没有人或很少人从事该行业的时候，如果抢先一步，则有可能领先一路。

(三) 选择市场需求量大的行业

劳斯莱斯轿车是专门针对社会最上层人士所设计的价格高昂的轿车，但这家公司并不是世界上最赚钱的汽车厂，反而比本田、丰田、福特等汽车厂赚的钱少，原因很简单：销量不大，99.99%以上的消费者买不起。又如，台湾的 7-11 便利店 24 小时营业，各地共有 2000 家分店，生意都很好，每家分店都有卖一种东西：茶叶蛋。假设每个茶叶蛋 7-11 便利店赚 0.30 元，每家分店每天平均卖 500 个茶叶蛋，那么 7-11 便利店仅茶叶蛋的利润就为 0.3 元×500 个×2000 家×30 天×12 月=1.08 亿元/年。所以说，高需求才能赚钱，我们要经营的行业及产品要尽可能是人人都要用、家家户户都需要的产品。

(四) 选择投资合理、利润合理、回报较高的行业

薄利多销当然也能赚大钱，但是如果两款产品销售量相同但利润不同，则经营利润高的产品赚的钱多。所以，应尽可能选择利润较高的行业或产品，而且最好是投资不大(投资越大，风险越高)，却能带来长期高回报利润的。

(五) 选择相对售后服务少的行业

售后服务少也是衡量好行业的一个标准。如果选择的是需要长期不断地做售后服务的行业，创业者将会浪费很多宝贵的时间和精力。因为售后服务通常是不赚钱的，但为了长期拥有客户及良好的信誉，创业者必须随时准备为客户服务，随叫随到，而且经常会碰到一些不很友善的客户，让人十分头疼。

(六) 选择自己熟悉的行业

所谓"做熟不做生"就是这个道理。也许很多人有资金，但对一些自己有能力进入的行业又不太熟悉，在这种情况下，就要寻找该行业内运作经验丰富、可以为自己下一步创业提供具体指导的品牌公司，采取加盟的方式，来弥补自己的不足。

(七) 选择退出成本低的行业

尽量不要选择需要投入大量基础设施的行业,因为此类行业的退出成本高,会增加经营风险。退出成本包括存货处理、设备处理等。

(八) 选择能充分发挥自己优势的行业

自己的优势包括自己的人脉优势、自己的行业经验、自己的性格特点、兴趣、知识积累与结构、心理抗压能力等。清醒地审视自己,再去选择创业,会事半功倍。

(九) 寻找自己适合的行业

有的创业行业对资金量要求大,就不要勉强涉足。有的行业风险很高,如果创业者的抗风险能力不强,或不喜欢高风险投资,就要避开。有的行业投资回收期很长,或者回报率太低,也不适合创业。只有选对了创业项目,创业才可能成功。

第二节　创业模式

创业是复杂的,又是灵活的。对于大学生创业者来说,一定要清楚判断自身的优、劣势,选择比较适合自己的模式。无论选择何种创业模式,都需要具备相应的行业素质。

一、创业模式的类别

(一) 网络创业

目前,网络创业主要有两种形式:网上开店(在网上注册成立网络商店)和网上加盟(以某个电子商务网站门店的形式,利用母体网站的货源和销售渠道经营)。

优势:门槛低、成本少、风险小、方式灵活,特别适合初涉商海的创业者。像易趣、淘宝等知名商务网站,有比较完善的交易系统、交易原则、支付方式和成熟的客户群,每年还会投入大量的宣传费用。

需要提醒的是,初次尝试网络创业的人应事先进行多方调研,选择既适合自己产品特点又具有较高访问量的电子商务平台。

(二) 加盟创业

分享品牌金矿、分享经营诀窍、分享资源支持,连锁加盟凭借以上诸多的优势,成为极受青睐的创业新方式。目前,连锁加盟有直营、委托加盟、特许加盟等形式。

优势:利益共享,风险共担。创业者只需支付一定的加盟费,就能借用加盟商的金字招牌,并利用现成的商品和市场资源,还能长期得到专业指导和配套服务,创业风险也有所降低。

需要提醒的是,随着连锁加盟市场规模的不断扩大,鱼龙混杂现象日趋严重,一些不法者利用加盟圈钱的事件屡有曝光。因此,创业者在选择加盟项目时要有理性的心态,事先进行充足的准备，包括收集项目资料、实地考察、分析市场等，并结合自身实际情况再做决定。

(三) 兼职创业

对上班族来说，如果头脑活络，有钱又有闲，想"钱生钱"又不愿意放弃现有工作，那么兼职做老板应该是最佳选择。

优势：既无须放弃本职工作，又能充分利用在工作中积累的商业资源和人脉关系创业，实现鱼和熊掌兼得的梦想，而且进退自如，大大减少了创业风险。

需要提醒的是，兼职创业需要在主业和副业、工作和家庭等几条战线上同时作战，对创业者的精力、体力、能力、忍耐力都是极大的考验，因此要量力而行。

(四) 团队创业

团队创业成功的概率要远高于个人独自创业。一个由研发、技术、市场、融资等各方面优势互补组成的创业团队，是创业成功的法宝。对高科技创业企业来说，更是如此。

优势：一群人同心协力，集合各自的优势共同创业，其产生的群体的智慧和能量远远大于个体。

需要提醒的是，团队创业时，最重要的是考虑成员之间的知识、资源、能力或技术上的互补，这种互补将有助于强化团队成员间彼此的合作。

(五) 大赛创业

大学生创业大赛旨在为参赛者展示项目、获得资金提供平台。Yahoo、Netscape 等企业都是从商业竞赛中脱颖而出的，因此，此类竞赛被形象地称为创业"孵化器"。

优势：不仅为大学生创业者闪亮登场提供了舞台，更重要的是为其提供了锻炼能力、转变观念的宝贵机会。对大学生来说，创业大赛是创业"试金石"，通过这个平台，可熟悉创业程序，储备创业知识，积累创业经验，接触和了解社会。

需要提醒的是，撰写创业计划书是创业大赛的核心部分，并决定着能否吸引投资商的兴趣。一份完善、科学、务实的计划书，就是大学生坚实的"创业基石"。但是很多大学生的创业计划书由于受到知识、经验的限制，存在对目标市场和竞争对手缺乏了解、分析时采用的数据经不起推敲等诸多问题，这些问题不解决好，创业大赛只能是"纸上谈兵"。

(六) 概念创业

概念创业，顾名思义就是凭借点子、想法创业。当然，这些创意概念必须标新立异，至少在打算进入的行业或领域是个创举，只有这样，才能抢占市场先机，才能吸引风险投资商的眼球。同时，这些超常规的想法还必须具有可操作性，并非天方夜谭。

优势：具有点石成金的神奇作用，对于本身没有很多资源的创业者而言，可通过独特的创意来获得各种资源，包括资金、人才等。

需要提醒的是，创业需要创意，但创意不等同于创业，创业还需要在创意的基础上，融合技术、资金、人才、市场经验、管理等各种因素，如果仅凭借着点子贸然行动，基本上是行不通的。

二、创业实现的途径

(一) 课堂学习

创业者通过课堂学习能拥有过硬的专业知识，在创业过程中将受益无穷。在大学图书馆通常能找到创业指导方面的报刊和图书，广泛阅读能增加对创业市场的认识。参加大学社团活动能锻炼创业者的各种综合能力，这是创业者积累经验必不可少的实践过程。

(二) 媒体资讯

媒体资讯包括纸质媒体以及网络媒体，其中人才类、经济类媒体是首要选择，例如比较专业的《21 世纪人才报》、《21 世纪经济报道》、《IT 经理世界》等。管理类、人才类、专业创业类网站是必要选择，例如中国营销传播网、中华英才网、中华创业网、人才中国网、校导网等。此外，从各地创业中心、创新服务中心、大学生科技园、留学生创业园、科技信息中心、知名民营企业的网站等都可以学到创业知识。

(三) 与人交流

商业活动无处不在。可以在生活中与有创业经验的亲朋好友交流，在他们那里可以得到最直接的创业技巧与经验。还可以通过电子邮件和电话拜访商界人士，或咨询与自己的创业项目有密切联系的商业团体，争取得到他们的支持。

(四) 曲线创业

先就业、再创业是时下很多大学生的选择。毕业后，由于自己各方面阅历和经验都不够，可以先到实体单位锻炼几年，等积累了一定的知识和经验再创业。

先就业、再创业的大学生跳槽后，所从事的创业项目通常也是与过去的工作密切相关的。而在准备创业的过程中，创业者可以利用与专业人士交流的机会获得更多的来自市场的创业知识。

(五) 创业实践

真正的创业实践开始于创业意识萌发之时。大学生的创业实践是学习创业知识的最好途径。

间接的创业实践学习可借助学校举办的某些课程的角色性、情景性模拟参与来完成。例如，积极参加校内外举办的各类大学生创业大赛、工业设计大赛等，对知名企业家成长经历、知名企业经营案例开展系统研究等。

直接的创业实践学习可通过课余时间来完成(例如在大学校园做饮水机清洗消毒有偿服务等，假期在外兼职打工、试办公司、试申请专利、试办著作权登记、试办商标申请等)，也可通过举办创意项目活动、创建电子商务网站、谋划书刊出版事宜等多种方式来完成。

(六) 校园代理

大学生在经验、能力、资本等方面都存在不足，直接创业会存在很大困难，既不现实，成功率也很低。而校园代理对经验、资金等方面一般没有太高要求，大学生可以利用课余时间代理校园畅销产品，积累市场经验，锻炼创业能力。做校园代理没有成败之分，对于大学生来说多多益善，如果做得较好，还可以积累一定的资金。通过做校园代理，可以为毕业后的创业之路准备必要的物质和精神条件。

(七) 个人网店

大学生是最具活力的群体，也是新技术和新潮流的引导者与受益方。由于网络购物的方便性、直观性，越来越多的人在网络上购物。一些人即使不买，也会去网上了解自己将要买的商品的市场价。此时，一种点对点、消费者对消费者的网络购物模式开始兴起，如国外的 eBay、国内的淘宝网，吸引了越来越多的个人在网上开店，在线销售商品，引发了一股个人开网店的热潮。

(八) 城市嘉年华

在中小学生的寒暑假期间，组织艺术、动漫专业的学生开展城市 cosplay 展；可租用或借用学校的操场，借助人气招揽学生用品摊位、小吃摊，组织城市游乐嘉年华；考虑到风险因素，可以租借可移动的充气城堡、电动玩具、动漫水世界等城市移动狂欢嘉年华项目。

三、创业选择的评估

(一) 可行性评估——SWOT 分析法

在企业战略管理的理论中，对企业或项目的优势、劣势、机会和威胁进行全面评估的方法，称为 SWOT 分析法，被广泛应用于分析各类竞争问题。这是一个客观的分析方法，是评估一个项目是否可行的主要依据。其中 S 代表优势(Strength)，W 代表劣势(Weakness)，O 代表机会(Opportunity)，T 代表威胁(Threat)。S 和 W 表示项目主体的内部环境，O 和 T 表示项目面临的外部环境。

1．SWOT 分析的步骤

(1) 罗列企业的优势和劣势、可能的机会与威胁。

(2) 优势、劣势与机会、威胁相组合，形成 SO、ST、WO、WT 策略。

(3) 对 SO、ST、WO、WT 策略进行甄别和选择，确定企业目前应该采取的具体战略与策略。

2．竞争优势(S)

(1) 技术技能优势：独特的生产技术，低成本的生产方法，领先的革新能力，雄厚的技术实力，完善的质量控制体系，丰富的营销经验，上乘的客户服务，卓越的大规模采购技能。

(2) 有形资产优势：先进的生产流水线，现代化车间和设备，丰富的自然资源储存，吸引人的不动产地点，充足的资金，完备的资料信息。

(3) 无形资产优势：优秀的品牌形象，良好的商业信用，积极进取的公司文化。

(4) 人力资源优势：关键领域拥有专长的职员，积极上进的职员，很强的组织学习能力，丰富的经验。

(5) 组织体系优势：高质量的控制体系，完善的信息管理系统，忠诚的客户群，强大的融资能力。

(6) 竞争能力优势：产品开发周期短，强大的经销商网络，与供应商良好的伙伴关系，对市场环境变化的灵敏反应，市场份额的领导地位。

3. 竞争劣势(W)

竞争劣势是指某种企业缺少或做得不好的东西，或指某种会使企业处于劣势的条件，具体包括：

(1) 缺乏具有竞争意义的技能技术。

(2) 缺乏有竞争力的有形资产、无形资产、人力资源、组织资产。

(3) 关键领域里的竞争能力正在丧失。

4. 企业面临的潜在机会(O)

市场机会是影响企业战略的重大因素。企业管理者应当确认每一个机会，评价每一个机会的成长和利润前景，选取那些可与企业财务和组织资源匹配、使企业获得的竞争优势的潜力最大的最佳机会。

潜在的发展机会可能是：

(1) 客户群的扩大趋势或产品细分市场。

(2) 技能技术向新产品、新业务转移，为更大客户群服务。

(3) 前向或后向整合。

(4) 市场进入壁垒降低。

(5) 获得购并竞争对手的能力。

(6) 市场需求增长强劲，可快速扩张。

(7) 出现向其他地理区域扩张、扩大市场份额的机会。

5. 危及企业的外部威胁(T)

在企业的外部环境中，总是存在某些对企业的盈利能力和市场地位构成威胁的因素。企业管理者应当及时确认危及企业未来利益的威胁，做出评价并采取相应的战略行动来消除或减轻它们所产生的影响。

企业的外部威胁可能是：

(1) 出现将进入市场的强大的新竞争对手。

(2) 替代品抢占公司销售额。

(3) 主要产品市场增长率下降。

(4) 汇率和外贸政策的不利变动。

(5) 人口特征、社会消费方式的不利变动。

(6) 客户或供应商的谈判能力提高。

(7) 市场需求减少。

(8) 容易受到经济萧条和业务周期的冲击。

(二) 可能性评估

大学生创业的可能性大不大，主要还是要看自身的意愿(想创业，可能性就大；不想创业，可能性就不大)。持之以恒，关心时事政治并寻找创业机会，可能性也会水涨船高，增加创业成功的概率。

大学生创业面临的最大问题是缺乏经验。所谓的经验包括社会经验和工作经验。只有积累相当的经验并且不断地提高自己的能力，才有机会增加创业的可能性和成功率。创业成功的可能性大不大，其实与是否是大学生没有直接关系，好多下岗工人创业成功的例子也在激励我们。创业成功不在于自身条件有多优秀，而在于是否有颗持之以恒的心。相信只要有足够的毅力，就一定能克服一切困难，一定会创业成功。

(三) 持续性评估

(1) 市场需求是否足够大，即项目是否有广泛的市场空间，是否有更多的客户需求。

(2) 消费者是否有购买欲望，即产品或服务是否能吸引消费者。如果别人对这个产品或服务根本没有兴趣，就不可能有人购买，也就不可能做成生意。

(3) 消费者是否有购买能力，即客户对产品既要有兴趣，还得有购买能力。

(4) 市场需求是否有持续性，即客户购买了产品或服务后，以后会不会再选择该产品或服务。市场需求的可持续性，也是创业者生意的可持续性。

(5) 自己有什么样的能力与资源来经营，即创业者是否有能力来操作这样的项目。不同的人，其能力和资源不一样，别人能做成的项目不代表自己也能做成。所以要量力而行，适合自己的项目才是最赚钱的项目，这是一个创业项目最关键的要素。

第三节　创 业 团 队

创业团队是为进行创业而形成的集体。它使各成员联合起来，在行为上形成彼此影响的交互作用，在心理上意识到其他成员的存在及彼此相互归属的感受和工作精神。这种集体不同于一般意义上的社会团体，它存在于企业之中，因创业的关系而连接起来却又超乎个人、领导和组织之外。

一、创业者的基本素质

(一) 创业者的基本素质

整体来讲，创业者的基本素质应该包含创业激情，自信、自强、自主、自立，具有一定的创业知识素养，优秀的创业人格品质，强烈的竞争意识，良好的人际关系，良好的创业心理品质，经营管理能力、综合性能力、把握机遇的能力、信息的获取加工能力、交往公关能力、创新能力，领导与决策能力，富有激情，洞察风险，机会导向，诚实可信。

创业者的基本素质细分如下。

1. 强烈的欲望

当一个人有了创业想法并且有着强烈的欲望时，才会去创业。创业者的欲望与普通人的欲望并不一样，要更加强烈，这种欲望往往超出他们的现实，需要打破他们现在的立足点，打破眼前。有了动力，才会不断地去追逐、去完成。

2．积极主动的态度

每个创业者都应积极、主动地去做事、找信息、找项目。他们可能在学校时或者生活中会主动参与各种事情，他们积极地为自己的梦想奔波，有了想法就主动地去做、积极地去拼搏，才会向梦想一步步靠近。

3．坚持不懈的精神

创业的过程是极其艰苦、难以忍受的，需要付出许多努力，也许还会遭受失败。这个时候，有的人会选择放弃，只有继续坚持的人才有可能走向成功。所以，创业者要能承受一切的挫折，有坚持不懈、顽强不息的精神，持之以恒地朝着自己的目标走下去。

4．良好的学习能力和创新能力

创业需要的知识是多方面的、综合性的，所以作为一个创业者要有良好的学习能力和创新能力，要不断地学习，不断地更新自己的知识，这样才能不断地充实自己，让自己一点点积累经验，一点点进步。

5．善于把握趋势

善于把握趋势是指对外界的感知度。信息是非常重要的。对一个创业者来说，大到国家领导人的更迭，小到一个乡镇芝麻小官的去留，都会对自己有影响。在政策方面，国家鼓励发展什么，限制发展什么，与创业之成败有莫大关系。做对了方向，顺着国家鼓励的层面努力，可能事半功倍；做反了方向，就会适得其反。所以，创业者不但要明政事、商事，还要明世事、人事，这也是一个创业者的基本素质。

6．善于沟通又通人情事理

作为创业者，要善于沟通、换位思考。个人的性格魅力是很重要的，应该注意自己的个人素质、修养及能力。只有具备了良好的沟通能力，才能让自己的创业更加容易，更快地走向成功。

(二) 创业者素质评价

自己适合创业吗？可从表 9.1 中的六个方面进行考察。请选择表 9.1 中最适合自己特征的描述，其中 A 表示非常符合，B 表示比较符合，C 表示无法确定，D 表示不太符合，E 表示很不符合。

表 9.1 创业者素质评价表

一、想 法	A	B	C	D	E
1. 我的想法通常比别人的更有价值，更具创造性					
2. 我具有丰富的想象力，并能把这些想法生动准确地表达出来					
3. 我的想法并不是天马行空，泛泛而谈，而是切实可行的					
二、才 智	A	B	C	D	E
1. 每天早晨我都是怀着积极的态度醒来，感觉今天又是崭新的一天					
2. 我不是一个风险规避者					
3. 我知道如何控制自己的生活、性情和脾气，并做到自律					
4. 我更倾向于主动地把握和解决问题，而不是处于被动局面					
5. 我善于观察周围事物，注重细节，把握契机，把不利局面转化为机会					
6. 当我失望时，能够处理问题而不逃避放弃，能以积极的状态重新投入工作					
7. 当我选择创业时，家人能理解我的不自由状态并支持和鼓励我					

三、知识和技能	A	B	C	D	E
1. 对即将创业的领域，我有很好的专业背景和技术					
2. 了解创业行业目前的市场运作、竞争水平和相关法律政策					
3. 我曾经有过管理经验，并擅长组织活动					
4. 我眼光长远，更看重创业项目的发展潜力而不是短期盈利					
四、资　源	A	B	C	D	E
1. 我有雄厚的资金和稳定的财务来源，至少可以保证第一年正常运营					
2. 我能够挖掘理想的合伙人或经纪人，雇用理想的员工					
3. 我可以通过合理途径以自己能接受的成本筹募资金					
4. 我可以获得充足的物资来源，如原材料等，能很好地控制成本					
五、目　标	A	B	C	D	E
1. 与打工相比，我更渴望有一份属于自己的事业					
2. 我有一个很明确的创业目标，并可以为之奋斗，哪怕付出较大的代价					
3. 我有勇气和耐心去实现创业目标，即使需要承担较大的风险					
4. 我十分有信心，最终能实现自己的创业目标					
六、关系网络	A	B	C	D	E
1. 我喜欢合作胜于凭一己之力完成工作					
2. 我具有影响他人的能力，并使人信服					
3. 别人认为我是一个值得信赖的人，并且充满活力，积极向上					
4. 我善于和陌生人打交道，而不是局限于熟人圈内					
5. 我善于向媒体公众推销自己的想法，吸引别人的注意力					
6. 我能更容易地与行业内的竞争者实现双赢					
7. 我能够做到和上下游企业保持紧密合作，相互扶持，共同发展					
8. 我与利益相关团体(如政府机构、金融机构)能保持良好关系					

(三) 创业者潜力评估

创业存在一定的风险，以下是一套可供有意创业者进行自我潜力评估的架构。对于这些问题，如果能清楚回答，而且获得的答案是 A 居多，说明你有创业者的潜质；如果选 B 居多，或答案不清楚，则建议你对于创业还要慎重考虑。因为仓促创业，半途失败的概率会加大。请在表 9.2 相应的选项下面打钩，其中 A 项 2 分，B 项 1 分。

表 9.2　创业者潜力评估表

A	1. 创办企业的动机		B
	我有一份工作	我没有工作	
	在决定创办自己的企业之前，我有一份好工作	在决定创办自己的企业之前，我没有一份好工作	
	我从自己干过的每一份工作中都学到了一些东西，我发现工作很有意思	我工作只为赚钱，工作没有什么乐趣，我对工作兴趣不大	
	我想让我的企业成为我终生的事业	我想创业，是因为没有其他选择	
	我想拥有一家企业，这样我能够为我的家庭提供更好的生活方式	我想创办企业是因为想取得成功。富人都有自己的企业	
	我坚信，我的成功与否更多地取决于我的努力	一个人不论做什么，要想成功，都需要别人的许多帮助	
	总计	总计	

续表一

A	2. 风险承受能力	B
我坚信，要在生活中前进必须冒风险	我不喜欢冒风险，即使有机会得到很大的回报也是这样	
我认为风险中也蕴含机会	如果可以选择，我愿意以最稳妥的方式做事	
我只有在权衡了利弊之后才会冒风险	如果我喜欢一个想法，我会不计利弊地去冒风险	
即使投资于自己企业的资金亏掉了，我也愿意接受这样的现实	投资于自己企业的资金有可能会亏掉，我难以接受这样的现实	
不论做任何事，就算我对这件事有足够的控制权，我也不会总是期待完全控制局面	我喜欢完全控制自己所做的事情	
总计	总计	

A	3. 坚忍不拔和处理危机的能力	B
即使面对极大的困难，我也不会放弃	如果存在很多困难，真的不值得为某些事去奋斗	
我不会为挫折和失败沮丧太久	挫折和失败对我的影响很大	
我相信自己可以扭转局势	一个人能自己做的事情是有限的，命运和运气起很大的作用	
如果有人对我说不，我会泰然处之，并会尽最大的努力改变他们的看法	如果有人对我说不，我会感觉很糟糕并会放弃这件事	
在危机情况下，我能保持冷静并找出最佳的应对方法	当危机升级时，我会感到慌乱和紧张	
总计	总计	

A	4. 家庭支持	B
我会让家人参与对他们产生影响的企业决定	我不会让家人参与对他们产生影响的企业决定	
因为对企业的全心投入，使我不能花很多的时间和家人在一起，他们会理解我	因为对企业的全心投入，使我不能花很多的时间和家人在一起，他们会感到不快	
如果我的企业最初不是很成功，并且给家人带来经济上的困难，他们愿意忍受	如果我的企业最初不是很成功，并且给家人带来经济上的困难，他们会十分生气	
家人愿意帮助我克服企业中遇到的困难	家人可能不愿意或者没能力帮助我克服企业中遇到的困难	
家人认为，我创办企业是一个好主意	家人为我创办企业感到担心	
总计	总计	

A	5. 主动性	B
我不惧怕问题，因为问题是生活的组成部分，我会想办法解决每一个问题	我发现解决问题很难。我害怕这些问题，或者干脆不去想它们	
当我遇到困难时，我会尽全力去克服困难。困难是对我的挑战，我喜欢挑战	如果我遇到困难，我会试图忘掉它们，或等待其自行消失	
我不会等待事情发生，而是努力促使事情发生	我喜欢随波逐流并等待好事降临	
我总是尝试做一些与众不同的事情	我只喜欢做我擅长的事情	
我认为所有的想法可能都会有用，因此，我会寻求尽可能多的办法，并看其是否可行	人会有很多的想法，但是一个人不可能做所有的事情。我愿意坚持自己的想法	
总计	总计	

续表二

A	6. 协调家庭、社会和企业的能力		B
	在企业能够承受的范围内,我从企业拿出钱来供我和家人使用	我的家人需要多少钱,我就从企业拿出多少钱	
	如果我的朋友或家人有经济困难,我只会用预留给我个人的钱来帮助他们。我不会从我的企业拿钱	如果我的朋友或家人有经济困难,我将帮助他们,即使这样做可能会损害我的企业	
	我不能把大量的工作时间花在家人和社会关系上而忽略我的企业	我会优先考虑家人和社会关系,他们高于企业	
	家人和朋友必须像其他顾客一样,为使用我的产品、服务或企业的资产付钱	家人和朋友将从我的企业得到特殊的好处和帮助	
	我不会因为顾客是我的家人或朋友就可以赊账	我会常常让家人和朋友赊账	
	总计	总计	
A	7. 决 策 能 力		B
	我能够轻松地做决定,我喜欢做出决定	我发现做决定很难	
	我能独立做出艰难的决定	在我做出艰难决定之前,我会征求很多人的意见	
	一旦需要做出决定,我常能尽快地决定做什么	我尽可能地推迟做出决定的时间	
	在做决定之前,我会认真思考并考虑所有可能的选择	我凭感觉和直觉做出决定,我只知道眼下要做什么	
	我不怕犯错误,因为我可以从错误中吸取教训	我经常担心会犯错误	
	总计	总计	
A	8. 适应企业需要的能力		B
	我只提供顾客需要的产品或服务	我只提供自己喜欢的产品或服务	
	如果我的顾客想要更便宜的产品或服务,我将想办法满足他们的需求	如果我的顾客想要更便宜的产品或服务,他们只得找其他的企业	
	如果我的顾客想赊购,我会想办法用最低的风险为他们提供赊购服务	我不会向任何人赊销我的产品或服务	
	如果将企业迁到其他地方生意会更好,我将这样做	我不准备重新选择企业地点	
	我将研究市场趋势,并力图改变工作态度和方法,以跟上时代的发展	最好按照我已经知道的方法去工作,跟上时代的发展太难了	
	总计	总计	
A	9. 对企业的承诺		B
	我善于在压力下工作,我喜欢挑战	我不善于在压力下工作,我喜欢平静和轻松	
	我喜欢每天工作很长时间,我不介意占用业余时间	我认为工作以外的时间很重要。人不能长时间工作	
	我愿意为我的企业而减少与家人及朋友在一起的时间	我不愿意为我的企业而减少与家人及朋友在一起的时间	
	如果必要,我可以把社交活动、休闲娱乐和业余爱好放在一边	我认为在社交活动、休闲娱乐和业余爱好上花很多时间是很重要的	
	我愿意非常努力地工作	我愿意工作并做必须做的事情	
	总计	总计	

续表三

A	10．谈 判 技 巧		B
	我喜欢谈判，并且经常在不冒犯任何人的情况下达到目的	我不喜欢谈判。按照别人的建议去做更容易	
	我与别人沟通得很好	我与别人沟通有困难	
	我喜欢倾听别人的观点和选择	我对别人的观点和选择一般不感兴趣	
	谈判时，我会考虑什么对自己有利，什么对别人有利	如果参加谈判，我更愿意作为一个听众并旁观事态的发展	
	我认为在谈判中达到目的的最好方法是努力寻找一个使双方都受益的方案	因为企业是我的，所以我的意见最重要。谈判中总有一方会失败	
	总计	总计	

二、创业团队建设

(一) 创建团队的原则

团队是人力资源管理的核心，而人力资源是企业的根本，一个企业要是不能拥有自己优势的核心人力资源，其成功的可能性几乎为"零"。为此，组建一个合适的、具有战斗力的创业团队就是团队首领的当务之急。创建团队的原则如下。

1．合伙人原则

创业团队需要招的是"合伙人"，因为合伙人做的是事业，一个人只有把工作当做事业来做才有成功的可能，一个企业只有把员工当做"合伙人"才有机会迅速成长。所以，创业团队要先解决价值分配障碍，然后再寻找自己的"合伙人"。

激情是衡量一个人是否能够成功的基本标准。创业团队一定要选择对项目有高度热情的人加入，并且要使所有人在企业初创就做好每天长时间工作的准备。任何人，不管其有无专业水平，如果对事业的信心不足，将无法适应创业的需求，而这种消极因素对创业团队所有成员产生的负面影响可能是致命的。创业初期，整个团队可能需要每天工作十六小时，并要求在高负荷的压力下仍能保持创业激情。

2．团队原则

团队是企业凝聚力的基础，成败在整体而非个人，成员能够同甘共苦，经营成果能够公开且合理地分享，团队就会形成坚强的凝聚力与一体感。每一位成员都应将团队利益置于个人利益之上，因此成员必须愿意牺牲短期利益来换取长期的成功果实，而不计较短期薪资、福利、津贴等，将利益分享放在成功后。这样的团队是一定会成功的。

3．互补原则

建立优势互补的团队是创业成功的关键。"主内"与"主外"的不同人才，耐心的"总管"和具有战略眼光的"领袖"，技术与市场两方面的人才，都不可偏废。创业者寻找团队成员，首先要弥补当前资源能力上的不足，要针对创业目标与当前能力的差距，寻找所需要的配套成员。好的创业团队，成员间的能力通常都能形成良好的互补，而这种能力互补也会有助于强化团队成员间彼此的合作。此外，创业团队还要注意个人的性格与看问题的角度，团队里必须有能提出建设性意见和不断地发现团队问题的成员，一个喜欢说好话的组织绝对不可能成为一个优秀的团队。

(二) 创建团队的要素

1. 提高规划学习的能力

规划学习的能力即大学生应根据其职业发展的趋势，并结合个人发展的需要选择学习内容、学习方法或方式的能力。要时常反思现在的知识结构是否能胜任现在或将来的职位。

2. 做好职业生涯规划

大学生确定自己理想的职业后，首先要依据职业目标规划自己的学习和实践，并为获得理想的职业做好积极准备。其次，正确进行自我分析和职业分析。自我分析即通过科学认知的方法和手段，对自己的兴趣、气质、性格和能力等进行全面分析，认识优势与特长、劣势与不足。第三，构建合理的知识结构。要根据职业和社会发展的具体要求，将已有知识科学地重组，构建合理的知识结构，最大限度地发挥知识的整体效能。大学生只有将合理的知识结构和适用社会需要的各种能力统一起来才能立于不败之地。

3. 提高社会适应能力

大学生需要具备较强的社会适应能力，这样能缩短步入社会后的适应期，从而充分发挥个人优势。因此，大学生应该在不影响专业知识学习的基础上，大胆走向社会、参与包括兼职在内的社会实践。借助社会实践平台，可以提高大学生的组织管理能力、心理承受能力、人际交往能力和应变能力等。此外，还可以提升大学生对就业环境、政策和形势等的了解，有利于大学生找到与个人素质相匹配的职业。

4. 培养良好的心理素质

大学生在求学期间，通常更注重专业知识，而忽视心理素质的培养，这使得一些人在面对困惑或逆境时，表现出不知所措的情形，进而影响到个人的职业选择。因此，大学生在求学过程中应注意提高自身的心理素质，尤其是在日常生活中注意锻炼自己坚忍不拔和不服输的性格；同时在求职中，应该充分了解就业信息，沉着、冷静应对所遇到的困难，用积极乐观的心态克服面临的困难。

5. 培养良好的职业精神

大学生要想在事业上取得成功，就必须树立正确的职业理想、职业价值观和人生观，具有忠于职守、献身事业的乐业和敬业精神，实事求是、严肃认真的劳动态度，刻苦钻研、精益求精的工作作风以及在职业活动中团结协作和全心全意为人民服务的精神。在职业活动中，无私、正直、勤奋、诚实、守信、坚定、勇敢等优秀职业品质是人们在工作上做出成绩的必要条件。同时，良好的职业精神也是处理好各种人际关系所不可缺少的。

6. 建立灵活的就业思维

面对严峻的就业形势，大学生应从实际出发，抛弃"社会精英"的情结，树立大众化的就业观，提高自身素质，掌握就业主动权。毕业生个人的素质、能力、专长和团队精神是主导毕业生择业的重要因素。毕业生应当在一定的条件下，找准商机，发挥一技之长，走自主创业、自谋职业的道路，在解决自己就业的同时，也为社会提供了新的就业渠道，缓解了就业压力。除了自主创业外，也可以把考研当做自己职业生涯规划的一部分。因为随着中国大学的普及，本科生的数量越来越多，而用人单位也逐渐对学历提出了更高的要求。

三、创业团队管理

(一) 分权管理

分权管理就是转交责任。一个上级领导不是什么决策都自己做，而是将确定的工作委托给他的下属，让他们自己判断和独立处理工作，同时也承担一部分责任，以提高下属的工作意愿和工作效率。参与责任提高了下属的工作积极性，同时，上级领导可以从具体工作中解放出来，更多地投入本身的领导工作。

(二) 漫步管理

漫步管理就是最高领导不埋头在办公室里，而是尽可能经常地让下属看见他，就像"漫步"那样在企业里转悠。企业领导从第一手(直接从职工那里)获知职工有什么烦恼和企业流程在哪里卡住了。而且，上级领导亲自察看工作和倾听每个职工的话对职工也是一种激励。

(三) 目标管理

目标管理就是上级领导给出其下属要达到的(上级)目标，例如目标为销售额提高15%；各个部门的下属要共同确定达到上级目标应该完成的(下级)目标，如提高产品销售；上级领导则有规律地检查销售额变化的情况，以提高下属的工作意愿和参与责任。此外，下属们有了共同追求要达到的目标，加强了团队精神。

(四) 结果管理

结果管理就是上级领导把要得到的结果作为管理工作的重心，在目标管理中给定目标，更多地提高下属的工作意愿，同时让下属承担一部分责任。但在结果控制时不一定要评价下属本人，而可以是其部门或他所从属的岗位。

(五) 例外管理

例外管理就是上级领导只对例外的情况才亲自进行决策。例如，下属有权决定6%以下的价格折扣，而当顾客要求10%的折扣时，属于例外情况，必须由上级领导决定。例外管理同样可提高职工的工作意愿。职工有独立处理工作的可能，也减轻了上级领导的负担。这个方法的实际困难在于判断什么是"正常"业务，什么是例外，因此经常要检验决策范围。

(六) 参与管理

参与管理就是让下属参与某些问题的决策，尤其是与他本人有关的问题的决策。例如，调到另一部门或外面的分支机构任职。当对重要问题有共同发言权时，职工不会感到被"傲慢"地对待了。比如，他们可以认识到调职的意义和信任的理由。这样做可以提高对企业目标的"认同"。

(七) 系统管理

系统管理就是对确定的企业流程进行管理。把企业作为一个大系统，这个系统就像一个电流调节系统似地运行。这种方法主要用于工业企业。对那些不断重复的活动有许多规定和指令(例如机器的开和关、更换和维修)，许多的规定是为了保证"整个系统的运行"。领导者所要注意的只是不要使企业内太"官僚主义"。

案例探析

如今的大学生对世界的认知越来越深入，还没毕业就开始为自己的未来打算了。很多有想法的大学生，不想毕业后过朝九晚五的上班族生活，他们想要有更大的发展，纷纷走上了创业这条道路，但是学生的创业资金有限，什么项目才适合他们呢？推荐以下 3 个小项目。

1. 打印店

刚毕业的大学生肯定对自己的学校是很熟悉的，如果学校提供有大学生创业园，可以申请一个小场地，开家打印店；如果没有，也可以在校园周边租一个店面。大学生毕业前正是他们找工作的高峰期，都要精心准备自荐书，而且动辄几十份、上百份，即使是在平时，需要打印资料的学生也不少，生意自然不会差。

2. 陶艺吧

小孩爱玩泥巴是天性，但是在城市里生活的小孩，这项乐趣基本被剥夺了。城市里小孩没有地方玩泥巴，如果开一个陶艺吧，相信会很受孩子们的欢迎。因为在这里不仅可以做出自己喜欢的作品，又能增强孩子们的想象力与动手能力，父母也会比较支持。除了儿童以外，情侣也是很喜欢的，和喜欢的人在这里共同完成一件作品是很有意义的事情。面对如此安全又有市场的项目，很多大学生都跃跃欲试。

3. 情侣礼品店

现在的年轻情侣如此多，特别是大学校园，更是情侣的聚集地。他们在各种纪念日、节日都喜欢送点小礼品纪念一下，如果在大学城周边开一家情侣礼品店，市场还是很广阔的。情侣礼品店创办条件与普通精品店相似，比较简单，也很轻松，是很适合大学生的创业项目。

如今走上创业这条道路的朋友越来越多，市面上的项目也有很多，但是只有选择适合自己的好项目，成功才能离你更近一步。

第十章　创业实施

　　大学生创业固然存在风险和各种不可预期性，但只要做足充分的思想准备和前期筹备工作，勇敢地迈出了创业道路的第一步，就是成功的关键所在。相比纸上谈兵，创业行动更可贵。目标一旦确定，就赶快行动起来，因为很多时候坚定的决心很容易在时间的推移中渐渐消退，摆在眼前的机会也可能在你的犹豫不决中不经意流逝，被他人抢占先机。创业的实施过程，首先要走出去，整合、开拓你的创业资源，精准的市场调研分析，交出一份令人满意的创业计划，这无论对自己或是投资方都是一个好的开始。

第一节　创业资源整合

　　创业资源，是指新创企业在创造价值的过程中需要的特定的资产，包括有形和无形的资产。资源整合，是指企业对不同来源、不同层次、不同结构、不同内容的资源进行识别与选择、汲取与配置、激活和有机融合，使其具有较强的柔性、条理性、系统性和价值性，并创造出新的资源的一个复杂的动态过程。作为创业者，要对自身现有的以及可能从外界获取的创业资源进行重组、配置并加以有限利用，从而提高创业成功概率，提升创业绩效。

一、创业资源解析

(一) 人脉资源

　　在个人创业过程中人脉资源是第一资源，有各种良好的人脉关系，你可方便地找到投资、找到技术与产品、找到渠道等等各种创业机会。整合人脉资源是创业成功的基本条件。

　　关于人脉资源特性需要特别注意的有以下几点。

1. 长期投资性

　　平时要注意人脉资源的积累，不要事到临头才去找人帮忙。在公司做业务也一样，现在不是你的客户，明天就可能成为你的客户，因而你必须从现在开始建立联系。人脉资源的形成需要很多时间和精力，这也是一种投资。

2．可维护性和可拓展性

人脉资源是可以通过合作、交流、关心、帮助、友情、亲情等进行维护，并会不断巩固，当然如果不去维护就会变得疏远，所以人脉资源需要经常性地维护，同时在维护中可以不断地发展新的人脉关系。

3．有限性和随机性

每个人一生中能认识多少人？包括老师、同学、亲戚、同事、朋友、客户等，一般不超过 500 人，而能够真正帮助自己的一般不会超过 50 人，所以每个人的人脉资源都是有限的，你的发展同样也会受到你的人脉资源的限制。同时，你所认识的可能没有能力帮助你，有能力帮助你的你可能不认识，所以在客观上就需要你不断认识更多的人，但是每个人的能力又是有限的，又不可能认识所有那些潜在的帮助者。

4．辐射性

你的朋友帮不了你，但是你朋友的朋友可以帮你。

开发潜在的人脉资源：

第一，熟人介绍：扩展你的人脉链条。

第二，参与社团：走出自我封闭的小圈子。

第三，利用网络：廉价的人脉通道。

第四，参加培训：志同道合的平台。

第五，参加活动：表现自己、结交他人的舞台。

第六，处处留心皆人脉：学会沟通和赞美。

第七，不怕拒绝，勇敢出击。

第八，创造机会。

创造机会的同时，你还要把握每一个帮助别人的机会。如果你一直秉持这个信念，不管往来人的阶级高低，总是尽量帮助别人，在你需要的时候，别人自然也会帮助你。

善于在交往中积累人脉资源，并利用它为自己的商业铺路。

第九，大数法则。

大数法则又称"大数定律"或"平均法则"，是概率论的主要法则之一。把"大数法则"用在人脉关系上，可以理解为：你结识的人数越多，那么，预期成为你的朋友至交的人数占你所结识的总人数的比例越稳定。

(二) 人才资源

人才资源是第一资源，人才是强国之本。拥有怎样的人才资源，决定了一个国家的未来。胡锦涛总书记曾在全国人才工作会议上明确指出，人才资源是第一资源，必须用战略眼光看待人才工作，立足新的起点做好人才工作，形成育才、引才、聚才、用才的良好环境和政策优势，加快建设人才强国。这一重要论断，站在党和国家事业发展全局的高度，深刻揭示了人才资源在经济社会发展中的突出地位和作用，为我国人才事业的发展指明了方向。

1．人才资源的定义

人才资源是第一资源企业或事业唯一真正的资源是人，如何努力创造吸引人才的条件，为企业吸引和留住人才，利用"外脑"，整合人才资源以获得长期持续发展的内在动力，已成为中小企业当前的一项十分迫切的任务。目前，令一些中小企业的掌门人最头痛的事情，不再是技术上的问题，也不再是企业赚多赚少的问题，而是中小企业人才资源短缺的问题。把人才战略作为企业发展的重点，求才、爱才、育才、重才，用事业发展吸纳高科技人才，用高科技人才牵引高新技术产品开发，从而形成支撑企业发展的高素质的优秀人才队伍。

因此，中小企业应根据自身发展，建立起一套人才资源规划体系。

2. 建立起完善的激励体系

从精神上或物质上，用奖惩制度去激发员工的潜能，让员工的潜能发挥到极致。

3. 建立起培训机制

培养人才，同时也让人才在企业里发挥其最大的潜能为企业做出贡献。

4. 善待员工

让员工有一种家的感觉。善待员工，是留住人才的唯一法宝。这种善待，不光是指精神上给予人才的满足，适当地也要配以物质利益。

5. 要量才而用

用人的长处，控制人的短处，不要为了节省开支而凑合着。

6. 分工尽可能明确

分工明确的同时，可根据职务的重要与否适当地兼职。

7. 引入外部力量

如利用参加培训班等机会来协助你快速找到自己所需要的人才。

人才是创新之源，人才是企业最核心的竞争力，现代企业的竞争，归根结底是人才的竞争。当前许多企业正处在发展变革的重要关头，要想在激烈的市场竞争中取胜，就必须提升人力资源的价值。但要吸引、留住人才，也并非易事，必须在尊重人才的价值上下工夫。

一是用好人才，按照人才的才能和特长，安排适当的领导岗位、聘任技术职务，使人才有价值"认可感"、受"信任感"。

二是给任务、压担子让人才攻关键、解难题，使人才有"成就感"。

三是表彰奖励有重大贡献的人才，使人才有"光荣感"。

四是待遇从优，使人才有"幸福感"、"满足感"。

对中小企业而言，人才是可遇而不可求的。社会上的人才是很多，但适合公司发展的并不多。因此选择任用人才的关键在于用那些有潜力并且有强烈事业心、对公司事业有认同感的人才。中小企业整合人才资源最后落实在了培养人才方面，同时还要千方百计留住公司的骨干人才。

(三) 信息资源

当今社会的飞速发展给创业者提出一个新的信息时代的视角，信息资源对很多创业者来说就是成功的机遇。而机遇瞬间即逝，要善于整合把握。

信息资源与人力、物力、财力以及自然资源一样，都是创业企业的重要资源。因此，应该像管理整合其他资源那样管理整合信息资源。

　　我们从工业化时代走向信息时代，随着信息技术的发展，信息与日常生活、工作越来越密不可分，最直接的体现就是信息量陡然增大，信息流转加快。但这也同时带来了一个问题，就是信息爆炸。各种信息充斥在我们周围，创业如何在最有效的时间内获得最有效的内、外部信息，抓住成功创业的机遇却往往成了一个难题。

　　所谓"天时"、"地利"，很多时候不是它们不出现，而是当它们出现时，你能否发现并把握。对于创业者来说，这点更显得至为重要。创业要抓住机遇，这就是"人和"的力量。

　　企业信息化的最高层次是决策，它具有前瞻性。

　　企业在做决策时，关心的问题是来自包括竞争对手、政府、行业、合作伙伴、客户等在内的周边环境的变化。在对变化的预测、分析的基础上做出尽可能合理的决策，这个层次上的企业信息化通常针对创业以及高层管理所遇到的问题。对创业者而言，信息是不对称的。了解分析包括竞争对手、政府、行业、合作伙伴、客户等在内的周边环境的变化信息，我们才能做到"知己知彼，百战不殆"，才能做到"有的放矢"，集中精力财力人力抓住转瞬即逝的成功机遇。

　　对于信息资源，整合当然包含有管理的内涵。既要整合管理好企业外部的资源，抓住企业好的发展机遇，又要整合管理好企业内部的信息资源，进行信息资源的规划。

　　信息资源规划即是指通过建立全企业的信息资源管理基础标准，根据需求分析建立集成化信息系统的功能模型、数据模型和系统体系结构模型，然后再实施通信计算机网络工程、数据库工程和应用软件工程的一个系统化的企业信息化解决方案，以使企业高质量、高效率地建立高水平的现代信息网络，实现信息化建设的跨越式发展。

(四) 技术资源

　　在创业初期，创业技术是最关键的资源，它是决定所需创业资本的大小、创业产品的市场竞争力和获利能力的根本因素。

　　创业企业成功的关键是寻找成功的创业技术。其原因有三：

　　一是创业技术是决定创业产品的市场竞争力和获利能力的根本因素。

　　二是创业技术核心与否决定了所需创业资本的大小。对于在技术上非从根本创新的创业企业来说，创业资本只要保持较小的规模便可维持企业的正常运营。

　　三是从创业阶段来说，由于企业规模较小，因此管理及对人才的需求度不像成长期那样高，创业者的企业家意识和素质是创业阶段最关键的创业人才和创业管理资源。

　　做成功企业的核心是要有好的产品，而企业的产品必须做到专业化，这非常重要。要做到产品专一，在同一领域内做到最专业，技术上要一直领先。一个企业，特别是中小企业没有实力一直保持这样的技术优势，那么，中小企业该如何突破技术这个发展瓶颈呢？桂林广陆启示我们必须整合企业之外的技术资源，尽可能地与科研院所、大专院校合作。因为那里有技术上的前沿人才，而且科研院所、大专院校的人才也很愿意把自己的技术资源转化为产品，实现技术成果的转化。

　　技术资源的主要来源是人才资源，重视技术资源的整合同时也就是注重人才资源的整合。技术资源的整合，不仅要整合、积聚企业内部的技术资源，还要整合外部的可利用的技术资源。整合技术资源只是起点，技术资源整合是为了技术的不断创新，自主研发并拥有自主知识产权，保持技术的领先，占领市场，壮大企业。

(五) 资产资源

创业离不开资产资源的支持，整合资产资源，不仅仅是解决"钱"的问题，更重要的是看战略投资者还能为企业带来什么其他的资源，比如政府背景、行业背景、市场影响力、营销支撑等，即整合资产资源时要充分考虑资产资源能否带来更多的其他资源。但最为关键的是，选择的战略投资者要与企业当前阶段的发展目标相吻合。

资本市场在创业企业资源整合中的作用主要体现在：资本市场保证了企业股权的流动性，为企业资源整合提供了便利的通道。在资本市场中，资源的优化配置是通过股权的交换来实现的。由于资本市场的每一个参与者都希望自己所拥有的资源价值最大化，因而通过反复的交易，可以使其资源得到充分的利用，其价值得到充分的体现，进而达到资源的价值最大化。但如何整合资产资源引进外来资本呢？

首先要对准备引入的资产资源有个整体性了解。

在初步确定投资意向之后，创业企业就可以根据实际情况，在众多的意向投资者中选择钟情目标。在接触之前，一定要认真了解一下这些投资者的基本情况，如资质情况、业绩情况、提供的增值服务情况等。

在与投资者的接触面谈前，企业自身应准备好必要的文件资料。

在多次谈判过程中，需要一直围绕企业的发展前景、新项目的想象空间、经营计划和如何控制风险等重点问题进行。

在签订的合同书中，创业企业和投资人双方必须明确下面两个基本问题。一是双方的出资数额与股份分配，其中包括对投资企业的技术开发设想和最初研究成果的股份评定；二是创建企业的人员构成和双方各自担任的职务。

(六) 行业资源

充分了解某行业，掌握该行业关系网，比如业内竞争对手、供货商、经销商、客户、行业管理部门等。行业资源不仅仅只有这些，技研机构、行业协会、行业杂志、行业展会、业内研讨会、专业书籍等资源，都需要创业者平时加以关注，发掘其价值为企业长远服务。

行业资源对于创业的成功与否很重要。所以，创业的一个成功类型，就是做自己熟悉的行业，熟悉本行业企业运营、熟悉竞争对手。

企业要想发展、壮大，就应该尽可能整合各种资源、采取各种合法手段积极务实地做好自己的这份事业。上海交大昂立的案例告诉我们整合行业内竞争对手资源的重要性，"把竞争对手转变为合作伙伴"。市场竞争没有永远的对手，也没有永远的伙伴，更没有敌人。凡以为有敌人的竞争者，大多是竞争中的失败者。创业企业不可避免地存在诸多方面的不足。因此，同行之间或者产业上、下游之间的创业企业通过策略联盟或股权置换等种种方式整合资源，使人力资源、研发能力、市场渠道、客户资源等方面实现优势互补，对内相互支持，对外协同竞争。这种方式往往是有几家创业企业作为核心，同时带动一批创业企业，形成利益共同体。

与行业内优质资源的结合，道理好讲，做起来却还必须具备许多条件，比如自身在优质社会资源面前的质量、分量。

1．自身的建设

对企业而言，自身的建设是年年月月日日的必修课。

2．行业内优质资源

自身的问题解决了，还要具备对优质资源的发现和把握，这需要强烈的市场意识和眼光，必须是1＋1大于2的做法和方式。否则，结合有了，却可能离失败近了。

具备上述两点后，创业团队在对行业内优质社会资源的整合中，一定要懂得基于企业利益基础之上的放弃，以企业利益为第一利益，合作是双赢的。但任何优质的资源进来，是需要自身付出代价的，这个代价在某一刻，容易被人误以为是失去和损失，这就需要具备长期的战略发展眼光。很多小企业长不大，追根究底，是一次又一次地放弃了合作的机会，个人或少数人的单打独斗是无法在现代市场中取胜的。积成电子在高速发展的关键时刻的合作，可谓是通过行业资源整合，与行业内优质社会资源结合并求得成功的经典个案。

(七) 政府资源

掌握并充分整合创业的政府资源、享受政府扶持政策，可使创业少走许多弯路，达到事半功倍之效。创业的扶持政策主要包括财政政策、税收政策、科技政策、产业政策、金融政策、人才政策等。

政府资源对创业者而言是不可多得的成功创业的助推器。政府资源亦即是各项优惠扶持政策，包括如下几点。

1．财政扶持政策

中央财政预算设立中小企业科目，安排扶持中小企业发展专项资金；地方政府根据实际情况为中小企业提供财政支持。

2．融资政策

人民银行加强信贷政策指导，改善中小企业融资环境；鼓励商业银行调整信贷结构，加大对中小企业的信贷支持。各商业银行在其业务范围内提高对中小企业的融资比例，扩展服务领域。国家政策性金融机构采取多种形式为中小企业提供金融服务。县级以上人民政府和有关部门推进和组织建立中小企业信用担保体系，推动中小企业的信用担保。

3．税收政策

国务院和省级人民政府对符合下列条件之一的中小企业，在一定期限内给予税收优惠：一是由失业人员开办，初期经营困难的；二是吸纳社会再就业人员比例较高的；三是设立在少数民族地区、边远地区和贫困地区的；四是从事高科技产品的研究开发的；五是从事资源综合利用和环保产业的；六是国家产业政策规定需要扶持的。

4．科技政策

国家制定政策鼓励中小企业按照市场需要，开发新产品，采用先进的技术、生产工艺和设备，提高产品质量。国家实施了一系列的科技计划，包括：科技攻关计划、星火计划、重点新产品计划、"863"计划、科技型中小企业技术创新基金。

5．产业政策

对我国境内新办软件生产企业、集成电路设计企业和生产线宽小于0.8微米(含0.8微米)的集成电路生产企业，经认定后，自开始获利年度起，第1年和第2年免征企业所得税，第三年到第五年减半征收企业所得税。

6. 中介服务政策

政府有关部门在规划、用地、财政等方面提供政策支持，推进建立各类技术服务机构，建立生产力促进中心和科技企业孵化基地。国家鼓励社会各方面力量建立培训、信息、咨询、人才交流、信用担保、市场开拓等服务体系。

7. 创业扶持政策

在城乡建设规划中合理安排必要的场地和设施，支持创办中小企业；地方政府应为创业人员提供工商、财税、融资、劳动用工、社会保障等方面的政策咨询和信息服务；国家鼓励引进国外资金、先进技术和管理经验，创办中外合资(合作)企业；鼓励依法以工业产权或者非专利技术等投资参与创办中小企业。为促进中小企业发展，科技部及地方政府大力发展科技创业服务中心即企业孵化器，政府有关部门为创业提供全方位的服务，并实行优惠政策鼓励其为中小企业提供良好的创业服务。

8. 对外经济技术合作与交流政策

政府有关部门和机构为中小企业提供指导和帮助，促进中小企业产品出口。国家制定政策，鼓励符合条件的中小企业到境外投资，开拓国际市场。国家有关政策性金融机构应当通过开展进出口信贷、出口信用保险等业务，支持中小企业开拓国外市场。

9. 政府采购政策

政府采购应优先安排向中小企业购买商品或者服务。政府是最大的消费者，各级政府每年要采购大量的商品和服务，要注意政府采购信息，向当地政府采购管理机构了解政府采购如何向中小企业倾斜。

了解政府扶持政策、整合政府资源的方式途径：

一是上政府公网查询。现在政府一发布政策就组织其上网，并印发政府公报。你要注意定期到政府公共服务网上浏览检索，看看是否有新政策出台或者有无项目申报通知。

二是委托政策服务公司提供政策咨询。政策服务公司比较关注政策变化，与政府有关部门关系密切，不仅了解政策，也知道如何帮助你享受政策。

三是注意与有关部门保持密切的沟通。每一家企业都要与一些政府部门打交道，你也不例外，要注意配合你经常打交道的政府部门的工作，并注意定期向这些部门咨询政策。与政府部门保持密切的关系，你可以用足用好政府政策，寻求更快的发展。

四是条件允许的话，可指定专人负责有关政策信息的收集。你要让每位员工了解并注意收集与其工作有关的政策信息，及时跟踪政策的变化。特别是在有疑问时，一定要咨询清楚，并及时解决，千万不要把今天的问题留到明天。

二、创业资源的使用

创业者获取创业资源的最终目的是为了组织这些资源追逐并实现创业机会提高创业绩效和获得创业的成功。无论是要素资源还是环境资源，无论它们是否直接参与企业的生产，它们的存在都会对创业绩效产生积极的影响。

第一，要素资源可以直接促进新创企业的成长。

第二，环境资源可以影响要素资源，并间接促进新创企业的成长。

企业的创业资源主要有资金、时间、人才、市场等方面，而其使用包括这些资源的获取、分配和组织等方面的内容。

(一) 资金管理

这是因为创业在内部发生，一般新业务由旧业务的收入来支撑，所以资金来源显得有保障。在这种资金获取办法下，由于新业务本身不但没有收益，反而必须投入大量的资金而导致"新业务招损"。因此，可能打击旧业务员工的积极性，对企业发展不利，特别是当企业从专业化向多元化转变时更是如此。解决这个问题的办法有：对新项目使用种子资助资金，采取内部风险投资的方式，或其他有偿使用资金的办法。

(二) 人才分配

企业创业的另一个问题是人才支持。当项目处于种子阶段时，主要由少数几个人在运作和管理，一旦进入了孵育发展阶段，就必须有得力的人才来进行规划管理。因此，这里也存在一个新、旧项目争夺人才的问题。为了使新、旧项目的发展不受人才问题的影响，企业必须注意在发展过程中培养新的人才，稀释各部门的人才密度，给人才加压力。

(三) 工作时间分配

企业创业相对首创业来说，一个大问题是创业者的工作时间和精力难有保障。一般来说，企业内部的创业者既要完成当前的工作，又要进行开发工作，工作时间分配经常顾此失彼。为了保障员工有充足的时间来孵化创新性的想法，组织应该从制度上给他们以保证，同时调整他们的工作负担，避免对员工各方面施加过多的时间压力，允许他们长时间解决创新问题。如柯达公司的创业者可以将20%的工作时间用于完善创业设想，如果设想可行，创业者可以离开原岗位。

创业者能否成功地开发出机会，进而推动创业活动向前发展，通常取决于他们掌握和能整合到的资源，以及对资源的利用能力。许多创业者早期所能获取与利用的资源都相当匮乏，而优秀的创业者在创业过程中所体现出的卓越创业技能之一，就是创造性地整合和运用资源，尤其是那种能够创造竞争优势，并带来持续竞争优势的战略资源。尽管与已存在的进入成熟发展期的大公司相比，创业型企业资源比较匮乏，但实际上创业者所拥有的创业精神、独特创意以及社会关系等资源，却同样具有战略性。因此，对创业者而言，一方面要借助自身的创造性，用有限的资源创造尽可能大的价值，另一方面更要设法获取和整合各类战略资源。

善用资源整合技巧创业总是和创新、创造及创富联系在一起。一位创业者结合自身创业经历提出了这样的观点：缺少资金、设备、雇员等资源，实际上是一个巨大的优势。因为这会迫使创业者把有限的资源集中于销售，进而为企业带来现金。为了确保公司持续发展，创业者在每个阶段都要问自己，怎样才能用有限的资源获得更多的价值创造？

学会拼凑。很多创业者都是拼凑高手，通过加入一些新元素，与已有的元素重新组合，形成在资源利用方面的创新行为，进而可能带来意想不到的惊喜。创业者通常利用身边能够找到的一切资源进行创业活动，有些资源对他人来说也许是无用的、废弃的，但创业者可以通过自己的独有经验和技巧，加以整合创造。例如：很多高新技术企业的创业者并不是专业科班出身，可能是出于兴趣或其他原因，对某个领域的技术略知一二，却凭借这个略知的"一二"敏锐地发现了机会，并迅速实现了相关资源的整合。

整合已有的资源，快速应对新情况，是创业的利器之一。拼凑者善于用发现的眼光，洞悉身边各种资源的属性，将它们创造性地整合起来。这种整合很多时候甚至不是事前仔细计划好的，而往往是具体情况具体分析、"摸着石头过河"的产物。而这也正体现了创业的不确定性特性，并考验创业者的资源整合力。

步步为营。创业者分多个阶段投入资源并在每个阶段投入最有限的资源，这种做法被称为"步步为营"。步步为营的策略首先表现为节俭，设法降低资源的使用量，降低管理成本。但过分强调降低成本，会影响产品和服务质量，甚至会制约企业发展。比如：为了求生存和发展，有的创业者不注重环境保护，或者盗用别人的知识产权，甚至以次充好。这样的创业活动尽管短期可能赚取利润，但长期而言，发展潜力有限。所以，需要"有原则地保持节俭"，步步为营。策略表现为自力更生，减少对外部资源的依赖，目的是降低经营风险，加强对所创事业的控制。很多时候，步步为营不仅是一种做事最经济的方法，也是创业者在资源受限的情况下寻找实现企业理想目的和目标的途径，更是在有限资源的约束下获取满意收益的方法。习惯于步步为营的创业者会形成一种审慎控制和管理的价值理念，这对创业型企业的成长与向稳健成熟发展期的过渡，尤其重要。

发挥资源杠杆效应尽管存在资源约束，但创业者并不会被当前控制或支配的资源所限制，成功的创业者善于利用关键资源的杠杆效应，利用他人或者别的企业的资源来完成自己创业的目的：用一种资源补足另一种资源，产生更高的复合价值；或者利用一种资源撬动和获得其他资源。其实，大公司也不只是一味地积累资源，他们更擅长于资源互换，进行资源结构更新和调整。积累战略性资源，这是创业者需要学习的经验。

对创业者来说，容易产生杠杆效应的资源，主要包括人力资本和社会资本等非物质资源。创业者的人力资本由一般人力资本与特殊人力资本构成，一般人力资本包括受教育背景、以往的工作经验及个性品质特征等。特殊人力资本包括产业人力资本(与特定产业相关的知识、技能和经验)与创业人力资本(如先前的创业经验或创业背景)。调查显示，特殊人力资本会直接作用于资源获取，有产业相关经验和先前创业经验的创业者能够更快地整合资源，更快地实施市场交易行为。而一般人力资本使创业者具有知识、技能、资格认证、名誉等资源，也提供了同窗、校友、老师以及其他连带的社会资本。

相比之下，社会资本有别于物质资本、人力资本，是社会成员从各种不同的社会结构中获得的利益，是一种根植于社会关系网络的优势。在个体分析层面，社会资本是嵌入、来自于并浮现在个体关系网络之中的真实或潜在资源的总和，它有助于个体开展目的性行动，并为个体带来行为优势。外部联系人之间社会交往频繁的创业者所获取的相关商业信息更加丰裕，从而有助于提升创业者对特定商业活动的深入认识和理解，使创业者更容易识别出常规商业活动中难以被其他人发现的顾客需求，进而更容易获得财务和物质资源——这正是其杠杆作用所在。设置合理利益机制，资源通常与利益相关，创业者之所以能够从家庭成员那里获得支持，就因为家庭成员之间不仅是利益相关者，更是利益整体。既然资源与利益相关，创业者在整合资源时，就一定要设计好有助于资源整合的利益机制，借助利益机制把包括潜在的和非直接的资源提供者整合起来，借力发展。因此，整合资源需要关注有利益关系的组织或个人，要尽可能多地找到利益相关者。同时，分析清楚这些组织或个体和自己以及自己想做的事情有利益关系，利益关系越强、越直接，整合到资源的可能性就越大，这是资源整合的基本前提。

第二节 创业市场调研

市场调研，是指为了提高产品的销售决策质量、解决存在于产品销售中的问题或寻找机会等由个人或组织根据特定的决策问题运用科学的方法有目的、有计划、客观地设计、收集、记录、整理、分析及研究市场各类信息资料、报告调研结果的工作过程。它把握供求现状和发展趋势，为制定营销策略和企业决策提供正确依据的信息管理活动。市场调研是市场预测和经营决策过程中必不可少的组成部分。

一、创业市场分析

(一) 市场需求调查

如果你要生产或经销某一种或某一系列产品，应对这一产品的市场需求量进行调查。也就是说，通过市场调查，对产品进行市场定位。比如你想开眼镜店，你应调查一下市场对它的需求量，相同或相类似的店铺已经有多少，市场占有率是多少。

(二) 顾客情况调查

这些顾客可以是你原有的客户，也可能是你潜在的顾客。顾客情况调查包括两个方面的内容。

1. 顾客需求调查

例如购买某种产品(或服务项目)的顾客大都是些什么人(或社会团体、企业)，他们希望从中得到哪方面的满足和需求(如效用、心理满足、技术、价格、交货期、安全感等)，现时的产品(或服务项目)为什么能够较好地满足他们某些方面的需要等。

2. 顾客的分类调查

重点了解顾客的数量、特点及分布，明确你的目标顾客，掌握他们的详细资料。如果是某类企业和单位的话，应了解这些单位的基本状况，如进货渠道、采购管理模式、联系电话、办公地址，某项业务负责人具体情况和授权范围，对某种产品和服务项目的需求程度、购买习惯和特征。如果顾客是消费者个人，应了解消费群体种类，即目标顾客的大致年龄范围、性别、消费特点、用钱标准、对某种产品和服务项目的需求程度、购买动机、购买心理、使用习惯。掌握这些信息，将为你有针对性开展业务做准备。

(三) 竞争对手调查

在开放的市场经济条件下，做独家买卖太难了，在你开业前，也许已有人做相同或类似的业务，这些就是你现实的竞争对手。也许你开展的业务是全新的，有独到之处，在你刚开始经营的时候，没有对手；一旦你的生意兴旺，马上就会有许多人学习你的业务，竞相加入，这些就是你的潜在对手。了解竞争对手的情况，包括竞争对手的数量与规模，分布与构成，竞争对手的优缺点及营销策略，做到心中有数，才能在激烈的市场竞争中占据有利位置，有的放矢地采取一些竞争策略，做到人无我有，人有我优，人优我独，人独我精。

(四) 市场销售策略调查

重点调查了解目前市场上经营某种产品或开展某种服务项目的促销手段、营销策略和销售方式主要有哪些。如销售渠道、销售环节，最短进货距离和最少批发环节，广告宣传方式和重点，价格策略，有哪些促销手段，有奖销售还是折扣销售，销售方式有哪些，批发还是零售，代销还是传销，专卖还是特许经营等。调查一下这些经营策略是否有效，有哪些缺点和不足，从而为你决策采取什么经营策略、经营手段，提供依据。调查对象一般为消费者、零售商、批发商。在以消费者为调查对象时，要注意到有时某一产品的购买者和使用者不一致，如对婴儿食品的调查，其调查对象应为孩子的母亲。此外还应注意到一些产品的消费对象主要针对某一特定消费群体或侧重于某一消费群体，这时调查对象应注意选择产品的主要消费群体，如对于化妆品，调查对象主要选择女性；对于酒类产品，其调查对象主要为男性。

(五) 常见的市场调查方法

1. 按调查范围不同

按调查范围不同市场调查可分为：市场普查、抽样调查和典型调查三种。

市场普查，即对市场进行一次性全面调查，这种调查量大、面广、费用高、周期长、难度大，但调查结果全面、真实、可靠。一般创业者做的一些创业项目，没有能力，也没有必要搞这种大规模的市场普查。

抽样调查，是指从研究对象的全部单位中抽取一部分单位进行考察和分析，并用这部分单位的数量特征去推断总体的数量特征的一种调查方法。其中，被研究对象的全部单位称为"总体"；从总体中抽取出来，实际进行调查研究的那部分对象所构成的群体称为"样本"。在抽样调查中，样本数的确定是一个关键问题。

典型调查，即从调查对象的总体中挑选一些典型个体进行调查分析，据此推算出总体的一般情况。

2. 按调查方式不同

按调查方式不同市场调查可分为：访问法、观察法和试销或试营法。

访问法，即事先拟定调查项目，通过面谈、信访、电话等方式向被调查者提出询问，以获取所需要的调查资料。这种调查简单易行，有时也不见得很正规，在与人聊天闲谈时，就可以把你的调查内容穿插进去，在不知不觉中进行着市场调查。

观察法，即调查人员亲临顾客购物现场，如商店和交易市场，亲临服务项目现场，如饭店内和客车上，直接观察和记录顾客的类别，购买动机和特点，消费方式和习惯，商家的价格与服务水平，经营策略和手段等，这样取得的一手资料更真实可靠。要注意的是你的调查行为不要被经营者发现。

试销或试营法，即对拿不准的业务，可以通过试营业，或产品试销来对市场进行分析。市场调查的整理：将调查结果，包括问卷调查的结果，整理分析。在对调查结果进行整理时，首先是要确定调查的项目技术或者产品能不能做。很多时候，调查收集到的材料便足以帮助我们做出大概的判断了。之后通过分析整理，确定项目技术、产品在市场上的地位，明确优、缺点，市场细分，决定目标市场等会使我们更冷静地面对。如果某个产品，在你的被调查者中，有超过 80% 的人认为没有市场，不会去购买，那么你趁早收手；如果有 50% 的被调查者不看好该产品，那你得谨慎了；同样，几乎所有的被调查者都愿意接受你即将提供的某项技术服务，那说明该技术在当地是有市场的，如果这个比例达不到 6 成以上，做起来将相当困难。

(六) 市场调研的注意事项

新力市场研究(DMB Research)研究专家表示，市场调研是一个令很多中小企业营销管理者感到迷茫的问题：人力上，既没有专职的市调人员，更没有独立的市场部门；财力上，请不起专业的市场调研公司。而市场调研工作又不能不做，不做就不知道你要讨好的对象是谁，他在想什么，做什么；不做就不知道自己的竞争对手过去、现在和未来是怎么做的和将怎么做。

1. 中小企业市场调研的职责担当

中小企业一般没有独立完整的市场部门，关于市场调研工作的职责担当问题，有人讲应由总经理室去做，也有人讲应由销售部门代劳。笔者认为：在没有独立的市场部门并且近期也不打算建立市场部门的情况下，最好把此项工作交由总经理室，并由专职信息人员负责。这样做有三个好处：

(1) 很多中小企业的销售工作是由总经理直抓或兼管，总经理室作为幕僚单位，有必要把握市场动态，供总经理决策参考。

(2) 总经理室与总经理最为贴近，便于总经理指导市场调研工作及查阅参考市场信息。

(3) 总经理室作为公司的"中枢神经"，由它来策划和执行市场调研工作与管理的基本原则不矛盾。当然，在策划调研活动时，必须以市场和销售为导向，并充分听取销售人员的意见和建议。

2. 市场调研的具体执行

市场调研是一项繁杂的工作，即便是具备独立的市场部门、专职的市调人员的大公司，市场调研工作也不是由市调人员"包干到底"的，市调人员的工作是负责策划、组织、指导、控制调研活动。对中小企业而言，具体执行工作可借助于销售人员。

1) 由公司销售人员借工作之便进行调研或临时执行调研任务

销售人员是冲锋在第一线的战士，他们最了解"敌情"，也是最需要了解"敌情"的人。借助销售人员一方面可以为省公司人力、物力和财力，起到事半功倍的效果；另一方面可以督促销售人员加深对市场的了解。

2) 帮助公司的经销商或代理商来完成调研工作

代理商在做好本地市场这一基本愿望上是与公司完全一致的，在这一前提下，公司可以策划、指导经销商或代理商做好该地区的市场调研工作，包括该地区基本状况、消费者状况、竞争品牌状况调查、当地媒介状况调查、当地政府、民间活动调查等。同时，实施"动态企划"，抓住机会，巧妙借势，做好在当地的广告、促销活动。这样不仅解决了调研的一大难题，也有助于巩固双方的合作关系。

总经理不仅应做好市场调研的策划、组织、指导、控制工作，还必须做好二手信息的收集研究工作。很多中小企业虽然订有各种专业报纸杂志，拥有自己的网站，但并未能有效地利用这些宝贵的资源，从中淘金。专业报纸杂志也并非多多益善，订几种综合性、权威性的即可。通过专业报纸杂志，公司可以尽快地了解业界动态。

自己的网站应有效利用，利用网络可以便捷地查询各种有用信息。网上传播省时省力，当前很多专业的市调公司已开始利用网站开展调研活动，中小企业为什么不可以利用自己的网站进行市场调研呢？

地方报纸及营销类杂志不可或缺，一些中小企业对专业报刊杂志还是相当重视的，但对地方报纸及营销类杂志却不那么热情，笔者认为这种作法有些欠妥。中小型企业的产品仅供当地及周边市场，地方报纸是我们的耳目，有助于我们了解发生在身边的人和事。营销类杂志则向公司打开了一扇学习别人市场调研和营销经验的窗口，只有虚心学习，才能有所进步。

3. 市场信息的消化与吸收

作为公司的专职信息人员，必须具备较强的计划、分析和文字表达能力，及时将市场信息消化、整理，上达主管。而作为公司的经营和销售人员，应主动地研究市场，并及时反馈意见，以求改进及更好地配合。

对中小企业来讲，最重要的两个字是"观念"。企业的营销管理者对市场调研重视与不重视，抓与不抓是完全不一样的。

作为企业经营的决策者与主管者，应做到以下几点。

第一，亲自深入分析客户需要的一系列经济问题，设身处地、将心比心地悉心关注，理解客户在选购、接收、储运、使用、处置产品或服务过程中所可能付出的金钱、时间、精力、精神代价及其期望值——分析客户需求、偏好，换位思考问题。

第二，以非正式、启发式、置疑式的方法，主动直接地抽样访谈主要客户群中的各个层面的经营管理者、应用者，向恰当层次的恰当人询问恰当的需求、偏好问题，以客观地得知其较普遍的重要爱好——与消费者(群)直接交谈，了解其偏好、需求。

第三，特别注重与一些精明型、未来型、代表型的客户需求决策者个人交朋友，经常性地直接交谈沟通，并尽可能让其直接参与产品或服务方案设计，以实时探知、洞悉、感悟他们的未来爱好。同时，也可与客户的客户、供应商的供应商、中介分析商、专业证券分析家、产业新闻记者甚至竞争对手就客户的未来需要、偏好等问题进行交流、讨论、辩驳，以更宽广的胸怀、视野把客户需要、偏好这个蛋糕做大做好——洞悉先机，与重要客户、特殊客户交朋友，预知客户需求、偏好。

第四，培养起信息的收集、利用意识。中小企业要充分认识互联网对企业生存与发展所具有的重要作用，增强信息的收集和利用意识，并通过信息资源的开发和信息技术的有效利用，来提高企业的生产能力与经营管理水平，增强企业在市场中的竞争力。在企业 IT 经营网络中，特别要建立一个专用的客户信息系统，实行客户关系管理——利用最新科技搜集、分析、储存、整理客户需求与偏好。

第五，在深入访谈调研的基础上，列出 2 至 3 年未来行业和其他行业中最受欢迎的三种以上产品或服务及原因以及超常创值盈利的原因，即可预知未来 2 至 3 年内客户最重要的需求、偏好趋势。

浙江一家专业生产烟灰缸的企业依靠中间商做好市场调研颇为成功。这种名为"柔顺"牌的烟灰缸因为质地、造型都不错，在国际市场上很畅销。可过了一段时间，产品渐渐受到冷遇，订单日渐减少。经中间商反馈信息得知，一些发展中国家的居民寓所里普遍安了电扇，电扇一开，因烟灰缸太浅，烟灰就四处飞，很不卫生。据此，他们马上试制了一种口小、肚大、底深的新式烟灰缸，产品一经推出，又大受欢迎。可好景不长，原因是一些欧美国家寓所安装的是空调而非电扇，主妇们嫌口小的烟灰缸不好清理，为此该厂研制出一种口敞、底较深的新样式，专门出口欧美地区，再度抢占了这些险些失去了的市场。

中小企业虽然人、财、物等方面比不上大企业，但若把有限的精力、财力、集中于一点，谋后而动，就能推陈出新，开发出优势产业，创造新市场。

综上所述，成立一个由总经理挂帅，总经理室策划、组织、指挥、协调、控制的市场调研指挥部，组建一支以销售人员为主体、中间商为助理的同盟军，中小企业又何愁做不好市场调研工作？产品或服务的有无市场将最终决定企业的成败命运，尤其是中小企业。如果说企业的天性是竞争赢利，那么企业的天职就是搞好市场调研，尽最大可能地迎合客户需求与偏好。实现客户服务价值的逐步增长，应该是企业经营思维、行为的出发点调查分析师。

二、创业市场规律

(一) 市场可行规律

作为创业者，应该要时刻关注经济市场的规律，那我们要注意市场规律的哪些方面呢？

1. 创业者需要注意经济市场的最新消息

在信息大爆炸时代，作为创业者，我们理应时刻关注着经济市场的最新消息。因为在经济市场上，就算是一条微不起眼的信息也可能给整个经济市场带来变化，不可忽视"蝴蝶效应"。我们要时刻清楚经济市场的最新信息，要时刻把握经济市场有利于我们创业的信息，也不能忽视不利于我们创业的所谓坏消息，因为这些都将对我们的创业有着深刻的影响，要时刻关注警惕着。

2. 创业者要学会分析经济市场规律的数据

每个创业者都想知道全球的经济市场的规律走势，因为一旦你把握住了，你的创业将会变得如鱼得水。因此，我们要想把握住经济市场的规律，首先是要学会分析数据，一定要耐着心去认真的分析数据，虽然数据不能决定经济市场的走势，但是它一定可以影响经济市场的走势。我们要做的就是要收集重要的信息数据，分析研究数据，这样才会对经济市场走势有着明显的思路。

只有顺应着经济市场的规律，才有可能发展我们的创业公司；只要顺应着经济市场的规律，才能在优胜劣汰的经济市场上站稳脚跟。

(二) 市场定位规律

创业过程中存在着两方面的问题。一个问题是从自身来讲，创新的障碍不是纯粹的技术问题，而是自身的定位问题，给自己定位在什么领域，是不是要挤进 500 强？一个企业从创业、研发、资金、市场等从头到尾都要做到最强是不可能的。另外一个问题就是外部环境问题。说到外部环境问题，首先就是资金问题。因为没有强大的资本市场，想得到像美国硅谷那样的"天使资金"对小企业来讲是奢望，很难实现。因此，只能从对风险投资基金的支持开始，通过一定的政策和环境支持，使风险投资愿意进来，愿意投入，然后再解决其他问题。

创业，应该把握好几个市场规律。

1. 遵循平均利润率的规律

在市场大，大家都蜂拥而上的时候，给创业者的利润空间是非常小的。创业者要找准定位。在细分市场中，有些行业大企业可能觉得不值得进去，初创业者则可以大有作为。努力做到"先拿单项冠军，再拿全能冠军"。

2. 前三名规律

正是由于小、资金有限，要占领一个大市场是比较难的。但是，完全可以在一个细分市场里做精，进入前三名。大与小都是相对而言的，在一个大市场中，细分市场可能是小，但是在一个细分市场中进入前三名，有了定价权，就有了可以左右这个市场的权力，难道不是这个市场的龙头老大吗？我们不妨采取跟进的战略，用"拿来主义"走模仿创新的路子。先把发达国家先进的技术拿过来，在此基础上进行改进创新，从而逐步创出自己的品牌。比如国内某种知名产品就是采取这种跟进策略，在硬度检测仪器这个细分市场上做到世界前两名，与另一家外国企业平分市场，这种战略无疑是小企业发展的一条路子。

总之，在国际化、全球化的形势下，一定要研究自己的市场定位，企业要定位好自己的位置。如果在一个创新链中居于中间，要研究如何与上下游之间建立共赢的关系。

(三) 市场营销规律

市场营销规律是指市场营销现象之间和市场营销活动过程中内在的、必然的、本质的联系。其主要内容包括：

(1) 价值规律，即商品的价值量由生产商品的社会必要劳动时间决定，商品按照价值量进行交换的规律。

(2) 供求规律，即商品的供求矛盾不断地由不平衡转化为平衡，再由平衡转化为不平衡，循环往复，周而复始运动的规律。

(3) 竞争规律，即商品生产者和经营者在市场上为谋求自身的经济利益而相互较量的规律。

(4) 货币流通规律，即流通中的货币需要量决定于商品价格总额和货币流通的平均速度的规律。

(5) 节约流通时间规律，即尽量缩短商品流通时间，加快商品从生产领域向消费领域转移的规律。

这些规律都是商品经济的客观规律，作为一种内在的力量对市场上的商品营销活动起着支配作用。

市场营销规律主要特点：

第一，客观性。市场营销规律的存在和发生作用是不以人的意志为转移的，人们在进行营销活动时，只能发现、认识、利用它们，但决不能创造、改造、消灭它们，更不能违背它们。

第二，共同性。市场营销规律是商品经济社会形态中存在的共有经济规律，反映营销活动、营销过程、营销现象间的客观要求和内在必然联系，反映营销活动过程中的某些共同本质，具有一般的、普遍的、共同的指导意义和作用。

第三节　创业计划书的撰写

创业计划书是创业融资的"敲门砖"，作为众多创业企业成长、企业进行融资的必备文件，其作用就如同预上市公司的招股说明书，是一份对融资公司或项目进行陈述和剖析，便于潜在投资人对投资对象进行全面了解和初步考察的文本文件。

一、创业计划书的含义

创业计划书是一份由创业者准备的书面计划，用以描述创办一个新企业所有相关的外部及内部要素。通常是各项职能计划的集成，同时也提出创业经营前三年的长、短期决策方针。作为一种和国际接轨的商业文件，创业计划书除具有寻求风险投资等方面的商业价值外，还对创业实践具有重要的指导作用。

创业计划书的准备通常是一个漫长而辛苦、又具创造性与重复的过程，这个过程要把一个思路雏形变成一个难得的商机，就像一条毛毛虫蜕变成一只美丽的蝴蝶，创业计划书就是此过程的顶点。

二、创业计划书的要素

创业计划书的撰写都有哪些要素呢？要依目的即看计划书的对象而有所不同，是要写给投资者看呢，还是要拿去银行贷款，从不同的目的来写，计划书的重点也会有所不同。就像盖房子之前要画一个蓝图，才知道第一步要做什么，第二步要做什么，或是同步要做些什么，别人也才知道想要做什么。而且大环境和创业的条件都会变动，事业经营也不只二三年，有这份计划书在手上，当环境条件变动时，就可以逐项修改，不断地更新。

不管创业计划书有多少种，它一定有个规范，有一定的章节，有一定不能少的内容，这里介绍创业计划书的六个 C 概念要素。

第一个 C 是 CONCEPT(概念)。概念指的就是：在计划书里，要写清楚卖点，让别人可以很快就知道要卖的是什么。

第二个 C 是 CUSTOMERS(顾客)。有了卖的东西以后，接下来应说明要卖给谁，即谁是顾客。顾客的范围要很明确，比如说如果认为所有的女人都是顾客，那么五十岁以上的女人也能使用该产品吗？五岁以下的女孩也是客户吗？商品适合的年龄层一定要界定清楚。

第三个是 COMPETITORS(竞争者)。东西有没有人卖过？如果有人卖过是在哪里？有没有其他的东西可以代替？这些竞争者跟自己的关系是直接还是间接的？

第四个是 CAPABILITIES(能力)。要卖的东西所需的技能自己会不会、懂不懂？譬如说开餐馆，如果师傅不做了找不到人，自己会不会炒菜？如果没有这个能力，至少合伙人要会做，再不然也要有鉴赏的能力，不然最好不要做。

第五个是 CAPITAL(资本)。资本可能是现金也可以是资产，是可以换成现金的东西。那么资本在哪里、有多少，自有的部分有多少，可以借贷的有多少，要很清楚。

最后一个是 CONTINUATION(永续经营)。当事业做得不错时，将来的计划是什么？

任何时候，只要掌握这六个 C，就可以随时检查、随时做更正，不怕遗漏什么。

三、创业计划书的撰写技巧

任何商业计划书都必须十分注意管理阶层的背景资料，详细说明他们的姓名及令人信服的各种资料，这是商业计划的基本要求，也是商业计划书包装的最基本的要求。而好的商业计划书包装还要说明为什么你能开创这独特的产品或服务，并由此获得大量收益。

(一) 产品和服务具有独特性

你的企业有独一无二的优势吗？这些优势体现在技术、品牌、成本等方面，而这些优势能保持多长时间也是投资方决定是否投资的重要因素之一。

(二) 商业模式和赢利模式可行

商业模式是指如何生产商品，如何提供服务和市场策划等；赢利模式是指如何赚钱，如何把产品和服务转化为利润。商业模式和赢利模式的可行性，最终又体现在企业的执行力上。

(三) 高效的管理

大多数风险投资者认为，任何风险投资的成功关键都是管理。管理也是风险投资者非常关心的问题，风险投资领域的传统观点认为：如果你的点子好，但管理差，可能失去机遇；如果点子差，但管理好，则可能争取机遇。而其中"好"的含义也是多方面的。

(四) 风险投资都是利字当头

提供有说服力的公司财务增长预测是你义不容辞的责任。所以，风险投资都选择有竞争力的企业、行业中的龙头。要想吸引投资，商业计划书要写明自己企业的规模、计划、发展状况等。

(五) 退出机制

风险投资者如何摆脱某种状态是影响其投资决策的重要因素，也就是说，风险投资者在决定进入之前，一定要事先找出退身之路。他们不想长时期在你公司拥有产权，他们希望其投资与其他资本共同作用一段时间而后抽走，这样就要求有退身之路。主要退出机制有：

(1) 公司股票上市。这样，投资者可将自己拥有的该公司股权公开出售。

(2) 公司整体出售，即把风险资本公司的权益同时出售给有关公司，通常为大公司。

(3) 公司、你个人或第三团体把投资者拥有的本公司权益买下或卖回，商业计划书对有关事项应详细说明。

四、创业计划书的撰写步骤

创业计划书的起草与创业本身一样是一个复杂的系统工程，不但要对行业、市场进行充分的研究，而且还要有很好的文字功底。对于一个发展中的企业，专业的创业计划书既是寻找投资的必备材料，也是企业对自身的现状及未来发展战略全面思索和重新定位的过程。一部完整的创业计划书的主要结构如下。

(一) 摘要

摘要相当于一份计划书的点睛之笔。如果没有好的摘要，你的计划书也不会引起投资者的注意。因此建议你要先编写一个摘要，用它作为你全部计划的基本框架。摘要不需要过长，提取精华即可。

请简要叙述以下几点内容：

(1) 项目描述(介绍项目的目的、意义、内容及运作方式等)。

(2) 产品与服务(陈述你的产品或服务以便让别人能够看懂，包括产品的竞争优势)。

(3) 行业及市场(行业历史与前景，市场规模及增长趋势，行业竞争对手及本公司竞争优势，未来3年市场销售预测)。

(4) 营销策略(在价格、促销、建立销售网络等各方面拟采取的策略及其可操作性和有效性，对销售人员的激励机制)。

(5) 资金需求(资金需求量、用途、使用计划，拟出让股份，投资者权利，退出方式)。

(6) 财务预测(未来3年或5年的销售收入、利润、资产回报率等)。

(二) 综述

看过摘要部分，意向投资方已经对你的计划有了大概的了解。那么，接下来就要通过综述给你的意向投资方展现一个鲜活的项目策划方案，进一步从框架理念看到有充分依据的市场反馈需求的饱满的可行性计划书。这样，你的计划书就有了坚实的基础，有了足够说服对方的分量。切记不要过于繁杂，做到条理清晰、强而有力即可。

1. 项目描述

(1) 项目背景。

(2) 项目宗旨。

(3) 项目介绍。

2. 产品与服务

(1) 产品品种规划。

(2) 研究与开发。

(3) 未来产品和服务规划。

(4) 实施阶段。

(5) 服务与支持。

(三) 行业与市场分析

这一部分是编写企业计划书最重要也是最困难的一部分，如果不重视对这一部分的编写，那么你的计划将成为最糟糕的计划。在这一部分中，你要回答：你在哪个行业领域、市场领域、岗位功能方面展开竞争？市场特点与性质怎样？你是如何划分市场格局的？

行业与市场分析包括以下内容：
(1) 市场介绍。
(2) 目标市场。
(3) 顾客购买准则。
(4) 竞争对手分析。

(四) 市场与销售

市场与销售部分包括以下内容：
(1) 市场计划。
(2) 销售策略。
(3) 渠道销售与伙伴。
(4) 销售周期。
(5) 定价策略。
(6) 市场联络(展会/广告宣传/新闻发布会/年度会议/学术讨论会/国际互联网促销等)。

(五) 营运组织设计

营运组织设计部分包括以下内容：
(1) 组织结构。
(2) 团队成员岗位描述和要求。
(3) 建立团队愿景、使命和精神。

(六) 实施进度计划

实施进度计划包括：
(1) 短期目标。
(2) 中期目标。
(3) 长期目标。

(七) 财务计划

财务计划包括：
(1) 资金需求与使用计划。
(2) 融资计划。
(3) 损益预估表。
(4) 现金流预测。

(5) 资产负债预估表。

(6) 盈亏平衡分析。

(7) 投资回报率。

(8) 投资收回年限。

(八) 风险控制

风险控制包括:

(1) 政策风险。

(2) 法律风险。

(3) 竞争风险。

(4) 亏损风险。

(九) 附录

附录的内容一般有:

(1) 信件。

(2) 市场研究数据。

(3) 租约或合同。

(4) 供应商报价单。

案例探析

【案例一】

成都某高校食品科学系的 6 名研究生筹集资金 20 万元,在成都著名景观——琴台故径边上开了"六味面馆"。第一家店还未开张的时候,六位股东就把眼光放到了五年之后——先把第一家店搞好,积累经验,5 年之内开 20 家连锁店。而目前,由于面馆长时间处于无人管理和经营欠佳的状况,投资人已准备公开转让。这家当初在成都号称"第一家研究生面馆"的餐馆仅仅经营了 4 个多月,就不得不草草收场。

通过这个案例,我们可以看到,同样是大学生创业,成功与失败共存。这其中的原因,实在值得人探寻。

案例中的创业者们,六位股东功课繁忙,店堂内经常无人管理;本就位于非繁华商业区的面馆也因味道不好、分量不足无法吸引顾客;面馆每个月支出庞大,入不敷出。众多原因共同导致了"六味面馆"惨淡的经营状况。

由此可见,大学生创业既是机遇也是挑战。对于随时存在的风险,要时刻保持清醒的头脑,懂得如何面对,积极防范风险。

【案例二】 乔治:整合,实现资源价值

10 年前,乔治还是南京街头的一个问题少年,喜欢跟人动拳头打架。长大以后的乔治决定干点正经事,他参加了厨师培训班,技术学得不错,但是快毕业时,他却发现自己对烹调没有什么兴趣。他感兴趣的是理发，现在叫美发。他发现当一个发型师是那么美妙的一件事情。所以，他放下勺子，拿起剪子，先在南京，后又到上海，苦练起了美发技术，并且很快就显露出过人的才华。

1996年，香港明星张敏在上海开了一家名叫露莎莲妮的高档发型屋，乔治正式出师，当上了露莎莲妮的一个技师，帮人洗发烫发染发，没几天老板就发现了他在发型设计上的天分，破格将他晋升为发型师，与从香港、法国、新加坡聘请来的那些发型师平起平坐。后来乔治又辗转于杭州等地一些发屋做发型师，目的是磨炼自己的技术。时机成熟后，乔治开始了自己的创业生涯。因为缺乏资金，他无力租赁繁华的店面，只能在杭州一个偏僻的角落接下一家别人经营不下去的发型屋，改造后打出了自己的名头：乔治发型设计中心，时为2000年3月18日。

开始时因为地段不好，乔治的生意很不景气，但过了不久，就有很多过去乔治在别的发型屋做设计师时的忠实"FANS"跟踪而来，这样一传十，十传百，不久大家就都知道杭州那个发型做得最好的"乔治"现在到了某某地方，自己开了一家发型设计中心，乔治很快就走出了困境。仅仅过了一年多，乔治的发型中心就变成了发型广场，面积达500多平方米，紧跟杭州那些财大气粗的美发巨无霸如新爱情故事、阿伟、东方名剪等，成为杭州美发市场的一个后起之秀。

现在在乔治的发型广场剪一个头，最低的只要25元，而最高的需要380元，很多文艺界的名人如胡兵、瞿颖、陆毅等，都接受过乔治的服务。

对于创业者和投资者来说，有一句不得不记住的老话，叫做"不熟不做"。创业最简单的方法就是从自己熟悉或有专长的事情做起，一般可以起到事半功倍的效果，大大减少创业过程中的波折。这样的案例有很多，不必到报纸上、电视上去寻找，在我们身边就俯拾即是。

为了提高成功的机会，减少失败概率，在动手之前，你必须做到：第一，冷静评估你所拥有的资源，包括你的社会关系、你的专业特长，并评估其所蕴含的商业价值，寻找你创业和投资的着力点。有时候有些人可能拥有很好的软硬件资源，却因为没有找好着力点，第一步就踏错了地方，导致创业过程跌宕起伏，经受了许多原本可以轻易避免的波折，甚至有人因此而一蹶不振。第二，资源可以建立，知识可以学习。如果经评估，你现在还不具备创业的必要资源和必要特长，那么，你可以先不忙于动手。你可以给自己宽容一段时间，来为自己将来的创业组建资源，学习必要的技术和其他方面的知识，就像乔治所做的一样。乔治如果没有在以前为别人打工时积累的大量"FANS"，后来的创业很难说会是什么样子，至少是绝对不可能那么快就取得成功。在这方面，技术是乔治拥有的硬资源，大量拥趸则是他拥有的软资源。前者是因，后者是果。到乔治自己动手开始创业时，前两者都变成了因，而成功则变成了果，这就是事物的逻辑。小本创业者大多底子薄，经不起太多折腾，在这方面一定要慎之又慎，不打无准备之仗。第三，不是任何资源包括专业知识、技术特长都有商业价值。创业者和投资者在评估自己所拥有的资源时要尽量避免"自我感觉"。很多创业者和中小投资者因为缺乏经验，容易凭"感觉"行事，有时候这样做确实有助于抓住机会，但多数时候这样做有害无益。如果你对自我评估没有信心，那么，你可以请你的朋友和家人一起来帮你进行评估。

附录一　大学生创业计划书范本

餐馆创业计划书案例

【摘要】　民以食为天，但在高校里，学校食堂的伙食一直被学生们所抱怨，由于学校食堂普遍都是以大锅菜的方式做的，虽然价格较低但很少能真正让学生欢迎。现如今，人们的生活水平在不断提高，对于高校学生来说，健康营养、价格适中的饮食才是他们所需要的。因此，在学校附近办一个专以学生为消费群体的餐厅是我所想要创业的目标。我的创业梦想已经存在很长时间，对于餐厅的创建及其运行模式已经有所了解。另外，资金的筹措、人员的聘用、地点的选择正在进行中。

一、项目概况

(1) 项目目的：校园食堂的伙食一直是学校的诟病，在学校附近经营一个价格适中、品种多样的餐厅是一个非常盈利的创业项目。

(2) 项目名称：樱兰餐厅。

(3) 性质：提供早餐、午餐、晚餐及特色冷饮和休闲餐饮等学生餐厅。

(4) 建设地点：合肥大学城。

(5) 市场分析：在大学中一直被诟病的就是大学食堂的饮食问题，大学的饮食质量不高已成为公认的问题，仅仅是满足了学生们的温饱问题，而质量却远远没有达到学生们的要求。本餐厅就是根据这一点，为了提高大学生的饮食质量，旨在为高校大学生提供价格低廉安全高质并富有特色的食品，并且同时为各高校提供一定的勤工助学岗位，帮助贫困生更好地完成学业。

(6) 宗旨：健康营养，服务学生，创造有特色的餐厅。

(7) 经营范围：提供早餐、午餐、晚餐及特色冷饮和休闲餐饮。

早餐以浙江等南方小吃为主打特色，当然本地小吃也是少不了的。品种多，口味全，营养丰，使就餐者有更多的选择。

午餐和晚餐则有中西不同口味菜式。而非餐点又提供各种冷饮，如果汁、薄冰、冰粥、刨冰、冰豆甜汤、冰冻咖啡、水果拼盘等。

全天提供各色餐点、冷饮、热饮。

(8) 市场营销：在餐厅的初步发展阶段，采用优惠营销，利用各种优惠方式吸引学生，并在各个高校里进行宣传，不断加深学生对本餐厅的印象，打响品牌。同时，聘用手艺精良的厨师，创作各种精致美食。随着餐厅的固定食客的增加，建立起坚实的客户关系。

(9) 财务数据：财务计划栏。

(10) 注册金额：十五万元。

(11) 融资方式：自己工作所得五万元，家人助资五万，贷款五万。

(12) 组织理念：特色饮食，微笑服务。

(13) 结论：学生餐厅与传统餐厅有着明显的不同，其特色经营会是其盈利的主要来源。以大学城为其市场，消费群集中、消费方向稳定、人流量大、消费的潜在性强，是餐厅存在之主要支柱。据我们的市场调查与分析，本店产品的市场需求是存在的，并具有一定的竞争力。而本人正是学生——这个最大客户群中的一员，所以更能了解顾客需要什么样的产品和服务。从这些方面来看，是应该是很有机会挤入该餐饮市场的。

二、管理层

1．餐饮经营者职责

(1) 拥有餐厅的决策权，对餐厅成员有聘用解雇的权力。

(2) 餐厅员工的薪资和休假的安排。

(3) 热情待客，客人至上，保证优良的服务，加强对员工服务态度的监督。

(4) 控制餐厅的经营情况，加强对餐厅的财产管理，掌握和控制好各种物品的使用情况。

(5) 加强对每个厨师的沟通合作，提供客人的意见和改进食品的质量。

2．中餐厨师职责

(1) 每日早午餐的制作，保证食品质量。

(2) 遵守作息时间，准时开餐，不擅离职守，不得无缘无故罢工，影响餐厅经营。

(3) 遵守安全操作流程，合理使用原材料，节约水、电、燃气等消费。

(4) 上班时穿厨师专用服，将自身整理干净，在工作时间不抽烟，安全烹饪。

(5) 努力创作特色饮食。

3．西餐厨师职责

与中餐厅厨师职责相同。

4．服务生职责

(1) 微笑服务，礼貌待人。

(2) 餐厅每日营业前，整理好桌椅，餐厅卫生，准备好各种用品，确保餐厅正常营业。

(3) 客到时，及时安排好客人入座，主动介绍本餐厅特色饮食。

(4) 对客人礼貌，客人的非私人问题有问必答，随时留意客人情况，努力将客人服务周到。

(5) 工作中碰见自己不能解决的问题，及时向餐厅管理者汇报，请其帮忙解决问题。

(6) 客人离开后，注意是否有遗留物，若有，速交柜台，然后，迅速整理餐桌，做好下一批客人来之前的准备。

(7) 下班前检查工作区域是否关灯，关窗，电源是否切断，确保安全。

(8) 与员工之间建立良好关系，互相帮助，遵守餐厅规章制度。

三、研究与开发

1．项目申请

餐厅的创建需要进行申请，取得经营许可证。在银行进行抵押贷款，获取开业基金。

2．餐厅开办前准备

(1) 租用场地。

(2) 装修餐厅，餐厅风格自然，随意，同时富有现代气息，墙面采用偏淡的温色调，厨房布置合理精致，采光性好，整体感观介于家庭厨房性质与酒店厨房性质之间。

(3) 聘用中西餐厨师，签订合同。

(4) 联系用原材料供应商，与之签订合作合同。

(5) 聘用勤工俭学的学生为服务员，谈好薪资、工作时间、工作内容、签订好劳工合同。

(6) 开始在各高校进行宣传活动。

3．行业及市场

餐厅是为人们提供生活饮食的地方，是人们生活所必不可少的。随着生活的不断进步，经济的不断发展，填饱肚子不再是人们对饮食的要求。现在的人所追求的是干净卫生，有特色的餐厅。而本餐厅就是在此基础上建立起来的，价格适中、选择多样、安全卫生、微笑服务是我们餐厅能生存下来的重要条件。

4．此类餐厅的形成及发展前景

世界的不断融合，越来越多的西餐厅在中国建立起来，高校的学生接触的西方文化，让他们对西方的食物充满好奇。因此，像本餐厅中餐为主，西餐为辅的餐厅有着一定的市场需求，只要价格制定合理，味道较好，餐厅风格独特，一定会有较高盈利。

5．餐厅所在地(大学城)消费市场分析

合肥大学城是合肥各所高校集中的地方，消费量大，中餐厅多，但是专为学生提供休闲场所的餐厅却并不多，因此，学生餐厅会有较大的市场。且由于本餐厅的价格制定较为适中，符合大部分学生的消费标准。

6．现已创办的此类餐厅概况

(1) 名称：**餐厅。

(2) 成立时间：****年**月**日。

(3) 所在位置：合肥大学城。

(4) 优势分析：存在时间长，有固定客人，午餐、晚餐有特色，开业时，此类餐厅并不多，因此具有较高的人气，符合人们追求新奇的心理，且价格便宜、风味独特、颇受追捧。

(5) 主要经营项目介绍：午餐是中餐，晚餐是西餐。

(6) 存在的缺陷：

① 餐厅长时间的风格未作改变，且饮食种类几乎没有变化，消费者毫无新鲜感。

② 因为生意较为火爆，整体价格有所上调，受到学生的不满。

7．本餐厅的竞争策略

(1) 做好宣传，开展各种促销活动。

① 前期宣传：大规模、高强度、投入较大。

② 后期宣传：重视已有顾客关系管理，借此进行口碑营销。定期具体活动的策划和组织，通过活动时时提醒顾客的消费意识。

(2) 针对节假日，开展有针对性的促销策略。

8．创造本餐厅特色

(1) 永远不要让自己的餐厅落伍，应始终保持高雅的格调，紧跟潮流和消费群体的消费习惯和真实需要；自己的餐厅是为高校师生提供饮食的，要有这种意识——永远和校园生活合拍。

(2) 这是你的餐厅。每一个员工都应该有这种主人意识，热情、主动、有亲和力。应该通过一系列的方法让员工把这种意识时刻牢记，让每一个员工都以自己就代表餐厅的形象而自豪。

9．营销策略

在确定经营方式前，本餐厅会对消费群和竞争对手进行调查和分析，根据不同情况制定相应的经营策略。

1) 优势宣传

(1) 本餐厅经营解决了学校食堂饭菜口味单一等问题，也无流动小摊卫生没有保证的担忧，并且与食堂同样方便快捷，节约时间。

(2) 同时，非餐点还提供冷饮、冰粥等，并提供免费茶水。

(3) 简洁舒适的装修将是餐厅的一大特点，学生普遍喜欢在干净、服务态度好的餐馆就餐，因此令人满意的服务也将是本店的一大特色。

(4) 此外，学校食堂有明确的就餐时限，而校外很少有餐馆出售早餐，因此在校外的本店则可以较容易地抓住这部分因时间差而导致丢失的市场份额，换句话说就是由在就餐点前后的一段时间要就餐的潜在客户群所产生的市场份额。

(5) 本餐厅的消费群目标是高校的学生，因此，绿色卫生、餐点独特、价格适宜是本餐厅重大优势。

(6) 本餐厅的构造风格符合广大学生的审美标准。具体内容请参见附件一。

2) 服务

本餐厅所推崇的是微笑服务，作为餐厅的一员，不管是餐厅管理者，还是服务员，面对顾客均需要微笑服务、真诚待人，对于具体要求本餐厅在聘请厨师以及服务员时已经强调，餐厅规章制度也有明确要求。

3) 品质与价格的双重保障的竞争策略

(1) 本餐厅所强调的是绿色生活、健康享受美食，因此对于原材料的购买均要求较高，符合大学生的健康饮食。

(2) 本餐厅的消费群是广大学生群体，因此在价格方面会尽量符合学生们的消费需求。

4) 校园广告

(1) 在前期资助学生所举办的活动，在其活动中推广本餐厅，打响本餐厅的名气，吸引顾客的前来。

(2) 等有了一定的顾客群体，就会采用各种优惠方式，来留住顾客，当然这是在盈利的前提下进行的。

5) 经营模式的建立

本餐厅提供免费茶水和鲜汤，并且米饭的质量相对竞争者要好，可采用不同的做法(如蒸熟，这是一种南方饭馆常见的米饭做法)，使口感与众不同，以求有别于竞争者。给顾客更多的优惠，以吸引更多的客源。

本餐厅推出烧烤、冷饮、八宝饭等情侣套餐，利用休闲饮食的空缺来经营，也将成为本店的一大特色。

有许多学生习惯于三点一线的生活方式，许多时候为了节约时间会选择最近的就餐地点而不愿到较远点的餐馆，所以在地理位置选择上不会使之与学校大门有太大的距离。

餐厅在适当的时候还将推出送外卖的服务，根据不同情况采取相应得做法。如：若有三份以上(包括三份)的叫量可以免费送货上门，单独叫外卖的需交付一定的送货费。这样还有一个好处，如有一人想叫外卖，为了不出送货费则会拉上另外的两份外卖，如此也是能增加销量的。

餐厅使用不锈钢制的自助餐盘，即节约又环保。而废弃物也不能随便倾倒，可以与养殖户联系，让其免费定期收取，如此可以互利。据悉，竞争者在这方面做得并不到位，因此良好的就餐环境是可以吸引更多的顾客的。

暑假期间虽然客源会骤降，但毕竟还有部分留校学生、附近居民以及打工人员，届时可采取减少生产量，转移服务重点等方式，以改善暑期的经营状况。寒假期间就考虑修业一个月，以减少不必要的成本支出。

在服务中严格要求工作人员树立顾客第一的观念，认真听取顾客意见，制作顾客反馈表，将顾客满意进行到底。树立顾客满意自己才满意的观念，做到时时刻刻为顾客着想。

10. 市场目标

1) 市场进程及目标

(1) 半年：慢慢吸引顾客的前来，努力在半年内收回初期的投资。提升知名度、美誉度，积极进行市场调研，努力的开发新的饮食产品，为餐厅的进一步发展积蓄资本。

(2) 两年：进一步健全餐厅的经营管理体制，确定自己的特色品牌饮食，各类活动相继推出，使固定的顾客人数进一步增加。餐厅运营已经步入稳定良好的状态。

(3) 五年：在经营稳定后，可以考虑扩大经营，扩大餐厅的范围，并可以寻找新的经营场所，做连锁经营，并慢慢打造自己的品牌，可以往专为学生提供饮食的餐饮行业发展。

2) 风险及对策

(1) 资金方面：为防止资金回收较慢，资金链条发生断裂，需要有备留资金。十五万元的开业资金必须要有一定的资金留做备用。

(2) 资源方面：本餐厅的原料主要以果蔬、豆类、菌类为主，是当今最受欢迎的绿色天然无污染食品。尤其本餐厅是以绿色食品为主的餐厅，在原料的选择上需要专业的知识和技术投资，这样才有利于采购到新鲜、天然、无污染的绿色食品。因此，要与原材料供应商建立长期友好合作关系。

(3) 经营方面：餐厅长时间经营下来，顾客会对餐厅的饮食厌倦，餐厅风格的一成不变感到无趣，那么，就要适时的改变菜色，运用一定的资金进行餐厅风格的改变。

(4) 管理方面：为防止厨师被挖角而辞职，餐厅管理者需对餐厅的特色菜进行一定的了解，并及时聘请另一个厨师，发明新的特色菜。同时，对于餐厅的厨师和服务员，餐厅管理者需要与之处好关系，给予较为丰厚的报酬，适时听取他们的意见，改善自己的管理方式。

(5) 其他方面：随着世界的发展，国外大型餐饮公司进军中国，国际品牌既快又多地进入中国市场，必将给中国餐饮业带来极大的冲击。餐饮业竞争激烈尤其是来自国外的快餐连锁店，如肯德基、麦当劳在中国的快餐业中占据很大的市场份额。因此，善于创新，善于学习，是餐厅能长期生存下去的根本。

11. **财务计划**

(1) 制作现金流量表。初始阶段的成本主要是：场地租赁费用(30 000)，餐饮卫生许可等证件的申领费用，场地装修费用(5000)，厨房用具购置费用，基本设施费用(5000)等。运营阶段的成本主要包括：员工工资、物料采购费用、场地租赁费用、税、水电燃料费、固定资本、折旧费、杂项开支等(大约估计为 70 000)。剩余 40 000 作为餐厅本金，预防各种突发状况。

(2) 制作预计损益表(主营业务收入)。据预算分析及调查，可初步确定市场容量，并大致估算出每日总营业额约 1500 元，收益率 30%，毛利润 1000 元。由此可计算出投资回收期约为三个月。

附录二　高校毕业生就业创业政策百问

(2018 年版)

1. 国家对鼓励中小企业吸纳高校毕业生有哪些政策措施?

按照《国务院关于进一步做好新形势下就业创业工作的意见》(国发〔2015〕23 号)、《国务院办公厅关于做好 2014 年全国普通高等学校毕业生就业创业工作的通知》(国发〔2014〕22 号)、《国务院办公厅关于做好 2013 年全国普通高等学校毕业生就业工作的通知》(国办发〔2013〕35 号)、《国务院关于进一步支持小型微型企业健康发展的意见》(国发〔2012〕14 号)和《国务院关于进一步做好普通高等学校毕业生就业工作的通知》(国发〔2011〕16 号)等文件规定:

(1) 对招收高校毕业生达到一定数量的中小企业,地方财政应优先考虑安排扶持中小企业发展资金,并优先提供技术改造贷款贴息。

(2) 对劳动密集型小企业当年新招收登记失业高校毕业生,达到企业现有在职职工总数 30%(超过 100 人的企业达 15%)以上,并与其签订 1 年以上劳动合同的劳动密集型小企业,可按规定申请最高不超过 200 万元的小额担保贷款并享受 50%的财政贴息。

(3) 高校毕业生到中小企业就业的,在专业技术职称评定、科研项目经费申请、科研成果或荣誉称号申报等方面,享受与国有企事业单位同类人员同等待遇。

(4) 对小微企业新招用毕业年度高校毕业生,签订 1 年以上劳动合同并缴纳社会保险费的,给予 1 年社会保险补贴。

2. 国家对引导国有企业吸纳高校毕业生就业有哪些政策措施?

按照《国务院关于进一步做好新形势下就业创业工作的意见》(国发〔2015〕23 号)、《国务院办公厅关于做好 2014 年全国普通高等学校毕业生就业创业工作的通知》(国发〔2014〕22 号)、《国务院办公厅关于做好 2013 年全国普通高等学校毕业生就业工作的通知》(国办发〔2013〕35 号)和《关于做好 2013—2014 年国有企业招收高校毕业生工作有关事项的通知》(国资厅发分配〔2013〕37 号)等文件规定:

(1) 承担对口支援西藏、青海、新疆任务的中央企业要结合援助项目建设,积极吸纳当地高校毕业生就业。

(2) 建立国有企事业单位公开招聘制度,推动实现招聘信息公开、过程公开和结果公开。

(3) 国有企业招聘应届高校毕业生,除涉密等特殊岗位外,要实行公开招聘,招聘应届高校毕业生信息要在政府网站公开发布,报名时间不少于 7 天;对拟聘人员应进行公示,明确监督渠道，公示期不少于 7 天。

3. 企业招收就业困难高校毕业生享受什么优惠政策？

按照《财政部、人力资源社会保障部关于进一步加强就业专项资金管理有关问题的通知》(财社〔2011〕64 号)规定，对各类企业(单位)招用符合条件的就业困难高校毕业生，与之签订劳动合同并缴纳社会保险费的，按其为就业困难高校毕业生实际缴纳的基本养老保险费、基本医疗保险费和失业保险费给予补贴，不包括企业(单位)和个人应缴纳的其他社会保险费。

根据《就业促进法》有关规定，就业困难人员是指因身体状况、技能水平、家庭因素、失去土地等原因难以实现就业，以及连续失业一定时间仍未能实现就业的人员。就业困难人员的具体范围，由省、自治区、直辖市人民政府根据本行政区域的实际情况规定。

企业(单位)按季将符合享受社会保险补贴条件人员的缴费情况单独列出，向当地人力资源社会保障部门申请补贴。社会保险补贴申请材料应附：符合享受社会保险补贴条件的人员名单及身份证复印件、就业创业证复印件、劳动合同等就业证明材料复印件、社会保险征缴机构出具的社会保险费明细账(单)、企业(单位)在银行开立的基本账户等凭证材料，经人力资源社会保障部门审核后，财政部门将补贴资金支付到企业(单位)在银行开立的基本账户。

4. 企业为高校毕业生开展岗前培训享受什么优惠政策？

按照《国务院关于进一步做好新形势下就业创业工作的意见》(国发〔2015〕23 号)、《国务院办公厅关于做好 2014 年全国普通高等学校毕业生就业创业工作的通知》(国发〔2014〕22 号)、《财政部、人力资源社会保障部关于进一步加强就业专项资金管理有关问题的通知》(财社〔2011〕64 号)等文件规定，企业新录用毕业年度高校毕业生与其签订 6 个月以上期限劳动合同，在劳动合同签订之日起 6 个月内由企业依托所属培训机构或政府认定的培训机构开展岗前就业技能培训的，根据培训后继续履行劳动合同情况，按照当地确定的职业培训补贴标准的一定比例，对企业给予定额职业培训补贴。

企业开展岗前培训前，需将培训计划大纲、培训人员花名册及身份证复印件、劳动合同复印件等材料报当地人力资源社会保障部门备案，培训后根据劳动者继续履行劳动合同情况，向人力资源社会保障部门申请职业培训补贴。申请材料经人力资源社会保障部门审核后，财政部门按规定将补贴资金直接拨入企业在银行开立的基本账户。企业申请职业培训补贴应附：培训人员花名册、培训人员身份证复印件、就业创业证复印件、劳动合同复印件、职业培训合格证书等凭证材料。

对小型微型企业新招用高校毕业生按规定开展岗前培训的，各地要根据当地物价水平，适当提高培训费补贴标准。

5. 高校毕业生从企业到机关事业单位就业后工龄如何计算？

按照《国务院关于进一步做好普通高等学校毕业生就业工作的通知》(国发〔2011〕16 号)等文件规定，高校毕业生从企业、社会团体到机关事业单位就业的，其按规定参加企业职工基本养老保险的缴费年限合并为连续工龄。

6. 高校毕业生到企业特别是中小企业就业可否在当地落户？

按照《国务院办公厅关于做好2014 年全国普通高等学校毕业生就业创业工作的通知》

(国发〔2014〕22 号)、《国务院办公厅关于做好 2013 年全国普通高等学校毕业生就业工作的通知》(国办发〔2013〕35 号)文件规定，要简化高校毕业生就业程序，消除其在不同地区、不同类型单位之间流动就业的制度性障碍。切实落实允许包括专科生在内的高校毕业生在就(创)业地办理落户手续的政策(直辖市按有关规定执行)。

省会及以下城市要放开对吸收高校毕业生落户的限制，简化有关手续，应届毕业生凭《普通高等学校毕业证书》、《全国普通高等学校毕业生就业报到证》、与用人单位签订的《就业协议书》或劳动(聘用)合同办理落户手续;非应届毕业生凭与用人单位签订的劳动(聘用)合同和《普通高等学校毕业证书》办理落户手续。高校毕业生到小型微型企业就业、自主创业的，其档案可由当地市、县一级的公共就业人才服务机构免费保管。办理高校毕业生档案转递手续，转正定级表、调整改派手续不再作为接收审核档案的必备材料。

7. 流动人员人事档案如何保管?

按照《关于进一步加强流动人员人事档案管理服务工作的通知》(人社部发〔2014〕90 号)、《流动人员人事档案管理暂行规定》规定，流动人员档案具体包括:非公有制企业和社会组织聘用人员的档案;辞职辞退、取消录(聘)用或被开除的机关事业单位工作人员档案;与企事业单位解除或终止劳动(聘用)关系人员的档案;未就业的高校毕业生及中专毕业生的档案;自费出国留学及其他因私出国(境)人员的档案;外国企业常驻代表机构的中方雇员的档案;自由职业或灵活就业人员的档案;其他实行社会管理人员的档案。

流动人员人事档案管理实行集中统一、归口管理的管理体制，主管部门为政府人力资源社会保障部门，接受同级党委组织部门的监督和指导。流动人员人事档案具体由县级以上(含县级)公共就业和人才服务机构以及经人力资源社会保障部门授权的单位管理，其他单位未经授权不得管理流动人员人事档案。严禁个人保管本人或他人的档案。跨地区流动人员的人事档案，可由其户籍所在地或现工作单位所在地的公共就业和人才服务机构管理。

高校毕业生到具有档案管理权限的机关、事业单位、国有企业就业的，由单位直接接收、管理档案。到无档案管理权限的单位(私营企业、外资企业等)就业的，可由各地公共就业和人才服务机构负责提供档案管理等人事代理服务。高校毕业生离校时没有就业的，档案可由学校统一发回原户籍所在地公共就业和人才服务机构保管。档案不允许个人保存。

2015 年 1 月 1 日起，取消收取人事关系及档案保管费、查阅费、证明费、档案转递费等名目的费用。各级公共就业和人才服务机构应提供免费的流动人员人事档案基本公共服务。

8. 什么是人事代理?

公共就业和人才服务机构可在规定业务范围内接受用人单位和个人委托，从事下列人事代理服务:流动人员人事档案管理;因私出国政审;在规定的范围内申报或组织评审专业技术职务任职资格;转正定级和工龄核定;大中专毕业生接收手续;其他人事代理事项。

9. 高校毕业生怎样办理人事代理?

按照《人才市场管理规定》有关规定，人事代理方式可由单位集体委托代理，也可由个人委托代理;可多项委托代理，也可单项委托代理;可单位全员委托代理，也可部分人员委托代理。

单位办理委托人事代理，须向代理机构提交有效证件以及委托书，确定委托代理项目。经代理机构审定后，由代理机构与委托单位签订人事代理合同书，明确双方的权利和义务，确立人事代理关系。

10. 高校毕业生如何与用人单位订立劳动合同？

劳动合同法第七条规定，用人单位自用工之日起即与劳动者建立劳动关系。第十条规定，建立劳动关系，应当订立书面劳动合同。已建立劳动关系，未同时订立书面劳动合同的，应当自用工之日起一个月内订立书面劳动合同。用人单位与劳动者在用工前订立劳动合同的，劳动关系自用工之日起建立。

第八条规定，用人单位(企业、个体经济组织、民办非企业单位等组织)招用劳动者时，应当如实告知劳动者工作内容、工作条件、工作地点、职业危害、安全生产状况、劳动报酬，以及劳动者要求了解的其他情况；用人单位有权了解劳动者与劳动合同直接相关的基本情况，劳动者应当如实说明。

第九条规定，用人单位招用劳动者，不得扣押劳动者的居民身份证和其他证件，不得要求劳动者提供担保或者以其他名义向劳动者收取财物。

11. 什么是社会保险？我国建立了哪些社会保险制度？

社会保险是指国家通过立法，按照权利与义务相对应原则，多渠道筹集资金，对参保者在遭遇年老、疾病、工伤、失业、生育等风险情况下提供物质帮助(包括现金补贴和服务)，使其享有基本生活保障、免除或减少经济损失的制度安排。

社会保险法第二条规定，我国建立基本养老保险、基本医疗保险、工伤保险、失业保险、生育保险等社会保险制度，保障公民在年老、疾病、工伤、失业、生育等情况下依法从国家和社会获得物质帮助的权利。其中，基本养老保险制度包括职工基本养老保险制度、新型农村社会保险制度和城镇居民社会养老保险制度；基本医疗保险制度包括职工基本医疗保险制度、新型农村合作医疗制度和城镇居民医疗保险制度。

12. 用人单位应该履行哪些社会保险义务？享有哪些社会保险权利？

社会保险义务：一是申请办理社会保险登记的义务；二是申报和缴纳社会保险费的义务；三是代扣代缴职工社会保险的义务；四是向职工告知缴纳社会保险费明细的义务。

社会保险权利：一是有权免费查询、核对其缴费记录；二是有权要求社会保险经办机构提供社会保险咨询等相关服务；三是可以参加社会保险监督委员会，对社会保险工作提出咨询意见和建议，实施社会监督；四是对侵害自身权益和不依法办理社会保险事务的行为，有权依法申请行政复议或者提起行政诉讼。此外，还有权对违反社会保险法律、法规的行为进行举报、投诉。

13. 参加社会保险的个人享有哪些权利？

高校毕业生依法缴纳社会保险费后，享有以下权利：

(1) 有权依法享受社会保险待遇。

(2) 有权监督本单位为其缴费情况。

(3) 有权免费向社会保险经办机构查询、核对其缴费和享受社会保险待遇权益记录。

(4) 有权要求社会保险经办机构提供社会保险咨询等相关服务。

(5) 对侵害自身权益和不依法办理社会保险事务的行为，有权依法申请行政复议或者提起行政诉讼。

此外，还有权对违反社会保险法律、法规的行为进行举报、投诉。

14．目前国家对用人单位及其职工和参保个人缴纳社会保险费的费率是如何规定的？

(1) 用人单位及其职工缴纳社会保险费的费率。根据《国务院关于完善企业职工基本养老保险制度的决定》(国发〔2005〕38 号)、《国务院关于建立城镇职工基本医疗保险制度的决定》(国发〔1998〕44 号)、《失业保险条例》(国务院令第 258 号)规定，用人单位缴纳基本养老保险、基本医疗保险和失业保险的费率，分别是原则上为本单位工资总额的 20%、6%左右和 2%；用人单位缴纳工伤保险费按照《工伤保险条例》(国务院令第 586 号)规定实行行业差别费率和浮动费率，有关费率确定按照国家相应规定执行；用人单位缴纳生育保险费的费率按照《企业职工生育保险试行办法》(劳部发〔1994〕504 号)规定执行，由统筹地区政府根据实际情况自行确定，但不得超过用人单位工资总额的 1%。职工本人缴纳基本养老保险、基本医疗保险和失业保险的费率，分别为本人工资的 8%、2%和 1%。

(2) 参保个人缴纳社会保险费的费率。根据《国务院关于完善企业职工基本养老保险制度的决定》(国发〔2005〕38 号)规定，无雇工的个体工商户和灵活就业人员参加职工基本养老保险的缴费费率为 20%，其中 8%计入个人账户；无雇工的个体工商户和灵活就业人员参加职工基本医疗保险的缴费费率，按国家有关规定，统筹地区可以参照当地基本医疗保险建立统筹基金的缴费水平确定。

(3) 城镇居民参加居民医疗保险和农村居民参加新型农村社会养老保险及新型农村合作医疗，主要采取定额方式缴纳社会保险费。

15．高校毕业生如何处理劳动人事纠纷？

发生劳动人事争议，可以通过协商解决。当事人不愿协商或协商不成的，可以向调解组织申请调解；不愿调解、调解不成或者达成调解协议后不履行的，可以向劳动人事争议仲裁委员会申请仲裁；对仲裁裁决不服的，除法律另有规定的外，可以向人民法院提起诉讼。

对用人单位违反劳动保障法律、法规和规章的情况，高校毕业生可向人力资源社会保障部门举报、投诉。劳动保障监察机构将依法受理，纠正和查处有关违法行为。

16．什么是服务外包和服务外包企业？

服务外包是指企业将其非核心的业务外包出去，利用外部最优秀的专业化团队来承接该业务，从而使其专注核心业务，达到降低成本、提高效率、增强企业核心竞争力和对环境应变能力的一种管理模式。

服务外包企业是指其与服务外包发包商签订中长期服务合同，承接服务外包业务的企业。

17．目前服务外包产业主要涉及哪些领域及地区？

服务外包分为信息技术外包服务(ITO)、技术性业务流程外包服务(BPO)和技术性知识流程外包(KPO)等。ITO 包括软件研发及外包、信息技术研发服务外包、信息系统运营维护外包等领域。BPO 包括企业业务流程设计服务、企业内容管理数据库服务、企业运营数据库服务、企业供应链管理数据库服务等领域。KPO 包括知识产权研究、医药和生物技术研发和测试、产品技术研发、工业设计、分析学和数据挖掘、动漫及网游设计研发、教育课件研发、工程设计等领域。

我国目前有服务外包示范城市 21 个，分别是北京、天津、上海、重庆、大连、深圳、广州、武汉、哈尔滨、成都、南京、西安、济南、杭州、合肥、南昌、长沙、大庆、苏州、无锡、厦门。

18．服务外包企业吸纳高校毕业生有哪些财政支持？

按照《国务院办公厅关于鼓励服务外包产业加快发展的复函》(国办函〔2010〕69 号)、《人力资源社会保障部、商务部关于加快服务外包产业发展促进高校毕业生就业的若干意见》(人社部发〔2009〕123 号)等文件规定，对符合条件的服务外包企业，每新录用 1 名大学以上学历员工从事服务外包工作并签订 1 年期以上劳动合同的，给予企业不超过每人4500 元的培训支持；对符合条件的培训机构培训的从事服务外包业务人才(大学以上学历)，通过服务外包业务专业知识和技能培训考核，并与服务外包企业签订 1 年期以上劳动合同的，给予培训机构每人不超过 500 元的培训支持。

服务外包企业吸纳高校毕业生参加就业见习的，享受相关财政补助政策。服务外包企业吸纳就业困难高校毕业生就业，享受社会保险补贴等扶持政策。就业困难高校毕业生参加服务外包培训可按规定享受职业培训补贴和职业技能鉴定补贴。

鼓励引导高校毕业生面向城乡基层、中西部地区以及民族地区、贫困地区和艰苦边远地区就业。

19．什么是基层就业？

基层就业就是到城乡基层工作。国家近几年出台了一系列优惠政策鼓励高校毕业生积极参加社会主义新农村建设、城市社区建设和应征入伍。一般来讲，"基层"既包括广大农村，也包括城市街道社区；既涵盖县级以下党政机关、企事业单位，也包括社会团体、非公有制组织和中小企业；既包含单位就业，也包括自主创业、自谋职业。

20．国家鼓励毕业生到基层就业的主要优惠政策包括哪些？

按照《国务院关于进一步做好新形势下就业创业工作的意见》(国发〔2015〕23 号)、《国务院办公厅关于做好 2014 年全国普通高等学校毕业生就业创业工作的通知》(国发〔2014〕22 号)、《国务院办公厅关于做好 2013 年全国普通高等学校毕业生就业工作的通知》(国办发〔2013〕35 号)和《国务院关于进一步做好普通高等学校毕业生就业工作的通知》(国发〔2011〕16 号)等文件规定：

(1) 完善工资待遇进一步向基层倾斜的办法，健全高校毕业生到基层工作的服务保障机制，鼓励毕业生到乡镇特别是困难乡镇机关事业单位工作。

(2) 对高校毕业生到中西部地区、艰苦边远地区和老工业基地县以下基层单位就业、履行一定服务期限的，按规定给予学费补偿和国家助学贷款代偿(本专科学生每人每年最高不超过 8000 元、研究生每人每年最高不超过 12 000 元)。

(3) 结合政府购买服务工作的推进，在基层特别是街道(乡镇)、社区(村)购买一批公共管理和社会服务岗位，优先用于吸纳高校毕业生就业。

(4) 落实完善见习补贴政策，对见习期满留用率达到 50%以上的见习单位，适当提高见习补贴标准。

(5) 将求职补贴调整为求职创业补贴，对象范围扩展到已获得国家助学贷款的毕业年度高校毕业生。

各地区要结合城镇化进程和公共服务均等化要求，充分挖掘教育、劳动就业、社会保障、医疗卫生、住房保障、社会工作、文化体育及残疾人服务、农技推广等基层公共管理和服务领域的就业潜力，吸纳高校毕业生就业。要结合推进农业科技创新、健全农业社会化服务体系等，引导更多高校毕业生投身现代农业。

高校毕业生在中西部地区和艰苦边远地区县以下基层单位从事专业技术工作，申报相应职称时，可不参加职称外语考试或放宽外语成绩要求。充分挖掘社会组织吸纳高校毕业生就业潜力，对到省会及省会以下城市的社会团体、基金会、民办非企业单位就业的高校毕业生，所在地的公共就业人才服务机构要协助办理落户手续，在专业技术职称评定方面享受与国有企事业单位同类人员同等待遇。

对到农村基层和城市社区从事社会管理和公共服务工作的高校毕业生，符合公益性岗位就业条件并在公益性岗位就业的，按照国家现行促进就业政策的规定，给予社会保险补贴和公益性岗位补贴。

(1) 对到农村基层和城市社区其他社会管理和公共服务岗位就业的，给予薪酬或生活补贴，同时按规定参加有关社会保险。

(2) 自 2012 年起，省级以上机关录用公务员，除部分特殊职位外，均应从具有 2 年以上基层工作经历的人员中录用。市(地)级以下机关特别是县乡机关招录公务员，应采取有效措施积极吸引优秀应届高校毕业生报考，录用计划应主要用于招收应届高校毕业生。

(3) 对具有基层工作经历的高校毕业生，在研究生招录和事业单位选聘时实行优先。

21. 什么是基层社会管理和公共服务岗位？

所谓基层社会管理和公共服务岗位，包括大学生村官、支教、支农、支医、乡村扶贫，以及城市社区的法律援助、就业援助、社会保障协理、文化科技服务、养老服务、残疾人居家服务、廉租房配套服务等岗位。

2009 年 4 月，人力资源社会保障部下发《关于公布第一批基层社会管理和公共服务岗位目录的通知》(人社部函〔2009〕135 号)，向社会公布第一批基层社会管理和公共服务岗位目录，以指导各地做好鼓励和引导高校毕业生到基层就业的工作。这批发布的岗位目录共分为基层人力资源和社会保障管理、基层农业服务、基层医疗卫生服务、基层文化科技服务、基层法律服务、基层民政、托老托幼、助残服务、基层市政管理、基层公共环境与设施管理维护以及其他等 9 大类领域，包括在街道(乡镇)、社区(村)等基层单位从事公共就业服务、社会保障、劳动关系协调、劳动监察、农业、扶贫开发、医疗、卫生、保健、防疫、文化、科技、体育、普法宣传、民事调解、托老、养老、托幼、助残、公共设施设备管理养护等相关事务管理服务工作的 50 种岗位。

22. 什么是其他基层社会管理和公共服务岗位？

在街道社区、乡镇等基层开发或设立的相应的社会管理和公共服务岗位。部分由政府出资，或由相关组织和单位出资。所安排使用的人员按规定享受相关补贴。

23. 什么是公益性岗位？

由政府开发、以满足社区及居民公共利益为目的的管理和服务岗位。对符合条件在公益性岗位安置就业的就业困难人员，按规定给予社会保险补贴和岗位补贴。符合公益性岗位安置条件的就业困难高校毕业生，可按规定享受公益性岗位就业援助政策。

24．什么是公益性岗位社会保险补贴?

按照《财政部、人力资源社会保障部关于进一步加强就业专项资金管理有关问题的通知》(财社〔2011〕64号)规定，对就业困难人员的社会保险补贴实行"先缴后补"的办法。在公益性岗位安排就业困难人员，并缴纳社会保险费的，按其为就业困难人员实际缴纳的基本养老保险费、基本医疗保险费和失业保险费给予补贴，不包括就业困难人员个人应缴纳的基本养老保险费、基本医疗保险费和失业保险费，以及企业(单位)和个人应缴纳的其他社会保险费。社会保险补贴期限，一般最长不超过3年。

25．什么是公益性岗位补贴?

对在公益性岗位安排就业困难人员就业的单位，按其实际安排就业困难人员人数给予岗位补贴。公益性岗位补贴期限，一般最长不超过3年。

在公益性岗位安排就业困难人员就业的单位，可按季向当地人力资源社会保障部门申请公益性岗位补贴。公益性岗位补贴申请材料应附：符合享受公益性岗位补贴条件的人员名单及身份证复印件、就业创业证复印件、发放工资明细账(单)、单位在银行开立的基本账户等凭证材料，经人力资源社会保障部门审核后，财政部门将补贴资金支付到单位在银行开立的基本账户。

26．为鼓励高校毕业生面向基层就业，实施学费补偿和助学贷款代偿政策的主要内容是什么?

按照《国务院关于进一步做好新形势下就业创业工作的意见》(国发〔2015〕23号)、《关于调整完善国家助学贷款相关政策措施的通知》(财教〔2014〕180号)、《财政部、教育部关于印发〈高等学校毕业生学费和国家助学贷款代偿暂行办法〉的通知》(财教〔2009〕15号)等文件规定，高校毕业生(全日制本专科、高职生、研究生、第二学士学位毕业生)到中西部地区、艰苦边远地区和老工业基地县以下基层单位就业、履行一定服务期限的，按规定给予学费补偿和国家助学贷款代偿。在校学习期间获得国家助学贷款(含高校国家助学贷款和生源地信用助学贷款，下同)的，补偿的学费优先用于偿还国家助学贷款本金及其全部偿还之前产生的利息。定向、委培以及在校期间已享受免除全部学费政策的学生除外。

目前，国家助学贷款资助标准已经调整为，全日制普通本专科学生(含第二学士学位、高职学生，下同)每人每年申请贷款额度不超过8000元;年度学费和住宿费标准总和低于8000元的，贷款额度可按照学费和住宿费标准总和确定。全日制研究生每人每年申请贷款额度不超过12 000元;年度学费和住宿费标准总和低于12 000元的，贷款额度可按照学费和住宿费标准总和确定。

国家助学贷款资助标准调整后，《财政部 教育部 总参谋部关于印发〈高等学校学生应征入伍服义务兵役国家资助办法〉的通知》(财教〔2013〕236号)、《财政部 教育部 民政部 总参谋部总政治部关于实施退役士兵教育资助政策的意见》(财教〔2011〕538号)和《财政部 教育部关于印发〈高等学校毕业生学费和国家助学贷款代偿暂行办法〉的通知》(财教〔2009〕15号)中有关学费补偿、国家助学贷款代偿和学费资助的标准，相应调整为本专科学生每人每年最高不超过 8000 元、研究生每人每年最高不超过 12 000 元。学费补偿、国家助学贷款代偿和学费资助的其他事项，仍按原规定执行。

27．国家实施补偿学费和代偿助学贷款的就业地域范围包括哪些？

国家对到中西部地区和艰苦边远地区基层单位就业、并履行一定服务期限的中央部门所属高校毕业生，按规定实施相应的学费补偿和助学贷款代偿。这里涉及的地域范围主要包括：

(1) 西部地区：西藏、内蒙古、广西、重庆、四川、贵州、云南、陕西、甘肃、青海、宁夏、新疆等 12 个省(自治区、直辖市)；

(2) 中部地区：河北、山西、吉林、黑龙江、安徽、江西、河南、湖北、湖南、海南等 10 个省；

(3) 艰苦边远地区：由国务院确定的经济水平、条件较差的一些州、县和少数民族地区。(详情可登录中国政府网查询：http://www.gov.cn)

(4) 基层单位：

① 中西部地区和艰苦边远地区县以下机关、企事业单位，包括乡(镇)政府机关、农村中小学、国有农(牧、林)场、农业技术推广站、畜牧兽医站、乡镇卫生院、计划生育服务站、乡镇文化站、乡镇劳动就业服务站等；

② 工作现场地处以上地区县以下的气象、地震、地质、水电施工、煤炭、石油、航海、核工业等中央单位艰苦行业生产第一线。

28．学费补偿和助学贷款代偿的标准和年限是多少？

学费补偿、国家助学贷款代偿及学费减免标准，本专科生每人每年最高不超过 8000 元，研究生每人每年最高不超过 12 000 元。

本科、专科(高职)、研究生和第二学士学位毕业生补偿学费或代偿国家助学贷款的年限，分别按照国家规定的相应学制计算。在校学习的时间低于相应学制规定年限的，按照实际学习时间计算补偿学费或代偿助学贷款年限。在校学习时间高于相应学制年限的，按照学制规定年限计算。

每年代偿学费或国家助学贷款总额的三分之一，三年代偿完毕。

29．中央部门所属高校毕业生如何申请学费补偿和助学贷款代偿？

(1) 在办理离校手续时向学校递交《学费和国家助学贷款代偿申请表》和毕业生本人、就业单位与学校三方签署的到中西部地区、艰苦边远地区和老工业基地县以下基层单位服务 3 年以上的就业协议；

(2) 在校学习期间获得国家助学贷款的，在与国家助学贷款经办银行签订毕业后还款计划时，注明已申请国家助学贷款代偿，如获得国家助学贷款代偿资格，不需自行向银行还款；

(3) 高校负责审查申请资格并上报全国学生资助管理中心。

30．地方所属高校毕业生到基层就业如何获得学费补偿和助学贷款代偿？

按照《财政部、教育部关于印发〈高等学校毕业生学费和国家助学贷款代偿暂行办法〉的通知》(财教〔2009〕15 号)要求，各地要抓紧研究制订本地所属高校毕业生面向本辖区艰苦边远地区基层单位就业的学费补偿和助学贷款代偿办法。地方所属高校毕业生到基层就业是否可以获得学费补偿或国家助学贷款代偿，以及如何申请办理补偿或代偿等，请向学校所在地政府有关部门查询。

31．到基层就业如何办理户口、档案、党团关系等手续？

对到中西部地区、艰苦边远地区和老工业基地县以下基层单位就业的高校毕业生，实行来去自由的政策，户口可留在原籍或根据本人意愿迁往就业地区；人事档案原则上统一转至就业单位所在地的县级政府人力资源社会保障部门，由公共就业和人才服务机构提供免费人事代理服务；党团组织关系转至就业单位，在工作期间积极要求入党的，由乡镇一级党组织按规定程序办理。

32．中央有关部门实施了哪些基层就业项目？

近年来，中央各有关部门主要组织实施了5个引导高校毕业生到基层就业的专门项目，包括：团中央、教育部、财政部、人力资源社会保障部等四部门从2003年起组织实施的"大学生志愿服务西部计划"；中组部、人力资源社会保障部、教育部等八部门从2006年开始组织实施的"三支一扶"(支教、支农、支医和扶贫)计划；教育部、财政部、人力资源社会保障部、中央编办等四部门从2006年开始组织实施的"农村义务教育阶段学校教师特设岗位计划"；中组部、教育部、财政部、人力资源社会保障部等部门从2008年起组织实施的"选聘高校毕业生到村任职工作"；农业部、人社部、教育部等部门从2103年起组织实施的"农业技术推广服务特设岗位计划"。

33．什么是农村义务教育阶段学校教师特设岗位计划？

2006年，教育部、财政部、原人事部、中央编办下发《关于实施农村义务教育阶段学校教师特设岗位计划的通知》(教师〔2006〕2号)，联合启动实施"特岗计划"，公开招聘高校毕业生到"两基"攻坚县农村义务教育阶段学校任教。特岗教师聘期3年。

34．农村教师特岗计划实施的地区范围包括哪些？

2006—2008年"特岗计划"的实施范围以国家西部地区"两基"攻坚县为主(含新疆生产建设兵团的部分团场)，包括纳入国家西部开发计划的部分中部省份的少数民族自治州，适当兼顾西部地区一些有特殊困难的边境县、少数民族自治县和少小民族县。2009年，实施范围扩大到中西部地区国家扶贫开发工作重点县。

35．农村教师特岗计划招聘对象和条件是什么？

(1) 以高等师范院校和其他全日制普通高校应届本科毕业生为主，可招少量应届师范类专业专科毕业生。

(2) 取得教师资格，具有一定教育教学实践经验，年龄在30岁以下的全日制普通高校往届本科毕业生。

(3) 参加过"大学生志愿服务西部计划"、有从教经历的志愿者和参加过半年以上实习支教的师范院校毕业生同等条件下优先。

(4) 报名者应同时符合教师资格条件要求和招聘岗位要求。

36．农村教师特岗计划的招聘程序有哪些？

特岗教师实行公开招聘，合同管理。合同规定用人单位和应聘人员双方的权利和义务。

招聘工作由省级教育、人力资源社会保障、财政、编办等相关部门共同负责，遵循"公开、公平、自愿、择优"和"三定"(定县、定校、定岗)原则，按下列程序进行：① 公布需求，② 自愿报名，③ 资格审查，④ 考试考核，⑤ 集中培训，⑥ 资格认定，⑦ 签订合同，⑧ 上岗任教。

37．什么是选聘高校毕业生到村任职？

2008 年，中组部、教育部、财政部、人力资源和社会保障部出台了《关于印发〈关于选聘高校毕业生到村任职工作的意见(试行)〉的通知》(组通字〔2008〕18 号)，计划用五年时间选聘 10 万名高校毕业生到农村担任村党支部书记助理、村委会主任助理或团支部书记、副书记等职务。从 2010 年开始，扩大选聘规模，逐步实现"一村一名大学生村官"计划的目标。选聘的高校毕业生在村工作期限一般为 2～3 年。

38．选聘到村任职的对象是什么？要满足哪些条件？

选聘对象为 30 岁以下应届和往届毕业的全日制普通高校专科以上学历的毕业生，重点是应届毕业和毕业 1 至 2 年的本科生、研究生，原则上为中共党员(含预备党员)，非中共党员的优秀团干部、优秀学生干部也可以选聘。

基本条件是：① 思想政治素质好，作风踏实，吃苦耐劳，组织纪律观念强。② 学习成绩良好，具备一定的组织协调能力。③ 自愿到农村基层工作。④ 身体健康。此外，参加人力资源社会保障部、团中央等部门组织的到农村基层服务的"三支一扶"、"志愿服务西部计划"等活动期满的高校毕业生，本人自愿且具备选聘条件的，经组织推荐可作为选聘对象。

39．选聘到村任职的程序是什么？

选聘工作一般按照个人报名、资格审查、组织考察、体检、公示、决定聘用、培训上岗等程序进行。

40．什么是"三支一扶"计划？

三支一扶是支教、支医、支农、扶贫的简称。2006 年，中组部、原人事部等八部门下发《关于组织开展高校毕业生到农村基层从事支教、支农、支医和扶贫工作的通知》(国人部发〔2006〕16 号)，以公开招募、自愿报名、组织选拔、统一派遣的方式，从 2006 年开始连续 5 年，每年招募 2 万名高校毕业生，主要安排到乡镇从事支教、支农、支医和扶贫工作。服务期限一般为 2～3 年。招募对象主要为全国普通高校应届毕业生。

2011 年 4 月，人力资源社会保障部下发《关于继续做好高校毕业生三支一扶计划实施工作的通知》(人社部发〔2011〕27 号)，决定继续组织开展高校毕业生"三支一扶"计划，从 2011 年起，每年选拔 2 万名，五年内选拔 10 万名高校毕业生到基层从事"三支一扶"服务。

41．什么是大学生志愿服务西部计划？

大学生志愿服务西部计划由共青团中央牵头，教育部、财政部、人力资源社会保障部共同组织实施。从 2003 年开始，每年招募 1.8 万名普通高等学校应届毕业生，到西部贫困县的乡镇从事为期 1～3 年的教育、卫生、农技、扶贫以及青年中心建设和管理等方面的志愿服务工作。

42．什么是农业技术推广服务特设岗位计划？

农业技术推广服务特设岗位计划由农业部牵头，人力资源社会保障部、教育部和科技部共同组织实施。从 2013 年开始，每年招募一批普通高等学校应届毕业生，到乡镇或区域性农业技术推广机构从事为期 2—3 年的农业技术推广、动植物疫病防控、农产品质量安全服务等工作。

43．参加中央部门组织实施的基层就业项目，服务期满后享受哪些优惠政策？

根据中组部、人力资源社会保障部、教育部、财政部、共青团中央《关于统筹实施引导高校毕业生到农村基层服务项目工作的通知》(人社部发〔2009〕42 号)等政策规定，参加中央部门组织实施的基层就业项目、服务期满的毕业生，享受以下优惠政策：

(1) 公务员招录优惠：每年拿出公务员考录计划的一定比例，专门用于定向招录服务期满且考核称职(合格)的服务基层项目人员。服务基层项目人员也可报考其他职位。

(2) 事业单位招聘优惠：鼓励在项目结束后留在当地就业，参加各基层就业项目相对应的自然减员空岗，全部聘用服务期满的高校毕业生。从 2009 年起，到乡镇事业单位服务的高校毕业生服务满 1 年后，在现岗位空缺情况下，经考核合格，即可与所在单位签订不少于 3 年的聘用合同。同时，各省(区、市)县及县以上相关的事业单位公开招聘工作人员，应拿出不低于 40% 的比例，聘用各专门项目服务期满考核合格的高校毕业生。

(3) 考学升学优惠：服务期满后三年内报考硕士研究生初试总分加 10 分；同等条件下优先录取；高职(高专)学生可免试入读成人本科。

国家补偿学费和代偿助学贷款政策：参加各基层就业项目的毕业生，符合规定条件的，可享受相应的学费补偿和助学贷款代偿政策。

服务期满自主创业的，可享受税收优惠、行政事业性收费减免、小额贷款担保和贴息等有关政策。

(4) 其他：各基层就业项目服务年限计算工龄。服务期满到企业就业的，按照规定转接社会保险关系。

44．高校毕业生到艰苦边远地区或国家扶贫开发工作重点县就业有什么优惠政策？

根据《国务院关于进一步做好普通高等学校毕业生就业工作的通知》(国发〔2011〕16 号)规定，对到艰苦边远地区或国家扶贫开发工作重点县就业的高校毕业生，在机关工作的，试用期工资可直接按试用期满后工资确定，试用期满后级别工资高定 1 至 2 档；在事业单位工作的，可提前转正定级，转正定级时薪级工资高定 1 至 2 级。

45．国家鼓励大学生应征入伍服义务兵役，这里的"大学生"如何界定？

指根据国家有关规定批准设立、实施高等学历教育的全日制公办普通高等学校、民办普通高等学校和独立学院，按照国家招生规定录取的全日制普通本科、专科(含高职)、研究生、第二学士学位的应(往)届毕业生、在校生和已被普通高校录取但未报到入学的学生。

征集的大学生以男性为主，女性大学生征集根据军队需要确定。

46．公民应征入伍需要满足哪些政治条件？

征集服现役的公民必须热爱中国共产党，热爱社会主义祖国，热爱人民军队，遵纪守法，品德优良，决心为抵抗侵略、保卫祖国、保卫人民的和平劳动而英勇奋斗。征兵政治审查的内容包括：应征公民的年龄、户籍、职业、政治面貌、宗教信仰、文化程度、现实表现以及家庭主要成员和主要社会关系成员的政治情况等。

47．公民应征入伍要满足哪些基本身体条件？

公民应征入伍要符合国防部颁布的《应征公民体格检查标准》和有关规定。其中，有几项基本条件：

身高：男性 160 cm 以上，女性 158 cm 以上。

体重：男性：不超过标准体重的 30%，不低于标准体重的 15%。

　　　　女性：不超过标准体重的 20%，不低于标准体重的 15%。

标准体重 = (身高−110)kg。

视力：大学生右眼裸眼视力不低于 4.6，左眼裸眼视力不低于 4.5。屈光不正，准分子激光手术后半年以上，无并发症，视力达到相应标准的，合格。

内科：乙型肝炎表面抗原呈阴性，等等。

48．应征入伍服义务兵役大学生的年龄是如何规定的？

男性普通高等学校在校生为年满 18 至 22 周岁，高职(专科)毕业生可放宽到 23 周岁，本科及以上学历毕业生可放宽到 24 周岁。

女性普通高等学校在校生为年满 18 到 20 周岁，应届毕业生放宽到 22 周岁。

49．高校毕业生应征入伍服义务兵役要经过哪些程序？

(1) 网上报名预征：有应征意向的高校毕业生可在夏秋季征兵开始之前登录"大学生应征入伍网上报名平台"(网址为 http://zbbm.chsi.com.cn 或 http://zbbm.chsi.cn，下同)进行报名，填写、打印《应届毕业生预征对象登记表》和《高校毕业生应征入伍学费补偿国家助学贷款代偿申请表》(以下分别简称《登记表》、《申请表》)，交所在高校征兵工作管理部门。

(2) 初审、初检：毕业生离校前，在高校参加身体初检、政治初审，符合条件者确定为预征对象，高校协助兵役机关将《登记表》和《申请表》审核盖章发给毕业生本人，并完成网上信息确认。初审、初检工作最晚在 7 月 15 日前完成。

(3) 实地应征：高校应届毕业生可在学校所在地应征入伍，也可在入学前户籍所在地应征入伍。

组织高校应届毕业生在学校所在地征集的，结合初审、初检工作同步进行体格检查和政治审查，在毕业生离校前完成预定兵，9 月初学校所在地县(市、区)人民政府征兵办公室为其办理批准入伍手续。政治审查以本人现实表现为主，由其就读学校所在地的县(市、区)公安部门负责，学校分管部门具体承办，原则上不再对其入学前和就读返乡期间的现实表现情况进行调查。

在入学前户籍所在地应征入伍的，高校应届毕业生 7 月 30 日前将户籍迁回入学前户籍地，持《登记表》和《申请表》到当地县级兵役机关参加实地应征，经体格检查、政治审查合格的，9 月初由当地县(市、区)人民政府征兵办公室办理批准入伍手续。

50．大学生征集工作由哪个部门牵头负责？

高校所在地兵役机关会同有关部门进入高校开展征集工作，高校由学生管理部门或学校武装部门牵头负责，有意向参军入伍的大学生可向所在学校学工部(处)、就业中心、资助中心或武装部咨询有关政策。

51．高校毕业生应征入伍服义务兵役享受哪些优惠政策？

高校毕业生应征入伍服义务兵役，除享有优先报名应征、优先体检政审、优先审批定兵、优先安排使用"四个优先"政策，家庭按规定享受军属待遇外，还享受优先选拔使用、学费补偿和国家助学贷款代偿、退役后考学升学优惠、就业服务等政策。

52．高校毕业生应征入伍"四个优先"政策是怎样规定的？

高校毕业生预征对象参军入伍享受"四优先"政策：

优先报名应征。报名由县级兵役机关直接办理。夏秋季征兵开始前，县级兵役机关通知其报名时间、地点、注意事项等。确定为预征对象的高校毕业生，持《应届毕业生预征对象登记表》，可以直接到学校所在地或户籍所在地县级兵役机关报名应征。

优先体检政考。体检由县级兵役机关直接办理。夏秋季征兵体检前，县级兵役机关通知其体检时间、地点、注意事项等。确定为预征对象的高校毕业生，未能在规定时间内在学校参加体检的，本人持《应届毕业生预征对象登记表》，可在征兵体检时间内报名直接参加体检。

优先审批定兵。审批定兵时，应当优先批准体检政审合格的高校毕业生入伍。高职(专科)以上文化程度的合格青年未被批准入伍前，不得批准高中文化程度的青年入伍。

优先安排使用。在安排兵员去向时，根据高校毕业生的学历、专业和个人特长，优先安排到军兵种或专业技术要求高的部队服役；部队对征集入伍的高校毕业生，优先安排到适合的岗位，充分发挥其专长。

53．大学生应征入伍服义务兵役给予国家资助的内容是什么？

高等学校学生应征入伍服义务兵役国家资助，是指国家对应征入伍服义务兵役的高校学生，在入伍时对其在校期间缴纳的学费实行一次性补偿或获得的国家助学贷款(国家助学贷款包括校园地国家助学贷款和生源地信用助学贷款，下同)实行代偿;应征入伍服义务兵役前正在高等学校就读的学生(含按国家招生规定录取的高等学校新生)，服役期间按国家有关规定保留学籍或入学资格、退役后自愿复学或入学的，国家实行学费减免。

54．高校学生应征入伍享受学费补偿、国家助学贷款代偿及学费减免的标准是多少？

按照《关于调整完善国家助学贷款相关政策措施的通知》(财教〔2014〕180 号)、《财政部、教育部、总参谋部关于印发〈高等学校学生应征入伍服义务兵役国家资助办法〉的通知》(财教〔2013〕236 号)规定：

(1) 学费补偿、国家助学贷款代偿及学费减免标准，本专科生每人每年最高不超过 8000元，研究生每人每年最高不超过 12 000 元。

(2) 学费补偿或国家助学贷款代偿金额，按学生实际缴纳的学费或获得的国家助学贷款(国家助学贷款包括本金及其全部偿还之前产生的利息，下同)两者金额较高者执行，据实补偿或者代偿。退役复学后学费减免金额，按学校实际收取学费金额执行。超出标准部分不予补偿、代偿或减免。

(3) 获学费补偿学生在校期间获得国家助学贷款的，补偿资金必须首先用于偿还国家助学贷款。如补偿金额高于国家助学贷款金额，高出部分退还学生。

55．高校学生应征入伍服义务兵役都可以享受国家资助政策吗？

在校期间已免除全部学费的学生，定向生、委培生和国防生，其他不属于服义务兵役到部队参军的学生，均不享受学费补偿和国家助学贷款代偿政策。

56．高校学生应征入伍服义务兵役享受学费补偿、国家助学贷款代偿和学费减免的年限如何计算？

学费补偿、国家助学贷款代偿和学费减免的年限，按照国家对本科、专科(高职)、研究生和第二学士学位规定的相应修业年限据实计算。以入伍时间为准，入伍前已达到的修业规定年限，即为学费补偿或国家助学贷款代偿的年限；退役复学后应完成的国家规定的修业年限的剩余期限，即为学费减免的年限；复学后攻读更高层次学历不在减免学费范围之内。

专升本、本硕连读、中职高职连读、第二学士学位毕业生补偿学费或代偿国家助学贷款的年限，分别按照完成本科、硕士、高职和第二学士学位阶段学习任务规定的学习时间计算。

专升本、本硕连读学制在校生，在专科或本科学习阶段应征入伍的，以实际学习时间实行学费补偿或国家助学贷款代偿；在本科或硕士学习阶段应征入伍的，以本科已学习时间或硕士已学习时间计算，实行学费补偿或国家助学贷款代偿，其以前专科学习时间或本科学习时间不计入学费补偿或国家助学贷款代偿。中职高职连读学生学费补偿或国家助学贷款代偿的年限，按照高职阶段实际学习时间计算。

57．高校学生申请应征入伍服义务兵役国家资助的程序是什么？

应征报名的高校学生登录大学生征兵报名系统，按要求在线填写、打印《高校学生应征入伍学费补偿国家助学贷款代偿申请表》(一式两份，以下简称《申请表》)并提交学校学生资助管理部门。在校期间获得国家助学贷款的学生，需同时提供《国家助学贷款借款合同》复印件和本人签字的一次性偿还贷款计划书。

学校相关部门对《申请表》中学生的资助资格、标准、金额(如有生源地信用助学贷款，学校应联系贷款经办银行或贷款经办地县级学生资助管理机构确认贷款金额)等相关信息审核无误后，对《申请表》加盖公章，一份留存，一份返还学生。

学生在征兵报名时将《申请表》交至入伍所在地县级人民政府征兵办公室(以下简称"县级征兵办")。学生通过征兵体检被批准入伍后，县级征兵办对《申请表》加盖公章并返还学生。学生将《申请表》原件和入伍通知书复印件寄送至原就读高校学生资助管理部门。

58．因个人原因被部队退回，高校学生已获国家资助的经费要被收回吗？

因本人思想原因、故意隐瞒病史或弄虚作假、违法犯罪等行为造成退兵的学生，学校取消其受助资格，并不得申请学费减免。各省(区、市)人民政府征兵办公室应在接收退兵后及时将被退回学生的姓名、就读高校、退兵原因等情况逐级上报至国防部征兵办公室，并按照学生原就读高校的隶属关系，通报同级教育行政部门。

被部队退回并被取消资助资格的学生，如学生返回其原户籍所在地，已补偿的学费或代偿的国家助学贷款资金由学生户籍所在地县级教育行政部门会同同级人民政府征兵办公室收回；如学生返回其原就读高校，已补偿的学费或代偿的国家助学贷款由学生原就读高校会同退役安置地县级人民政府征兵办公室收回。各县级教育行政部门和各高校应在收回资金后十日内，逐级汇总上缴全国学生资助管理中心。收回资金按规定作为下一年度学费补偿或国家助学贷款代偿经费。

59．高校毕业生入伍服义务兵役年限是多少？

我国现行的义务兵役制度服役年限是两年。

60．大学生士兵退役后享受哪些就学优惠政策？

(1) 高职(专科)学生入伍经历可作为毕业实习经历。

(2) 退役大学生士兵入学或复学后免修军事技能训练，直接获得学分。

(3) 设立"退役大学生士兵"专项硕士研究生招生计划。根据实际需求，每年安排一定数量专项计划，专门面向退役大学生士兵招生。在全国研究生招生总规模内单列下达，不得挪用。

(4) 将高校在校生(含高校新生)服兵役情况纳入推免生遴选指标体系。鼓励开展推荐优秀应届本科毕业生免试攻读研究生工作的高校在制定本校推免生遴选办法时，结合本校具体情况，将在校期间服兵役情况纳入推免生遴选指标体系。在部队荣立二等功及以上的退役人员，符合研究生报名条件的可免试(指初试)攻读硕士研究生。

(5) 将考研加分范围扩大至高校在校生(含高校新生)。退役人员在继续实行普通高校应届毕业生退役后按规定享受加分政策的基础上，允许普通高校在校生(含高校新生)应征入伍服义务兵役退役，在完成本科学业后 3 年内参加全国硕士研究生招生考试，初试总分加 10 分，同等条件下优先录取。

(6) 退役大学生士兵专升本实行招生计划单列。高职(专科)学生应征入伍服义务兵役退役，在完成高职学业后参加普通本科专升本考试，实行计划单列，录取比例在现行 30% 的基础上适度扩大，具体比例由各省份根据本地实际和报名情况确定。

(7) 高校新生录取通知书中附寄应征入伍优惠政策。高校向新生寄送《录取通知书》时，附寄应征入伍宣传单，宣传单主要内容包括优惠政策概要、报名流程指南、学籍注册要求等。

(8) 放宽退役大学生士兵复学转专业限制。大学生士兵退役后复学，经学校同意并履行相关程序后，可转入本校其他专业学习。

(9) 具有高职(高专)学历的，退役后免试入读成人本科，或经过一定考核入读普通本科；荣立三等功以上奖励的，在完成高职(专科)学业后，免试入读普通本科；

(10) 应征入伍的高校毕业生退役后报考政法干警招录培养体制改革试点招生时，教育考试笔试成绩总分加 10 分。

61．什么是政法干警招录培养体制改革试点考试？

国家为培养政治业务素质高，实战能力强的应用型、复合型政法人才，加强政法机关公务员队伍建设，2008 年开始重点从部队退役士兵和普通高校毕业生中选拔优秀人才，为基层政法机关特别是中西部和其他经济欠发达地区的县(市)级以下基层政法机关提供人才保障和智力支持。

62．应征入伍的高校应届毕业生离校后户口档案存放在哪里，如何迁转？

被确定为预征对象的高校应届毕业生，回入学前户籍所在地应征的，将户口迁回入学前户籍所在地，档案转到入学前户籍所在地人才交流中心存放。在学校所在地应征的，可将户籍和档案暂时保留在学校。高校应届毕业生批准入伍后，其户口档案予以注销，档案放入新兵档案。

63. 高校应届毕业生退役后户档迁移有何优惠政策？

高校应届毕业生入伍服义务兵役退出现役后一年内，可视同当年的高校应届毕业生，凭用人单位录(聘)用手续，向原就读高校再次申请办理就业报到手续，户档随迁(直辖市按照有关规定执行)。

64. 什么是士官？与义务兵有什么区别？

我军现役士兵按兵役性质分为义务兵役制士兵和志愿兵役制士兵。义务兵役制士兵称为义务兵，志愿兵役制士兵称为士官。士官属于士兵军衔序列，但不同于义务兵役制士兵，是士兵中的骨干。义务兵实行供给制，发给津贴，士官实行工资制和定期增资制度。

65. 没有参加网上报名预征的大学生是否还可以应征入伍并享受有关优惠政策？

未参加网上报名预征的大学生，在征兵期间需要补办网上预征手续，没有经过网上报名预征的大学生不享受有关优惠政策。

66. 国家和地方重大科研项目包括哪些？

按照《科技部、教育部、财政部、人力资源社会保障部、国家自然科学基金委员会关于鼓励科研项目单位吸纳和稳定高校毕业生就业的若干意见》(国科发财〔2009〕97 号)规定，由高校、科研机构和企业所承担的民口科技重大专项、973 计划、863 计划、科技支撑计划项目以及国家自然科学基金会的重大重点项目等，可以聘用高校毕业生作为研究助理或辅助人员参与研究工作。此外的其他项目，承担研究的单位也可聘用高校毕业生。

67. 哪些高校毕业生可以被吸纳为研究助理或辅助人员？

吸纳对象主要以优秀的应届毕业生为主，包括高校以及有学位授予权的科研机构培养的博士研究生、硕士研究生和本科生。

68. 科研项目吸纳的高校毕业生是否为在编职工？

不是项目承担单位的正式在编职工，被吸纳高校毕业生需与项目承担单位签订服务协议，明确双方的权利、责任和义务。

69. 科研项目承担单位与被吸纳高校毕业生签订的服务协议应包含哪些内容？

项目承担单位的名称和地址；
研究助理的姓名、居民身份证号码和住址；
服务协议期限；
工作内容；
劳务性费用数额及支付方式；
社会保险；
双方协商约定的其他内容。
服务协议不得约定由毕业生承担违约金。

70. 服务协议的期限如何约定？

根据《人力资源社会保障部办公厅关于重大科研项目单位吸纳高校毕业生参与研究工作签订服务协议有关问题的通知》(人社厅发〔2009〕47 号)等文件规定，服务协议期限最多可签订三年，三年以下的服务协议期限已满而项目执行期未满的，根据工作需要可以协商续签至三年。

71．服务协议履行期间可以解除协议吗?

服务协议履行期间，毕业生可以提出解除服务协议，但应提前15天书面通知项目承担单位。

项目承担单位提出解除服务协议的，应当提前30日书面通知毕业生本人。研究助理被解除服务协议或协议期满终止后，符合条件的毕业生可按规定享受失业保险待遇。

72．被吸纳高校毕业生如何获取报酬?

由项目承担单位向高校毕业生支付劳务性费用，具体数额按照国家有关规定、参照相应岗位标准，由双方协商确定。

73．项目承担单位是否给被吸纳的高校毕业生上保险?

项目承担单位应当为毕业生办理社会保险，具体包括基本养老保险、基本医疗保险、失业保险、工伤保险、生育保险，并按时足额缴费。参保、缴费、待遇支付等具体办法参照各项社会保险有关规定执行。

74．被吸纳的高校毕业生户档如何迁转?

毕业生参与项目研究期间，根据当地情况，其户口、档案可存放在项目承担单位所在地或入学前家庭所在地公共就业和人才服务机构。项目承担单位所在地或入学前家庭所在地公共就业和人才服务机构应当免费为其提供户口、档案托管服务。

75．服务协议期满后如何就业?

协议期满，如果项目承担单位无意续聘，则毕业生到其他岗位就业。同时，国家鼓励项目承担单位正式聘用(招用)人员时，优先聘用担任过研究助理的人员。项目承担单位或其他用人单位正式聘用(招用)担任过研究助理的人员，应当分别依据《劳动合同法》、《国务院办公厅转发人事部关于在事业单位试行人员聘用制度意见的通知》(国办发〔2002〕35号)等规定执行。

76．毕业生服务协议期满被用人单位正式录(聘)用后，如何办理落户手续?工龄如何接续?

担任过研究助理的人员被正式聘用(招用)后，按照有关规定，凭用人单位录(聘)用手续、劳动合同和《普通高等学校毕业证书》办理落户手续;工龄与参与项目研究期间的工作时间合并计算，社会保险缴费年限合并计算。

77．高校毕业生自主创业，可以享受哪些优惠政策?

按照《国务院关于进一步做好新形势下就业创业工作的意见》(国发〔2015〕23号)、《国务院办公厅关于深化高等学校创新创业教育改革的实施意见》(国办发〔2015〕36号)等文件规定，高校毕业生自主创业优惠政策主要包括:

税收优惠:持人社部门核发就业创业证(注明"毕业年度内自主创业税收政策")的高校毕业生在毕业年度内(指毕业所在自然年，即1月1日至12月31日)创办个体工商户、个人独资企业的，3年内按每户每年8000元为限额依次扣减其当年实际应缴纳的营业税、城市维护建设税、教育费附加和个人所得税。对高校毕业生创办的小型微利企业，按国家规定享受相关税收支持政策。

创业担保贷款和贴息支持:对符合条件的高校毕业生自主创业的，可在创业地按规定申请创业担保贷款，贷款额度为10万元。鼓励金融机构参照贷款基础利率，结合风险分担情况，合理确定贷款利率水平，对个人发放的创业担保贷款，在贷款基础利率基础上上浮 3 个百分点以内的，由财政给予贴息。

免收有关行政事业性收费：毕业 2 年以内的普通高校毕业生从事个体经营(除国家限制的行业外)的，自其在工商部门首次注册登记之日起 3 年内，免收管理类、登记类和证照类等有关行政事业性收费。

享受培训补贴：对高校毕业生在毕业学年(即从毕业前一年 7 月 1 日起的 12 个月)内参加创业培训的，根据其获得创业培训合格证书或就业、创业情况，按规定给予培训补贴。

免费创业服务：有创业意愿的高校毕业生，可免费获得公共就业和人才服务机构提供的创业指导服务，包括政策咨询、信息服务、项目开发、风险评估、开业指导、融资服务、跟踪扶持等"一条龙"创业服务。各地在充分发挥各类创业孵化基地作用的基础上，因地制宜建设一批大学生创业孵化基地，并给予相关政策扶持。对基地内大学生创业企业要提供培训和指导服务，落实扶持政策，努力提高创业成功率，延长企业存活期。

取消高校毕业生落户限制，允许高校毕业生在创业地办理落户手续(直辖市按有关规定执行)。

78．大学生创业工商登记有什么要求？

深化商事制度改革，进一步落实注册资本登记制度改革，坚决推行工商营业执照、组织机构代码证、税务登记证"三证合一"，推进"三证合一"登记制度改革意见和统一社会信用代码方案，实现"一照一码"。放宽新注册企业场所登记条件限制，推动"一址多照"、集群注册等，降低大学生创业门槛。

79．对大学生自主创业学籍管理有什么要求？

根据《教育部关于做好 2016 届全国普通高等学校毕业生就业创业工作的通知》(教学〔2015〕12 号)文件规定，对有自主创业意愿的大学生，实施弹性学制，放宽学生修业年限，允许调整学业进程、保留学籍休学创新创业。

80．高校对自主创业大学生可提供什么条件？

根据《教育部关于做好 2016 届全国普通高等学校毕业生就业创业工作的通知》(教学〔2015〕12 号)文件规定，各地各高校建设一批大学生创业示范基地，继续推动大学科技园、创业园、创业孵化基地和实习实践基地建设，高校应开辟专门场地用于学生创新创业实践活动，教育部工程研究中心、各类实验室、教学仪器设备等原则上都要向学生开放。各高校要优化经费支出结构，多渠道统筹安排资金，支持创新创业教育教学，资助学生创新创业项目。

81．高校毕业生怎样提升自主创业的能力？

各高校要根据人才培养定位和创新创业教育目标要求，促进专业教育与创新创业教育有机融合，调整专业课程设置，挖掘和充实各类专业课程的创新创业教育资源，在传授专业知识过程中加强创新创业教育。面向全体学生开发开设创新创业必修课和选修课，纳入学分管理。

各地人力资源社会保障部门已形成一些成熟的创业培训模式，如"GYB"(产生你的企业想法)、"SYB"(创办你的企业)、"IYB"(改善你的企业)；高校毕业生可选择参加创业培训和实训，并可按规定享受培训补贴，以提高创业能力。

82.高校如何开展创新创业教育?

健全创新创业教育课程体系。高校要加快创新创业教育优质课程信息化建设,推出一批资源共享的慕课、视频公开课等在线开放课程。建立在线开放课程学习认证和学分认定制度。组织学科带头人、行业企业优秀人才,联合编写具有科学性、先进性、适用性的创新创业教育重点教材。

改革教学方法和考核方法。高校要广泛开展启发式、讨论式、参与式教学,扩大小班化教学覆盖面,推动教师把国际前沿学术发展、最新研究成果和实践经验融入课堂教学,注重培养学生的批判性和创造性思维,激发创新创业灵感。运用"大数据"技术,掌握不同学生学习需求和规律,为学生自主学习提供更加丰富多样的教育资源。改革考试考核内容和方式,注重考查学生运用知识分析、解决问题的能力,探索非标准答案考试,破除"高分低能"积弊。

强化创新创业实践。高校要加强专业实验室、虚拟仿真实验室、创业实验室和训练中心建设,促进实验教学平台共享。各地区、各高校科技创新资源原则上向全体在校学生开放,开放情况纳入各类研究基地、重点实验室、科技园评估标准。鼓励各地区、各高校充分利用各种资源建设大学科技园、大学生创业园、创业孵化基地和小微企业创业基地,作为创业教育实践平台,建好一批大学生校外实践教育基地、创业示范基地、科技创业实习基地和职业院校实训基地。完善国家、地方、高校三级创新创业实训教学体系,深入实施大学生创新创业训练计划,扩大覆盖面,促进项目落地转化。举办全国大学生创新创业大赛,办好全国职业院校技能大赛,支持举办各类科技创新、创意设计、创业计划等专题竞赛。支持高校学生成立创新创业协会、创业俱乐部等社团,举办创新创业讲座论坛,开展创新创业实践。

83.如何向高校毕业生创设的小微企业优先转移科技成果?

国家鼓励利用财政性资金设立的科研机构、普通高校、职业院校,通过合作实施、转让、许可和投资等方式,向高校毕业生创设的小微企业优先转移科技成果。

84.怎样申请创业担保贷款?在哪些银行可以申请创业担保贷款?

创业担保贷款按照自愿申请、社区推荐、人力资源社会保障部门审查、贷款担保机构审核并承诺担保、商业银行核贷的程序,办理贷款手续。

各国有商业银行、股份制商业银行、城市商业银行和城乡信用社都可以开办创业担保贷款业务,各地区根据实际情况确定具体经办银行。在指定的具体经办银行可以办理创业担保贷款。

85.哪些项目属于微利项目?

微利项目由各省、自治区、直辖市人民政府结合当地实际情况确定,并报财政部、中国人民银行、人力资源和社会保障部备案。对于从事微利项目的,财政据实全额贴息,展期不贴息。

86.离校后未就业高校毕业生如何参加就业见习?

人力资源社会保障部门通过媒体、公共就业和人才服务机构以及电视、网络、报纸等多种渠道,发布就业见习信息,公布见习单位名单、岗位数量、期限、人员要求等有关内容,或者组织开展见习单位和高校毕业生的双向选择活动,帮助离校未就业高校毕业生和见习单位对接。离校后未就业回到原籍的高校毕业生可与原籍所在地人力资源社会保障部门及当地团组织联系，主动申请参加就业见习。

87. 就业见习期限有多长？

高校毕业生就业见习期限一般为 3～12 个月。

高校毕业生就业见习活动结束后，见习单位对高校毕业生进行考核鉴定，出具见习证明，作为用人单位招聘和选用见习高校毕业生的依据之一。在见习期间，由见习单位正式录(聘)用的，在该单位的见习期可以作为工龄计算。

88. 离校未就业高校毕业生参加就业见习享受哪些政策和服务？

(1) 获得基本生活补助(基本生活补助费用由见习单位和地方政府分担，各地要根据当地经济发展和物价水平，合理确定和及时调整基本生活补助标准)。

(2) 免费办理人事代理。

(3) 办理人身意外伤害保险。

(4) 见习期满未被录用可继续享受就业指导与服务。

89. 见习单位能享受什么优惠政策？

对企业(单位)吸纳离校未就业高校毕业生参加就业见习的，由见习企业(单位)先行垫付见习人员见习期间基本生活补助，再按规定向当地人力资源社会保障部门申请就业见习补贴。

就业见习补贴申请材料应附：实际参加就业见习的人员名单、就业见习协议书、见习人员身份证、登记证复印件和大学毕业证复印件、企业(单位)发放基本生活补助明细账(单)、企业(单位)在银行开立的基本账户等凭证材料，经人力资源社会保障部门审核后，财政部门将资金支付到企业(单位)在银行开立的基本账户。

见习单位支出的见习补贴相关费用，不计入社会保险缴费基数，但符合税收法律法规规定的，可以在计算企业所得税应纳税所得额时扣除。

90. 高校毕业生如何申请参加职业培训？

职业培训由各地人力资源社会保障部门负责组织实施。高校毕业生可到当地人力资源社会保障部门咨询了解职业培训开展情况，选择适宜的培训项目参加。

职业培训工作主要由政府认定的培训机构、技工院校或企业所属培训机构承担。

91. 高校毕业生能否享受职业培训补贴政策？如何申请职业培训补贴？

高校毕业生毕业年度内参加就业技能培训或创业培训，可按规定向当地人力资源社会保障部门申请职业培训补贴。毕业后按规定进行了失业登记的高校毕业生参加就业技能培训或创业培训，也可向当地人力资源社会保障部门申请职业培训补贴。

按照《财政部、人力资源社会保障部关于进一步加强就业专项资金管理有关问题的通知》(财社〔2011〕64 号)等文件规定，申请材料经人力资源社会保障部门审核后，财政部门按规定将补贴资金直接拨付给申请者本人。职业培训补贴申请材料应附：培训人员身份证复印件、就业创业证复印件、职业资格证书(专项职业能力证书或培训合格证书)复印件、就业或创业证明材料、职业培训机构开具的行政事业性收费票据(或税务发票)等凭证材料。

高校毕业生参加就业技能培训或创业培训后，培训合格并通过职业技能鉴定取得初级以上职业资格证书(未颁布国家职业技能标准的职业应取得专项职业能力证书或创业培训合格证书)，6个月内实现就业的，按职业培训补贴标准的100%给予补贴。6个月内没有实现就业的，取得初级以上职业资格证书，按职业培训补贴标准的80%给予补贴；取得专项职业能力证书或创业培训合格证书，按职业培训补贴标准的60%给予补贴。

92．高校毕业生如何获取职业资格证书？

高校毕业生个人可向职业技能鉴定所(站)自主申请职业技能鉴定。职业技能鉴定要参加理论知识考试和操作技能(专业能力)考核。经鉴定合格者，由人力资源社会保障部门核发相应的职业资格证书。

93．高校毕业生能否享受职业技能鉴定补贴政策，如何申请技能鉴定补贴？

按照《财政部、人力资源社会保障部关于进一步加强就业专项资金管理有关问题的通知》(财社〔2011〕64号)等文件规定，对高校毕业生在毕业年度内通过初次职业技能鉴定并取得职业资格证书或专项职业能力证书的，按规定给予一次性职业技能鉴定补贴。

通过初次职业技能鉴定并取得职业资格证书或专项职业能力证书的，可向职业技能鉴定所在地人力资源社会保障部门申请一次性职业技能鉴定补贴。职业技能鉴定补贴申请材料应附：申请人身份证复印件、就业创业证复印件、职业资格证书复印件、职业技能鉴定机构开具的行政事业性收费票据(或税务发票)等凭证材料，经人力资源社会保障部门审核后，财政部门按规定将补贴资金支付给申请者本人。

94．主要有哪些机构为高校毕业生提供就业服务？

1) 公共就业和人才服务机构

由各级人力资源社会保障部门举办的公共就业和人才服务机构，为高校毕业生免费提供政策咨询、就业信息、职业指导、职业介绍、就业援助、就业与失业登记或求职登记等各项公共服务，按规定为登记失业高校毕业生免费提供人事档案管理等服务。此外，还定期开展面向高校毕业生的公共就业和人才服务专项活动,比如每年5月"民营企业招聘周"、每年9月"高校毕业生就业服务月"、每年11月"高校毕业生就业服务周"等，为高校毕业生和用人单位搭建供需对接平台。

2) 高校毕业生就业指导机构

目前，各省教育部门、各高校普遍建立了高校毕业生就业指导机构，为毕业生提供就业咨询、用人单位招聘及实习实训信息、求职技巧、职业生涯辅导、毕业生推荐、实习实践能力提升和就业手续办理等多项就业指导和服务。

3) 职业中介机构

主要包括从事人力资源服务的经营性机构，政府鼓励各类职业中介机构为高校毕业生提供就业服务，对为登记失业高校毕业生提供服务并符合条件的职业中介机构按规定给予职业介绍补贴。

95．职业中介机构如何享受职业介绍补贴？

按照《财政部、人力资源社会保障部关于进一步加强就业专项资金管理有关问题的通知》(财社〔2011〕64号)等文件规定，在工商行政部门登记注册的职业中介机构，可按经其就业服务后实际就业的登记失业人员人数向当地人力资源社会保障部门申请职业介绍补贴。

职业介绍补贴申请材料应附：经职业中介机构就业服务后已实现就业的登记失业人员名单、接受就业服务的本人签名及居民身份证(以下简称身份证)复印件、就业创业证(以下简称登记证)复印件、劳动合同等就业证明材料复印件、职业中介机构在银行开立的基本账户等凭证材料。申请材料经人力资源社会保障部门审核后，财政部门按规定将补贴资金支付到职业中介机构在银行开立的基本账户。

96. 高校毕业生获取就业信息的主要渠道有哪些？

(1) 浏览各类就业信息网站，包括中央有关部门主办的全国性就业信息网站、地方有关部门主办的就业信息网站、各高校就业信息网站及校内 bbs 求职版面、其他专业性就业网站等。

(2) 参加各类招聘和双向选择活动，包括国家有关部门、各地、学校、用人单位等相关机构组织的各类现场或网络招聘活动。

(3) 参与校企合作实习，包括社会实践、毕业实习等活动。

(4) 查阅媒体广告，如报纸、刊物、电台、电视台、视频媒体等。

(5) 他人推荐，如导师、校友、亲友等。

(6) 主动到单位求职自荐等。

97. 在校期间高校毕业生可以通过哪些途径提升就业能力？

在学好专业知识技能的同时，根据学校要求或安排，毕业生可以通过选修或必修就业指导课程、参与学校组织的就业实习、技巧辅导、模拟招聘等活动，学习和了解相关职业的资料和信息，充分借助社会实践平台，全面提升就业能力。

高校毕业生还可通过学校实施的毕业证书与职业资格证书"双证书"制度、组织到企业顶岗实习、参加人力资源社会保障部门认定的定点机构开展的职业技能培训等，切实增强自身的岗位适应能力与就业竞争力，促进职业素养的养成。

98. 困难家庭高校毕业生包括哪些毕业生？享受哪些帮扶政策？

困难家庭高校毕业生是指：来自城镇低保家庭、低保边缘户家庭、农村贫困家庭和残疾人家庭的普通高校毕业生。

各级机关考录公务员、事业单位招聘工作人员时，免收困难家庭高校毕业生的报名费和体检费。

为帮助困难家庭的高校毕业生求职就业，高校一般都会安排经费作为困难家庭毕业生的求职补助，或对已成功就业的困难家庭毕业生给予奖励。困难家庭的毕业生可向所在院系书面申请。学校也应根据平时掌握的情况，对困难家庭的毕业生给予主动帮助。

从 2013 年起，对享受城乡居民最低生活保障家庭、获得国家助学贷款的毕业年度内高校毕业生，可给予一次性求职创业补贴，补贴标准由各省级财政、人力资源社会保障部门会同有关部门根据当地实际制定，所需资金按规定列入就业专项资金支出范围。

99. 高校毕业生如何办理就业登记和失业登记？离校后未就业如何获得相应的就业指导和服务？

在法定劳动年龄内、有劳动能力和就业要求、处于无业状态的城镇常住人员，可以到常住地的公共就业服务机构进行失业登记。各地公共就业服务机构要为登记失业的各类人员提供均等化的政策咨询、职业指导、职业介绍等公共就业服务和普惠性就业政策，并逐步使外来劳动者与当地户籍人口享有同等的就业扶持政策。将就业失业登记证调整为就业创业证，免费发放，作为劳动者享受公共就业服务及就业扶持政策的凭证。有条件的地方可积极推动社会保障卡在就业领域的应用。

100. 离校未就业高校毕业生享受哪些服务和政策？

按照《国务院办公厅关于做好 2013 年全国普通高等学校毕业生就业工作的通知》(国办发[2013]35 号)和《人力资源社会保障部关于实施离校未就业高校毕业生就业促进计划的通知》(人社部发〔2013〕41 号)要求，为做好离校未就业高校毕业生就业工作，从 2013 年起实施离校未就业高校毕业生就业促进计划：

(1) 地方各级人社部门所属公共就业人才服务机构和基层公共就业服务平台要面向所有离校未就业高校毕业生(包括户籍不在本地的高校毕业生)开放，办理求职登记或失业登记手续，发放就业创业证，摸清就业服务需求。其中，直辖市为非本地户籍高校毕业生办理失业登记办法按现行规定执行。

(2) 对实名登记的所有未就业高校毕业生提供更具针对性的职业指导。

(3) 对有求职意愿的高校毕业生要及时提供就业信息。

(4) 对有创业意愿的高校毕业生，各地要纳入当地创业服务体系，提供政策咨询、项目开发、创业培训、融资服务、跟踪扶持等"一条龙"创业服务，及时提供就业信息。

(5) 要将零就业家庭、经济困难家庭、残疾等就业困难的未就业高校毕业生列为重点工作对象，提供"一对一"个性化就业帮扶，确保实现就业。

(6) 对有就业见习意愿的高校毕业生，各地要及时纳入就业见习工作对象范围，确保能够随时参加。

(7) 对有培训意愿的离校未就业高校毕业生，各地要结合其专业特点，组织参加职业培训和技能鉴定，按规定落实相关补贴政策。

(8) 地方各级公共就业人才服务机构要为离校未就业高校毕业生免费提供档案托管、人事代理、社会保险办理和接续等一系列服务，简化服务流程，提高服务效率；有条件的地方可对到小微企业就业的离校未就业高校毕业生，提供免费的人事劳动保障代理服务。

(9) 加大人力资源市场监管力度，严厉打击招聘过程中的欺诈行为，及时纠正性别歧视和其他各类就业歧视。加大劳动用工、缴纳社会保险费等方面的劳动保障监察力度，切实维护高校毕业生就业后的合法权益。

参 考 文 献

[1]　孟宪青，邬卫，同勤学，史庆虎. 大学生就业指导[M]. 上海：上海交通大学出版社，2009.

[2]　卢晓春. 大学生就业与创业指导[M]. 北京：机械工业出版社，2017.

[3]　邓华华. 大学生职业生涯规划与就业创业指导[M]. 北京师范大学出版社，2011.

[4]　徐凯. 大学生职业生涯规划与就业创业指导[M]. 西安：西安电子科技大学出版社，2016.

[5]　麦可思研究院. 2018 年中国高职高专生就业报告[M]. 北京：社会科学文献出版社，2018.

[6]　杨清国. 职业生涯规划与就业指导[M]. 北京：北京师范大学出版社，2017.

[7]　张方. 就业基本能力与就业指导[M]. 北京：北京大学出版社，2010.

[8]　杨筱玲. 就业指导与创业教育[M]. 北京：电子工业出版社，2016.

[9]　朱松岭，徐思力. 企业文化内训导读[M]. 北京：中国电力出版社，2006.

[10]　黎群. 企业文化[M]. 北京：清华大学出版社；北京交通大学出版社，2008.

[11]　杨清. 企业招聘[M]. 西安：西安交通大学出版社，2006.

[12]　吉文林. 职业生涯规划与就业指导[M]. 南京：江苏教育出版社，2012.

[13]　卞成林. 大学生职业生涯规划与就业创业[M]. 桂林：广西师范大学出版社，2012.

[14]　张小建，等. 创新职业指导[M]. 北京：中国劳动社会保障出版社，2005.

[15]　谭劲松. 职业生涯规划与就业指导[M]. 苏州：苏州大学出版社，2010.